Es gibt Momente, wo durch eine philosophische Analyse plötzlich ein großes Licht aufgeht – über ein bestimmtes Problem, über unser Leben, über die Gesellschaft, über die Welt. Solche Analysen werden im Folgenden vorgestellt. Das Spektrum reicht von den Vorsokratikern bis in die Gegenwart. Manche der hier erörterten Autoren, der Zenmeister Dōgen etwa, das Multitalent Samuel Butler oder die Literaturtheoretikerin und Psychoanalytikerin Julia Kristeva werden gemeinhin nicht zur Philosophie gerechnet. Aber es geht nicht um akademische Rubrizierungen, sondern um zündende Gedanken. Wo sie auftauchen und uns ergreifen, da geschieht Philosophie.

Wolfgang Welsch ist emeritierter Professor für Philosophie. Bis 2012 lehrte er Theoretische Philosophie an der Friedrich-Schiller-Universität Jena. Bei C.H.Beck ist von ihm erschienen: *Mensch und Welt* (2012).

Wolfgang Welsch

Glanzmomente der Philosophie

Von Heraklit bis Julia Kristeva

Verlag C.H.Beck

Originalausgabe
© Verlag C.H.Beck oHG, München 2021
www.chbeck.de
Umschlaggestaltung: geviert.com, Michaela Kneißl
Umschlagabbildung: Wolfgang Welsch, «Weiß vor Blau», 2013
Satz: C.H.Beck.Media.Solutions, Nördlingen
Druck und Bindung: Druckerei C.H.Beck, Nördlingen
Printed in Germany
ISBN 978 3 406 76551 3

myclimate

klimaneutral produziert
www.chbeck.de/nachhaltig

*Für Klaus,
der mich nicht von der
philosophischen Leine gelassen hat*

Inhalt

Vorwort 9

Heraklit · Logos – die Welt der Gegensätze 13
Anaxagoras · Urknall durch Geistanstoß 21
Platon · Die himmlische Natur des Menschen 27
Aristoteles · Das Prinzip des Nicht-Widerspruchs 33
Aristoteles · Bewegendes und Bewegtes – eine erotische
Ontologie 47
Dōgen · Relativität und ihre Übersteigung 57
Wilhelm von Ockham · Voluntarismus statt Logozentrismus . 70
Montaigne · Sterben lernen oder leben lernen? 80
Diderot · «Wenn alles nur ein allgemeiner Fluss ist ...» 93
Kant · Eine kopernikanische Wende? 101
Kant · Eine unbekannte Wette 111
Schiller · Die Natur ruft uns zur Freiheit auf 123
Hegel · Ist die Philosophie abstrakt? 131
Feuerbach und Marx · Sinnlichkeit und Geschichte 136
Butler · Maschinen übernehmen 144
Nietzsche · «Die hochmüthigste und verlogenste Minute der
Weltgeschichte» 149
Wittgenstein · «Denk nicht, sondern schau» 158
Heidegger · Verfall mit Platon 163
Horkheimer und Adorno · «Kultur heute schlägt alles mit
Ähnlichkeit» 169
Kristeva · «Fremde sind wir uns selbst» 175
Nietzsche, Scheler, Derrida u. a. · Kulturelle Identität heute .. 181
Danto · Völlig anders – und doch ununterscheidbar 187

Anmerkungen 197

Vorwort

Ich habe sie immer gesucht und geliebt, diese Glanzmomente der Philosophie. Oft ist die Philosophie ja ein eher mühsames und langwieriges Geschäft. Davon wissen die akademisch mit ihr Befassten ein Lied zu singen – und die anderen verspüren aus guten Gründen keine Lust, dessen Melodie kennenzulernen. Aber es gibt auch Momente, wo durch eine philosophische Analyse plötzlich ein großes Licht aufgeht – über ein bestimmtes Problem, über unser Leben, über die Gesellschaft, über die Welt. Solche Analysen werden im Folgenden vorgestellt.

Der Bogen reicht von der Antike bis zur Gegenwart, von Betrachtungen über das Sein bis zu kulturtheoretischen Erwägungen und von der Logik bis zur Kunst. Die hier präsentierten Analysen sind so tiefgehend wie aktuell. Gewiss: manchmal braucht es noch eine kleine Umsetzung, aber dann zeigt sich, dass in der Vergangenheit Probleme verhandelt wurden, die noch uns auf den Nägeln brennen, und dass die Lösungsvorschläge weiterhin mehr als bedenkenswert sind. Es ist wie in der Kunst, wo uns alte ebenso wie neue Werke faszinieren – von Altamira bis zu Picasso und darüber hinaus.

Der Modus der Darstellung ist möglichst einfach, klar und unakademisch. Ich schreibe nicht für Fachkollegen, ich schreibe für all diejenigen, die ein Interesse an großen und überzeugenden Gedanken haben. Was anderes könnte der Impuls sein, sich mit Philosophie zu beschäftigen? Und Philosophie ist mehr als Fachphilosophie. Manche der hier erörterten Autoren (Dōgen, Montaigne, Schiller, Butler oder Kristeva) werden gemeinhin nicht zur Philosophie gerechnet. Aber es geht nicht um akademische Rubrizierungen, sondern um zündende Gedanken. Wo sie auftauchen und einen ergreifen, da geschieht Philosophie. Das ist mein zugegebenermaßen etwas eigenwilliger und weiter Philosophiebegriff.

Aristoteles, Kant und Nietzsche kommen doppelt vor. Man möge das bitte nicht missverstehen. Ich will damit nicht sagen, dass sie die größten Philosophen aller Zeiten waren – vielleicht war das ja Hegel. Aber bei Aristoteles bin ich in die Lehre gegangen, durch ihn habe ich erfahren, worauf es in der Philosophie ankommt, was verlässliche Klärung ist, und dass tiefsinnig scheinende Schwammigkeiten in begriffliche Klarheit zu überführen sind – oder verschwinden müssen. Und Kant ist (selbst wenn man seine Auffassungen nicht teilt) schlicht der *spiritus rector* der modernen Philosophie. Nietzsche schließlich ist deren tief schürfender Maulwurf (wie er sich selbst einmal bezeichnet hat). Aber andere, die es gewiss auch verdient hätten, kommen nicht zur Sprache. Man möge es mir nachsehen. Die Auswahl ist subjektiv und vorläufig – vielleicht wird ein Band mit mehr außereuropäischen und weiblichen Stimmen folgen.

Im Übrigen: kein Kult von Individuen! So ist die Auswahl der Namen nicht gemeint. Denn niemand denkt allein. Ein jeder steht in einem Strom von Gedanken, Anregungen und Möglichkeiten. Man hat schon unendlich viel in sich aufgenommen und verarbeitet, bevor man sich daran macht, einen Gedanken auszuarbeiten. An jeder Einsicht haben andere mitgewirkt. Vorbildlich ist dafür Goethes spätes Selbstverständnis. Einen Monat vor seinem Tod sagte er zu seinem Freund Frédéric Soret: «Was bin ich denn selbst? Was habe ich gemacht? ... Zu meinen Werken haben Tausende von Einzelwesen das Ihrige beigetragen, Toren und Weise, geistreiche Leute und Dummköpfe, Kinder, Männer und Greise, sie alle kamen und brachten mir ihre Gedanken, ihr Können, ihre Erfahrungen, ihr Leben und ihr Sein; so erntete ich oft, was andere gesäet; mein Lebenswerk ist das eines Kollektivwesens, und dies Werk trägt den Namen Goethe.» Da hat sich der vermeintliche «Olympier» als dankbar gegenüber denjenigen erwiesen, die ihm dazu verholfen hatten, der zu werden, als der er uns bekannt ist. Er hat sich als Kreuzungspunkt, als Durchgangsstätte, als Kondensationsknoten vieler anderer Individuen, Temperamente und Lebensweisen verstanden. So verhält es sich auch bei der Philosophie. Selbst wenn ein Werk im stillen Kämmerlein entstanden ist, haben das Umfeld und andere Menschen daran mitgeschrieben. Um diesen nicht individuellen, sondern dividuellen Charakter von Einsichten deutlich zu machen, habe ich wenigstens einmal (im vorletzten Essay) eine ganze Reihe von Autoren in einen Analysegang zusammengespannt. Im Titel sind nur drei genannt (Nietzsche, Scheler, Derrida), aber den Text haben etliche weitere (Said, Mohanty, Burke, Brague etc.) mitgeschrieben.

Mögen diese «Glanzmomente der Philosophie» den LeserInnen Einsichten schenken und Anregungen bieten. Für mich war, diese Gedanken kennenzulernen, stets ein Fest und Vergnügen. Wenn aber jemand von der einen oder anderen Analyse nicht ganz überzeugt ist, wenn sie oder er gelegentlich ein Glanzstück zweifelhaft oder gleisnerisch findet, so ist auch das in Ordnung – wenn nur überhaupt gedacht wird in einer Zeit, die vom Denken nicht mehr viel zu halten scheint.

Berlin, 17. Oktober 2020   Wolfgang Welsch

Heraklit

Logos – die Welt der Gegensätze

«Vorsokratiker»

Beginnen wir mit Heraklit. Zwar ist er nicht der erste Philosoph gewesen. Andere sind ihm vorangegangen. Heraklit zählt zu den sogenannten Vorsokratikern. Der Terminus, der sich seit dem 19. Jahrhundert eingebürgert hat, ist allerdings problematisch. Er suggeriert, dass die Philosophie im eigentlichen Sinn erst mit Sokrates angefangen habe. Die anderen Philosophen seien allenfalls Vorläufer oder Wegbereiter gewesen. Warum diese Auffassung? Weshalb ist sie kanonisch geworden?

Weil Sokrates, so sagt man, der Erste war, der die Philosophie dort angesiedelt hat, wo sie wirklich hingehört: in der menschlichen Welt. Die anderen, die Philosophen vor ihm, die bloßen Vorsokratiker, hatten vom Kosmos gefaselt, von diversen Elementen, von Werden und Vergehen im Allgemeinen. Sokrates hat dem ein Ende gemacht, indem er die Philosophie konsequent auf das Verstehen der menschlichen Welt verpflichtete und in der Stadt (statt im Kosmos) und unter den Menschen (statt zwischen Naturkräften und Mysterien) ansiedelte. Sokrates hat die Philosophie von den früheren Kosmosfantasien in die Lebensform der Menschen heruntergeholt – das ist sein unvergleichliches Verdienst. So kann man es von Cicero über Montaigne bis zu Herder und Mendelssohn lesen. Cicero: «Sokrates hat als erster die Philosophie vom Himmel herunter gerufen, sie in den Städten angesiedelt, sie sogar in die Häuser hineingeführt, und sie gezwungen, nach dem Leben, den Sitten und dem Guten und Schlechten zu forschen.»[1] Montaigne schrieb über 1600 Jahre später erneut: Sokrates «war es, der die menschliche Weisheit vom Himmel herunterholte, wo sie ihre Zeit nur vergeudete, um sie dem Menschen zurückzugeben, denn in ihm liegt ihre ureigentliche, all ihre Kräfte beanspruchende Aufgabe, und ihre nützlichste».[2] Herder meinte noch einmal 200 Jahre später, mit nur geringfügiger Einschränkung: «Es ist ein zwar oft wiederholter, aber wie mich dünkt, überspannter Lobspruch des menschenfreundlichen Sokrates, dass Ers zuerst und vorzüglich gewesen sei, der die Philosophie vom Himmel auf die Erde gerufen und mit dem sittlichen Leben der Menschen befreundet habe.»[3] Mendelssohn schließlich wiederholte Ciceros Diktum: «Sokrates war der erste [...], der die Philosophie vom Himmel herunter gerufen, in die Städte eingesetzt, in die Wohnungen der Menschen geführt, und sie über ihr Thun und Lassen Betrachtungen anzustellen genöthigt hat.»[4]

Natürlich trifft diese Sicht zu. Sokrates war ein völliger Stadtmensch, und es ging ihm nur um den Menschen. Als der junge Phaidros Sokrates vor die Tore Athens in die Gefilde des Ilissos führte, zeigte dieser sich höchst überrascht von der Schönheit der Gegend, vom Wohlgeruch der Pflanzen, dem Liebreiz des Baches und der Wiesen. Er sah dergleichen eben zum ersten Mal, bekannte aber sogleich, dass ihn das nicht wirklich interessiere, denn Felder und Bäume würden ihn nichts lehren, «wohl aber die Menschen in der Stadt».[5] Erst wenn man erkannt habe, was der Mensch ist, werde man auch alles andere recht zu erkennen und zu bewerten vermögen.[6]

Ganz anders dagegen die Vorsokratiker. Anaxagoras beteuerte, dass ihm nichts mehr am Herzen liege als sein Vaterland – und zeigte dabei auf den Himmel.[7] Demokrit erklärte: «Einem weisen Mann steht jedes Land offen. Denn einer trefflichen Seele Vaterland ist das Weltall.»[8] Die Vorsokratiker hielten dafür, dass man die Seinsart des Menschen erst dann richtig erfasst, wenn man sie im Kontext des Kosmos begreift. Für die Vorsokratiker war der Kosmos das Erste, er bildete den Maßstab. Sokrates' Interesse hingegen galt nur noch der Stadt und den Menschen. Muss man diese Umstellung loben? Stellt sie nicht eigentlich eine

Schrumpfung dar, eine Beschränkung auf die menschliche Welt anstelle der ganzen Welt? Vermögen die Gewinne die Verluste aufzuwiegen? Darauf wird zurückzukommen sein.

Man darf nicht glauben, die Vorsokratiker hätten sich in bloßen Spekulationen ergangen und wirkliches Wissen nehme erst mit Sokrates seinen Anfang. Ganz im Gegenteil. Die vorsokratische Philosophie begann geradezu als Wissenschaft. Die ersten Philosophen zeichneten sich durch vielfältige wissenschaftliche Einsichten und Erfindungen aus. Thales beispielsweise, der erste der Vorsokratiker, ist (bis in den heutigen Schulunterricht hinein) für etliche mathematisch-geometrische Entdeckungen bekannt und war astronomisch erstaunlich beschlagen: er lehrte die Seefahrer die Orientierung am Kleinen Bären, verfasste eine «Sternkunde für Seefahrer» und hat für den 28. Mai 585 v. Chr. eine Sonnenfinsternis zutreffend vorhergesagt. Oder Anaximander erfand Gnomon-Instrumente und Uhren, entdeckte die Tag- und Nachtgleiche und die Sonnenwenden, und er schuf die erste Karte der Erde und des Meeres sowie den ersten Himmelsglobus.

Aber so wichtig und eindrucksvoll diese wissenschaftlichen Einsichten auch waren, sie machten doch als solche noch nicht das philosophische Geschäft aus. Sie bildeten nur die Startrampe für das philosophische Unterfangen. Die Philosophie beginnt dort, wo man über die gelungene Erklärung von diesem und jenem hinaus ins noch nicht Bekannte hinaus fragt und nach einer Erklärung *für das Ganze* sucht. Wo man mithin vom Stand des verfügbaren Wissens aus Fragen stellt, die nicht mehr durch empirische Forschung, sondern nur noch durch Denken beantwortet werden können. Also Fragen des Typs: Woher kommt die Welt? Wie ist sie entstanden? Wo geht sie hin?

So meinte Thales, dass vielleicht (da offenbar alles in der Welt Veränderungen unterliegt) das Veränderliche par excellence, nämlich das Wasser, den tiefsten Grund der Welt bilde. Oder Anaximenes erwog, ob es sich beim Seienden nicht insgesamt um verschiedene Aggregatzustände von Luft handeln könne. Anaximander mutmaßte, dass alle Lebewesen aus dem Wasser und zuletzt die Menschen aus Fischen entstanden sein könnten. Und dann ging er auch noch über diese Teilerklärungen hinaus und entwarf die Idee des Apeiron: eines Unbegrenzten und Unbestimmten, aus dem alles hervorgeht und in das alles auch wieder zurückgeholt wird. So begann die Philosophie: kraft des Denkens werden Vermutungen entwickelt, wie es sich mit dem Seienden insgesamt, mit der Welt im Ganzen verhalten könnte.

Heraklit: Der Logos als der «Verwalter des Alls»

Die Antwort Heraklits (um 500 v. Chr.) auf die Frage nach der Struktur des Ganzen lautet: *Lógos*. Was meint er damit?

Zunächst muss man sich von der Vorstellung freimachen, Logos bedeute für Heraklit dergleichen wie Rede oder Vernunft oder Geist. «Logos» hat bei Heraklit vielmehr in erster Linie die Bedeutung von Grund. Heraklit ist überzeugt, dass eine bestimmte Struktur allem Seienden, allem Werden, allen Veränderungen, allen Verhältnissen zugrundeliegt, nämlich die Struktur von Gegensätzen. Diese Gegensatzstruktur ist ihm zufolge der innerste und realste Grund von allem. Sie ist das Gesetz der Welt. «Alles geschieht nach diesem *lógos*.»[9] – Wie ist das zu verstehen?

Wir kennen viele Fälle, wo Gegensätze das Geschehen bestimmen: von Ebbe und Flut in der Natur über Krieg und Frieden in den Beziehungen der Völker bis hin zu Liebe und Hass in persönlichen Abhängigkeiten. Naturwissenschaftler können uns erklären, warum Ebbe von Flut nicht zu trennen ist, Historiker belehren uns, dass Kriegs- oder Friedensphasen nicht stabil bleiben, sondern irgendwann kippen, und Psychologen und Psychoanalytiker halten, was Liebe und Hass angeht, dafür, dass im einen stets auch das andere schlummert – bis es irgendwann ausbricht. Alles steht in solchen Gegensatzbeziehungen. Nichts ist einfach das, was es ist, sondern es ist aus Gegensätzen gebildet und bleibend mit Gegensätzen behaftet. Das Große ist groß nur gegen das

Kleine, das Einfache einfach nur gegenüber dem Komplexen, das Dichte dicht nur im Verhältnis zum Dünnen. Kalt und warm, freudig und traurig, vereint und getrennt, aufbauend und zerstörerisch, usw. usf. – alles ist, was es ist, im Gegensatz zu anderem, in einem Feld von Gegensätzen. «Alles ist» (wie Rilke formulieren wird) «nicht es selbst».[10]

Aus dieser Gegensatzstruktur erklärt sich auch die allgegenwärtige Veränderung. Im Spiel der Gegensätze gewinnt mal der eine, mal der andere die Oberhand. Im Tierreich herrscht noch der Stärkste nur für einige Zeit, dann muss er abtreten und ein anderer übernimmt die Führung; Auffaltung und Erosion der Gebirge stehen in einem langfristigen Gegenspiel; warme und kalte Luftmassen tauschen sich aus; Imperien steigen und fallen; die Emporkömmlinge von heute sind die Verlierer von morgen; beim sportlichen Wettkampf wogt der Vorteil hin und her; und im philosophischen Dauerduell zwischen Idealismus und Realismus ist es nicht anders. Weil alles durch Gegensätze gebildet ist und in Gegensätzen steht, ist es nicht stabil, sondern unterliegt der Dynamik der Gegensätze. Steht mal der eine Pol im Vordergrund, so kommt es doch über kurz oder lang zu einem Ausgleich, dann schlägt das Pendel nach der anderen Seite aus, der entgegengesetzte Pol übernimmt die Führung, bis auch diese Einseitigkeit wieder ausgeglichen wird, usw. usf. So verfügt die Gegensatzstruktur die allseitige Veränderung – das bekannte «panta rhei» («alles fließt») des Heraklit.[11]

Es ist diese Gesetzlichkeit der Gegensätze, die Heraklit als Logos bezeichnet. Der Logos liegt allem zugrunde und regiert alles. Er ist der «Verwalter des Alls».[12] Er ist das innerste Prinzip der Welt. Er selbst hängt von nichts anderem ab und herrscht ewig.[13]

Dieser Gedanke unterscheidet Heraklit von seinen Vorgängern. Er hat nicht ein einzelnes Element von letztlich materieller Art (Wasser, Luft, Erde, Feuer) als Grund von allem angegeben, sondern eine immaterielle Struktur aufgedeckt, in der all dies seinen Ort hat. Heraklit hat sich sowohl von der Materialität als auch von der Einseitigkeit der zuvor proklamierten Prinzipien gelöst. Er gräbt tiefer und prinzipieller. Die vorher angenommenen Prinzipien waren allesamt einseitig, standen jeweils im Gegensatz zu anderen Prinzipien: Wasser ist nicht Luft, Luft ist nicht Erde, Erde ist nicht Feuer, Feuer ist nicht Wasser. Der von Heraklit benannte Grund hingegen unterliegt solcher Gegensätzlichkeit nicht mehr, er *besteht* in der Gegensätzlichkeit.

Heraklit hatte es immer schwer, verstanden zu werden – nicht nur bei seinen Mitbürgern, die seine schroffe Zurückweisung ihres Ansinnens, als Gesetzgeber tätig zu werden (weil sie, so Heraklit, völlig verderbt seien), als Provokation empfanden, sondern auch im Bereich der Philosophie, wo man ihn bald den «Dunklen» (*skoteinós*) nannte. Und man hat es sich allzu leicht gemacht, ihn als reinen Flusstheoretiker abzustempeln. Da haben schon Platon und Aristoteles geirrt bzw. die Position des Heraklit bewusst verfälscht. Zwar sieht Heraklit, dass an der Oberfläche alles veränderlich ist, aber er lehrt doch, dass all dies auf einer stabilen Struktur beruht und von dieser herrührt: von der Gegensatzstruktur des Logos. Heraklit hat Fluss und Stabilität ineins gedacht.

Von daher ist Heraklit nicht nur der Denker der Vielfalt und der ständigen Veränderung der Erscheinungen, sondern auch der Philosoph grundlegender Einheit. «Haben sie nicht mich, sondern den Logos vernommen, so ist es weise, dem Logos gemäß zu sagen, alles sei eins (*hen pánta eínai*).»[14] Das augenscheinlich Diverse hängt im Sinn der Gegensatzlogik zusammen. Heraklits Monismus ist zugleich ein Pluralismus: der Logos treibt die Verschiedenheit des Seienden ebenso hervor wie er sie zusammenhält. Und der Monismus des Heraklit ist kein metaphysischer, sondern ein phänomenaler Monismus: die Einheit liegt nicht jenseits der Erscheinungen, sondern ist ihnen inhärent, die vielen Erscheinungen sind allesamt Gestalten der Einheit.

Auf den Logos hören

Welche Schlussfolgerungen zieht Heraklit aus seiner Konzeption des Logos? Eigentlich nur eine: dass es in allem auf den Logos zu hören und dem Logos zu folgen gilt. Wenn man die Welt im Sinn der Gegensatzlogik versteht, dann begreift man sie zutreffend, und dann wird man in ihr auch richtig zu handeln wissen. Man wird nicht mehr auf die vordergründige Selbstständigkeit dieses oder jenes Seienden hereinfallen, sondern den Verbund, den Zusammenhang, das Netz der Bezüge und Gegensätze beachten und sich darauf einstellen.

Aber das, so klagt Heraklit immer wieder, tun die Menschen leider nicht. «Für den Logos aber, wie er hier vorliegt, gewinnen die Menschen nie ein Verständnis, weder ehe sie ihn vernommen noch sobald sie ihn vernommen.»[15] «Mit dem Logos, mit dem sie doch am meisten beständig verkehren, [...] mit dem entzweien sie sich, und die Dinge, auf die sie täglich stoßen, die scheinen ihnen fremd.»[16] Die Menschen erkennen nicht, dass das, was ihnen vor Augen tritt, jeweils eine Fügung aus Gegensätzen darstellt. «Sie verstehen nicht, wie es auseinander getragen mit sich selbst zusammengeht: gegenstrebige Vereinigung wie die des Bogens und der Leier.»[17] Die Menschen bleiben an einer vordergründigen Sicht der Gegensätze hängen: Stärke gegen Schwäche, Licht gegen Dunkel, Krieg gegen Frieden, Geist gegen Natur, Gott gegen Mensch, usw. Sie erkennen nicht, dass diese Pole nicht gegeneinanderstehen, sondern zusammenhängen, dass sie nicht eigenständige Mächte sind, sondern Phänomene einer gemeinsamen Spannung. Erst diese Einsicht würde ein Erwachen bedeuten. Solange sie ausbleibt, bewegt man sich in Schlaf und Träumereien.

So folgen die Menschen, statt auf den Logos zu hören, selbstgemachten Anschauungen: sozialen Phantasmen, autoritären Vorgaben, Kapriolen des Eigendenkens. «Obschon der Logos gemeinsam ist, leben die Vielen, als hätten sie eine eigene Einsicht.»[18] Sie folgen sozialen Standards oder den Proklamationen intellektueller Heroen, oder sie kochen ihr eigenes Anschauungssüppchen. Aber es kommt nicht darauf an, sozialkonform zu denken oder den Vorgaben großer Denker zu folgen oder Eigengespinste hervorzubringen, sondern es geht einzig darum, den Logos – das wahre und einzige Gesetz der Welt – zu erfassen und ihm entsprechend zu denken und zu handeln.

Heraklit fordert uns zu einer radikalen Umwendung auf – weg von den menschlichen Eitelkeiten hin zum einen Logos. Erst wenn wir diese Umwendung vollziehen, werden wir das, was wir sein sollen: Wesen der Welt. Es gilt, alle eigenbrötlerischen Orientierungen zu übersteigen und sich zur Weltrichtigkeit zu erheben.

Das führt noch einmal auf die eingangs geschilderte Alternative zwischen einer Beschränkung auf die menschliche Sphäre (Sokrates) und einer Beheimatung in der Welt (Vorsokratiker) zurück. Heraklit hat uns mit allen Kräften von dem abzuhalten versucht, was seit Sokrates den Siegeszug angetreten hat. Die Beschränkung auf das Bloßmenschliche ist in Heraklits Augen der ärgste Irrweg. – Nur hatte schon Heraklit wenig Hoffnung, dass seine Mahnung auf Dauer Gehör finden werde.

*

Heraklit lebte in Ephesus (heute Selçuk). Ist er heute dort noch bekannt? Nein. Niemand kennt ihn mehr – nicht der Student der französischen Literatur und nicht der Ausgrabungsarbeiter am Artemis-Tempel, wo Heraklit sein Werk über den Logos hinterlegt hatte. Nur aus Versehen taucht er dann doch einmal auf: Eine amerikanische Touristin fragt, als sie eine Herakles-Statue sieht, ihre Begleiter, wer denn da dargestellt sei – war das nicht ein Philosoph?

Freilich: Solches Verschwinden entspricht dem Gang der Dinge – und der Weltsicht des Heraklit. Nichts ist von Dauer. Es geht weiter. Altes vergeht, Neues kommt. Nur der Logos bleibt.

Anaxagoras

Urknall durch Geistanstoß

Kommen wir nun zu Anaxagoras (500/499–428/427 v. Chr.) Er ist unter den Vorsokratikern der Philosoph des *nous*, des Geistes. Andererseits ist auch Anaxagoras durch naturwissenschaftliche Thesen hervorgetreten. Er lehrte als Erster, dass der Mond sein Licht von der Sonne empfängt. Und er erklärte, dass die Sonne nichts anderes sei als ein glühender Steinklumpen – was manche Athener als so skandalös empfanden, dass sie ihn der Gottlosigkeit anklagten, wobei er aber mit Geldstrafe und Verbannung davonkam.

Geist-Materie-Dualismus

Die beiden großen Themen des Anaxagoras sind Geist und Materie. Anaxagoras war der Erste, der einen strikten Dualismus, eben den von Geist und Materie, vertrat – eine Position, die das Abendland noch lange durchherrschen oder behexen wird.

Bei Anaxagoras tritt der Geist erstmals als Subjekt, also im Stil eines Akteurs auf. Der Logos des Heraklit war nicht von dieser Art gewesen. Er war kein Täter, der auf etwas anderes wirkt. Er war schlicht die der Welt immanente Struktur bzw. deren Gesetz. Er besaß keine selbständige Existenz gegenüber seiner Wirksphäre. Für den Geist des Anaxagoras ist hingegen genau dies charakteristisch.

Die Grunderzählung des Anaxagoras über die Welt beginnt mit der Materie. Am Anfang war alles auf engstem Raum versammelt, gleichsam in einem Punkt zusammengedrängt. Alles Materielle (Gräser, Vögel, Sterne, was immer) existierte zwar schon, es ist nicht erst später entstanden, aber es lag extrem komprimiert vor.[1]

Dann trat der Geist hinzu und wirkte auf diese maximal verdichtete Materie ein. Von außen kommend, hat er sie wie mit einem Peitschenschlag in Bewegung versetzt und damit den Anstoß zur Entwicklung der Welt, d. h. zur Auswicklung all dessen gegeben, was in jenem ursprünglichen Materieknoten schon angelegt war. Der Geist hat die Materie in Rotation versetzt und dadurch das zunehmende Auseinandertreten, die Auffächerung ihrer Komponenten bewirkt.[2] Infolge dieser Initialzündung kam es anschließend zu immer größerer Rotationsgeschwindigkeit und Entfaltung – zum Auseinandertreten, zur Auswicklung, zur Abscheidung aller Teile.[3] Dadurch ist die Welt entstanden, wie wir sie kennen. Man könnte Anaxagoras' Weltentstehungsidee (cum grano salis) als «Urknall durch Geistanstoß» bezeichnen.[4]

*Die Probleme des Dualismus kommen
hier schon auf den Tisch*

Hochinteressant ist nun, dass schon an dieser ersten Formulierung des Geist-Materie-Dualismus dessen tiefe Probleme paradigmatisch erkennbar werden, wie sie die Geistesgeschichte dann mehr als 2000 Jahre lang beschäftigen werden.

1. Woher kommt, wenn zunächst nur Materielles vorhanden ist, der ganz und gar andersartige, der strikt immaterielle Geist? Anaxagoras kann nur voraussetzen, dass auch der Geist schon irgendwie existiert oder irgendwoher kommt, aber erklären kann er weder das eine noch das andere.

2. Wie ist die Eigenart dieses Geistes zu fassen? Er muss jedenfalls ein strikt immaterielles Prinzip sein, soll er doch von allem Materiellen in der klarsten Weise unterschieden sein. Als Unterscheidungskriterium formuliert Anaxagoras das der Mischung. Im Materiellen ist alles mit allem vermischt. Der Geist hingegen ist völlig unvermischt, selbständig, rein.[5] Der Geist soll eben anders als alles andere sein, er soll mit nichts anderem etwas gemeinsam haben. Das war beim *lógos* des Heraklit anders. Dieser war

etwas *in* der Welt, er bezeichnete die Grundstruktur bzw. das Verhältnis der welthaften Entitäten. Der *nous* des Anaxagoras aber steht dem Materiellen bzw. Welthaften strikt *gegenüber*. Eben das soll ihn als Geist kennzeichnen. Andererseits hat Anaxagoras Schwierigkeiten, diese Besonderheit des Geistes durchzuhalten. Er verfängt sich immer wieder in vordergründigen Bestimmungen, die den Geist durch eine reduzierte materielle Qualität charakterisieren. Beispielsweise nennt er den Geist «das feinste und reinste aller Dinge».[6] Das ist offensichtlich unzureichend. An einer anderen Stelle hingegen fasst Anaxagoras die Eigenart des Geistes weitaus adäquater, indem er sagt, dass der große und der kleine Geist qua Geist völlig gleich sind.[7] Quantitative Prädikate, will er damit wohl sagen, gehen an der Eigenart des Geistes vorbei. Der Geist ist, wo er vorliegt, immer qualitativ ein und derselbe Geist.

3. Eines der größten Probleme liegt darin, wie der Geist als etwas völlig Immaterielles die Materie in Bewegung versetzen können soll. Das kann nicht gehen. Kausalität verlangt Gleichartigkeit. Noch spätere spiritualistische Denkweisen, die dem Geist direkten Einfluss auf die Materie zusprechen wollten, mussten dafür immer schon die Materie irgendwie geistartig konzipieren. Jeder strikte Dualismus scheitert an dieser Stelle, und zwar sowohl, was eine Einwirkung des Geistes auf die Materie als auch umgekehrt eine solche der Materie auf den Geist angeht. Andererseits kommt keine vernünftige Weltbetrachtung ohne die Annahme solcher Wechselwirkungen aus. Dies ist eine der tiefsten Problemstellen des Dualismus.

Dieselbe Schwierigkeit zeigt sich auch in einer Ambivalenz der Kosmologie des Anaxagoras. Einerseits soll der Geist das leitende Prinzip der Welt sein. Er soll sowohl den ursprünglichen Bewegungs- und Entfaltungsanstoß geben als auch späterhin wie ein immanentes Prinzip alles «anordnen».[8] Insofern ist er der Regent der materiellen Welt. Auf der anderen Seite lehrt Anaxagoras aber, dass die Weltentfaltung, einmal angestoßen, allein nach materiellen, nach mechanischen Gesetzen ohne weitere Einwirkung des

Geistes erfolgt (weshalb Platon von ihm enttäuscht war, Aristoteles ihn rügte und Hegel ihn auch nur halbherzig loben mochte).[9] Darin spiegelt sich die Crux des Dualismus wider, einerseits eine strikte Andersartigkeit und Unabhängigkeit von Geist und Materie zu vertreten und andererseits den Geist doch als das dominierende Prinzip der Welt ansehen zu wollen.

4. Bezüglich des Erkennens findet Anaxagoras einen eleganten Ausweg aus dem Dilemma von Heterogenität und Bezogenheit. Just weil der Geist strikt immateriell ist, meint Anaxagoras, ist er imstande, das Materielle zu erkennen. Die Zauberformel des Erkennens laute nämlich nicht (wie sonst oft in der Antike angenommen) «Gleiches durch Gleiches», sondern «Gleiches durch Ungleiches». Wahrhaftes, objektives Erkennen soll gerade völliges Unbeteiligtsein, Neutralität, Andersartigkeit zwischen Erkennendem und Erkanntem zur Voraussetzung haben. Insofern bildet die ontologische Andersartigkeit des Geistes gegenüber allem Materiellen und Welthaften die ideale Voraussetzung für ein umfassendes und perfektes Erkennen. Sie begründet die absolute epistemische Potenz des Geistes: «der Geist besitzt von allem alle Kenntnis».[10] Die ontologische Andersartigkeit ermöglicht die epistemische Erfassung.

5. Aus der Erkenntniskraft des Geistes erklärt sich schließlich auch die Erkenntnisfähigkeit des Menschen. Auch unser Erkennen ist ein Erkennen mittels des Geistes. Wo immer in der Welt Erkennen vorkommt, ist es, genau genommen, jener weltüberlegene *nous*, der am Werk ist. Diese Ermächtigung durch den Weltgeist begründet zugleich, warum das menschliche Erkennen ebenso zutreffend sein kann wie das des Geistes überhaupt – es ist ja nichts anderes als ein Erkennen durch jenen Geist. Wohl mag der Umfang unseres Erkennens geringer sein als der des Weltgeistes. Aber der Genauigkeits- oder Wahrheitsgrad ist, wenn wir erkennen, genau der gleiche wie bei allen anderen Akten des *nous* auch. «Geist ist alle Mal von gleicher Art, der größere wie der kleinere.»[11] Der kleine Menschengeist erkennt also – da er die Präsenz

jenes überlegenen Geistes im Menschen ist – genauso zuverlässig wie der große Weltgeist.

Epizyklen des Dualismus

Ich habe nicht verhohlen, dass ich den Dualismus für eine verquere und unhaltbare Position ansehe. Aber weder die Vielzahl von Gegenargumenten noch die Historie seiner Versionen und Verpuppungen sei hier ausgebreitet. Ich will nur an einem Beispiel zeigen, zu welchen Groteskerien die Philosophie sich versteigen kann – hier in der Bahn des Dualismus, den man zu Ende zu denken und um jeden Preis zu verteidigen sucht, anderswo auf anderen Irrwegen. Wenn ich von «Glanzmomenten der Philosophie» spreche, so manchmal eben auch (wie im Vorwort angedeutet) im Sinn eines virtuosen Blendwerks.

Der von Anaxagoras begründete Dualismus hatte bekanntlich 2000 Jahre später seinen großen Wiederauftritt in der Zwei-Substanzen-Lehre des Descartes: Geist (*res cogitans*) und Materie (*res extensa*) sollten die beiden grundverschiedenen Substanzen sein, die sich in der Welt finden. Wie aber sollen sie kooperieren können? Das müssen sie beispielsweise bei der Wahrnehmung tun: in der materiellen Welt (*res extensa*) entsteht ein Ton, und dieser wird vom Wahrnehmenden, der ein geistiges Wesen (*res cogitans*) ist, erfasst. Wie soll dieser Brückenschlag möglich sein? Descartes griff zu der Notlösung, dass die Zirbeldrüse zwischen beiden vermittelt.

Einem wirklich konsequenten Dualisten hingegen musste dieser Rückgriff auf ein nur materielles Organ ein Gräuel sein, und so unterbreitete Leibniz einen weit besseren und wahrhaft glänzenden Vorschlag, wie die Wahrnehmung zu verstehen sei. Da ist auf der einen Seite die Reihe der materiellen Ereignisse, wo ein Glockenschlag einen Ton erzeugt, und da ist auf der anderen Seite die Reihe der mentalen Ereignisse, wo ein Ton vernommen wird. Und vernommen wird er genau in dem Moment, da er erklingt.

Aber er wird nicht deshalb in diesem Moment vernommen, weil die materielle Ereignisreihe irgendwie auf die mentale einwirken würde. Nein, es gibt – nur so kann man der absoluten Unterschiedlichkeit der beiden Substanzen und ihrer jeweiligen Ereignisreihen Rechnung tragen – keinerlei Einfluss der einen Reihe auf die andere. Es besteht keinerlei Kausalität. Unser Hören des Tones ist in keiner Weise dadurch hervorgerufen, dass entsprechende Schwingungen der Luft auf uns einwirken würden. Unsere Wahrnehmung des Tones verdankt sich vielmehr einer weitaus wundervolleren Einrichtung: einer prästabilierten Harmonie. Die beiden Ereignisreihen – die materielle und die mentale – laufen völlig unabhängig voneinander ab. Aber sie sind durch Gott so perfekt aufeinander abgestimmt, dass immer dann, wenn in der materiellen Reihe ein Ton erklingt, in der mentalen Reihe ein solcher vernommen wird. Aber noch einmal: dies geschieht, ohne dass irgendein Einfluss der einen Reihe auf die andere bestünde. Die perfekte Synchronisation verdankt sich ausschließlich der prästabilierten Harmonie zwischen den beiden Reihen.

Man sieht: Das ist perfekter, das ist ohne auch nur die geringste Abweichung zu Ende gedachter Dualismus. Sie meinen, es handle sich um ein Wahngebilde? Unsere Wahrnehmungen seien eben doch durch Ereignisse in der äußeren Welt veranlasst? Ja, so denkt man gemeinhin. Aber dann erklären Sie doch einmal, wie man sich eine solche Übersprungwirkung von der physischen zur mentalen Welt vorstellen könne. Wirkungsketten verlaufen grundsätzlich nur innerhalb der physischen Welt und können nicht auf die mentale Welt übergreifen. Der grundsätzliche Dualismus macht dergleichen strikt unmöglich. Also bleibt, wenn man nicht ungenau, sondern präzis denken will, nur die Erklärung durch die prästabilierte Harmonie. – Oder sind Sie noch immer nicht überzeugt? Wollen Sie etwa gar an der Voraussetzung, am Dualismus als solchem zweifeln? Meinen Sie, große Philosophen könnten grotesk irren? Sie sind aber arg aufmüpfig!

Platon

Die himmlische Natur des Menschen

Platon (428/42–349/34 v. Chr.) hat ein eminent wirksames Bild des Menschen propagiert: dass wir Menschen von himmlischer Abstammung sind. Platon war zwar nicht der erste, der diese Auffassung vertrat, aber er hat sie dem abendländischen Denken so nachhaltig eingeprägt wie kein anderer. Etliche platonische Lehren mögen uns zweifelhaft geworden sein – das Bild vom himmlischen Ursprung und der himmlischen Bestimmung des Menschen wirkt bis heute nach. Auch wer (wie etliche Philosophen, zu denen auch der Verfasser sich zählt) diese Lehre für verfehlt hält, kann sich ihrer Faszination nicht entziehen.

Eine unsterbliche Seele – die abstürzt

Platon betrachtet die Seele als unsterblich. Aber deswegen ist sie noch lange nicht gegen Gefahren gefeit. Sie bedarf der Nahrung. Diese sich zu besorgen, ist nicht leicht. Platon veranschaulicht die Schwierigkeit im Dialog *Phaidros* durch die Auffahrt zum «überhimmlischen Ort» (247 c 3). Dort ist das Wahre und das eigentlich Seiende, dort sind die Ideen angesiedelt. Deren Schau ist die Nahrung, derer die Seelen bedürfen. Für die Götter ist es kein Problem, zu dieser Schau zu gelangen, denn mit ihren kraftvollen Gespannen erreichen sie ohne Weiteres die Oberfläche des Himmelsgewölbes und können sich dort am Anblick der Ideen laben. Die menschlichen Seelen jedoch haben es schwer. Von den beiden Rössern ihres Gespanns zieht nur das eine (das vernünftige) willig, das andere (das begierdehafte) ist hingegen störrisch, und so gelingt es dem Wagenlenker allenfalls kurzfristig, den Kopf über das Himmelsgewölbe hinauszustrecken und die Ideen zu schauen. Dann ist es aber fraglich, ob die so gewonnene Kraft zu einer nächsten Auffahrt reichen wird. Es ist absehbar, dass die Seele irgendwann dafür zu schwach sein wird. Dann stürzt sie ab, fällt auf die Erde und wird in einen menschlichen Körper gebunden. Nun ist es mit Auffahrt, Nahrung und Seligkeit erst einmal vorbei.

Was übrigbleibt, ist, sich mittels «scheinhafter Nahrung» am Leben zu halten (248 b 4 f.). Das ist das Schicksal der Menschen. Sie jagen sinnlichen Genüssen und Reichtum, gesellschaftlichem Ansehen und Wohlstand, egoistischen Vorteilen und Scheinbefriedigungen nach. Arme Kreaturen! Sie sind von ihrer eigentlichen Bestimmung abgefallen. Sie, die eigentlich Himmelswesen sein sollten, sind zu jämmerlichen Erdlingen verkommen.

Rückkehr

Gibt es eine Rückkehr? Ja, sagt Platon, Rückkehr ist möglich. Aber nur auf einem einzigen Weg: dem der Philosophie. (Vielleicht ist es diese rigorose Empfehlung der Philosophie, die Platon über Jahrtausende hinweg zu einem einzigartigen philosophischen Heros gemacht hat.)

Schon im *Phaidros* erklärt Platon, dass «einzig des Philosophen Seele» die rechte Nahrung erhält, weil sie sich «durch Erinnerung so viel als möglich» bei den einst geschauten Ideen aufhält (249 c 4–6). Groß hat Platon die Theorie der Rückkehr dann im Höhlengleichnis der *Politeia* ausgeführt. Demnach ist es unsere Aufgabe, uns aus der Scheinwelt der Schatten zu befreien und erneut zur Schau der Ideen zu gelangen, wie sie unseren Seelen einst, vor ihrer Verbannung in einen Körper, vergönnt war. Nur der erneute Aufstieg zu den Ideen wird uns wahrhafte Erkenntnis und richtige Lebensführung ermöglichen. Es geht um «eine Umwendung der Seele, welche aus einem gleichsam nächtlichen Tage zu dem wahren Tage des Seienden die Auffahrt antritt» (521 c 6 f.). In dieser «Umwendung der Seele» – weg von körperlich-irdischer hin zu vernünftig-himmlischer Orientierung – besteht die Bewegungsform und Leistung der «wahren Philosophie» (521 c 6–8). Sie räumt die Schlacken der irdischen Hemmnisse beiseite, befördert die Wiedererinnerung der Ideen und führt uns so zu unserer ursprünglichen, unserer himmlischen Seinsweise zurück. In diesem Sinn hat Platon die Philosophie auch als «Angleichung an Gott» bzw. als «Vergöttlichung» bestimmt (*Theätet* 176 b 1 f.).

Platon meint es ernst. (Auch deswegen ist er ein großer Philosoph.) Seele versus Körper, das ist für ihn eine strenge Alternative. Der Körper ist nicht der Wohnort, sondern das «Grab» der Seele.[1] Wenn wir je etwas rein erkennen wollen, müssen wir uns «vom Körper losmachen und mit der Seele selbst die Dinge selbst schauen» (*Phaidon*, 66 d 7 – e 2). Daher besteht «das Geschäft der Philosophen in der Befreiung und Ablösung der Seele vom Körper» (67 d 8–10), also just in dem, was man gemeinhin als Tod auffasst, sieht man diesen doch als «Absonderung der Seele vom Körper» (67 d 4 f.) an. Eine analoge Ablösung von allen sinnlich-physischen Einflüssen und Bindungen, eine Konzentration allein auf das Vernünftige und ein Übergang zu einem nicht mehr körpergebundenen, sondern ausschließlich vernünftigen Sein geschieht im Aufstieg zu den Ideen, wie er den Vollzug der Philosophie charakterisiert. Ob dieser Parallelität bezeichnet Platon die Philosophie auch als Sterbenlernen: «Die richtig Philosophierenden trachten danach zu sterben, und tot zu sein ist ihnen unter allen Menschen am wenigsten furchtbar» (67 e 4–6). Die Sterbensthese ist das Spiegelbild der Aufstiegsemphase.

Platon meint die These von unserem himmlischen Ursprung durchaus wörtlich: «Wir sind ein Gewächs, das nicht in der Erde, sondern im Himmel wurzelt» (*Timaios* 90 a 6 f.).[2] Diese Überzeugung bringt auch eine durch Herakleides Pontikos, einen Schüler Platons, überlieferte und sehr wirkungsmächtig gewordene Anekdote zum Ausdruck. Pythagoras soll einst Leon, den Fürsten von Phleius, aufgesucht und mit ihm eine lange Unterredung geführt haben, an deren Ende Leon, voll Bewunderung für Geist und Rednergabe des Pythagoras, diesen fragte, was denn der Name der Kunst sei, auf die er sich so gut verstehe. Pythagoras habe geantwortet, er verstehe sich nicht auf eine Kunst, sondern er sei ein *Philosoph*. Leon habe, über die Neuheit des Namens verwundert, wissen wollen, wer denn die Philosophen seien und was sie von den anderen Menschen unterscheide. Pythagoras antwortete durch einen Vergleich mit den Teilnehmern an den Olympischen Spielen. Es gebe dort drei Gruppen. Die einen kämpften als Athleten um Ruhm und Ehre. Eine zweite Gruppe ziele durch Kauf und Verkauf auf Gewinn und Profit. Eine dritte Gruppe, die vornehmste, strebe hingegen weder nach Beifall noch nach Gewinn, sondern sei einzig um des Schauens willen gekommen. Sie betrachte aus ruhiger Distanz, was geschieht und wie es geschieht. So wie diese drei Gruppen von fernher nach Olympia gereist seien, so seien auch wir Menschen aus einem andern Leben und einer andern Natur in dieses Leben gekommen. Die einen dienten nun dem Ruhme, andere dem Geld. Es gebe aber eben auch einige seltene, die dergleichen verachteten und stattdessen lieber die Natur der Dinge aufmerksam betrachteten. Diese nennen sich ‹Liebhaber der Weisheit›, eben ‹Philosophen›.³ – Auch in dieser Erzählung bildet der himmlische Ursprung des Menschen den Ausgangspunkt. Und erneut sind es die Philosophen, welche sich daran orientieren. Von daher stehen sie im scharfen Kontrast zum ruhmgerichteten oder geschäftstüchtigen Leben der sonstigen Menschen.

Hoffnungslos unpraktisch – aber zum Vorteil aller

Diese praktische Desinteressiertheit der Philosophen stellt Platon vielfach dar – und versteht sie als Ruhmesprädikat. Im Dialog *Theätet* beschreibt er, wie weltfremd die Philosophen in der Stadt sind: Sie «wissen von Jugend auf nicht einmal den Weg auf den Markt, noch wo das Gerichtshaus, noch wo das Versammlungshaus des Rates ist, noch irgendeine andere Staatsgewalt ihre Sitzung hält. Gesetze aber und Volksbeschlüsse, geschriebene oder ungeschriebene, sehen sie weder noch hören sie. Das Bewerben der Bruderschaften um die obrigkeitlichen Ämter und die beratschlagenden Zusammenkünfte und die Feste mit Flötenspielerinnen, dergleichen zu besuchen fällt ihnen auch im Traume nicht ein. Ob ferner jemand edel oder unehelich geboren ist in der Stadt oder was einem von seinen Vorfahren her Übles anhängt von väterlicher oder mütterlicher Seite: davon wissen sie weniger, wie man sagt, als wie viel es Sand am Meere gibt» (173 c 8 – e 1). All solches kümmert den Philosophen nicht. Den Mitbürgern aber fehlt jedes Verständnis für diese Ignoranz, sie sehen im Philosophen nur eine lächerliche Figur. Ja, lächerlich ist er in der Tat – an den Maßstäben der Mitbürger gemessen. Aber deren Maßstäbe sind eben die falschen. Sie reflektieren nur die Einstellung des Verfalls. Der Philosoph hingegen sucht der irdischen Kloake zu entkommen. «Er trachtet danach, von der Sphäre der Sterblichen schleunigst zu der der Götter zu entfliehen» (176 a 8 – b 1).

Diese Polis- und Weltflucht hat freilich für die Polis auch eine vorteilhafte Kehrseite. Platon legt sie in seiner Lehre vom Staat dar. Wer ist zur guten Staatsführung geeignet? Die Ruhm- und Raffgierigen oder die Selbstsüchtigen und Schmeichlerischen oder die Netzwerker und Sozialapostel? Nein, keiner von diesen, sondern allein die Philosophen. Denn sie wollen, anders als alle anderen, nichts für sich und die ihren. Nur widerstrebend werden sie Staatsämter überhaupt übernehmen, wollen sie doch einzig der Einsicht leben und nicht politische Geschäfte betreiben (*Politeia*, 519 c 4 f.). Man muss sie geradezu zwingen, aus der Höhe der Philosophie in die Niederungen des politischen Alltags herabzusteigen. Aber erstens ist dieser Zwang gerechtfertigt, denn sie schulden dem Staat dafür, dass er ihnen das Privileg philosophischer Bildung gewährt hat, auch eine Gegenleistung, und die besteht eben in der von allen Eigeninteressen freien Staatsführung.[4] Und zweitens macht diese Maßnahme allerbesten Sinn, denn die

Philosophen vermögen, «weil sie das Schöne, Gute und Gerechte selbst wahrhaft gesehen haben», im Dunkel des Alltags «tausendmal besser zu sehen» als die dort Ansässigen (520 c 3–6).

Das ist Platons Idee der «Philosophenkönige». Sie scheint philosophisch schlüssig hergeleitet zu sein. Sie wirkt unschuldig. Oder handelt es sich doch um einen platonischen Trick? Die Weltflucht kann schnell in Weltherrschaft münden. Seien wir auf der Hut.

Aristoteles

Das Prinzip des Nicht-Widerspruchs

Das Prinzip des Nicht-Widerspruchs ist als Grundsatz der aristotelischen Philosophie ebenso berühmt wie berüchtigt. Aristoteles (384–322 v. Chr.) hat es als «das sicherste aller Prinzipien» (*Metaphysik* IV 3, 1005 b 11 f.) und als das «Axiom aller Axiome» (1005 b 33 f.) bezeichnet. Widerspruch im strikten Sinn sei unmöglich. Hegel erklärte genau umgekehrt: «Alle Dinge sind an sich selbst widersprechend»;[1] «der Widerspruch ist die Regel für das Wahre, der Nicht-Widerspruch für das Falsche».[2]

Im Folgenden geht es um den Versuch, den guten und unumgänglichen Sinn des Nicht-Widerspruchs-Prinzips darzulegen. Und auch deutlich zu machen, warum Aristoteles es nicht, wie man gewöhnlich glaubt, als bloß logischen, sondern als ontologischen Grundsatz verstanden hat. Zum Schluss soll dann auch der Streit zwischen Aristoteles und Hegel geschlichtet werden.

Ein uns höchst vertrautes Prinzip

Im 3. Kapitel des IV. Buches seiner «Metaphysik»[3] stellt Aristoteles die Frage, ob es ein Prinzip gibt, «das jeder notwendig besitzen muss, der irgendetwas von dem Seienden erkennen soll» (1005 b 15). Die Frage zielt auf ein erstes Prinzip, das nicht aus anderen Voraussetzungen abgeleitet werden kann (1005 b 14) und das man daher «zum Erkennen schon mitbringen muss» (1005 b 17).

Ja, sagt Aristoteles, es gibt ein solches Prinzip. Es lautet: «Es ist unmöglich, dass dasselbe demselben in derselben Beziehung (und dazu mögen noch die anderen näheren Bestimmungen hinzugefügt sein, mit denen wir logischen Einwürfen ausweichen) zugleich zukommt und nicht zukommt» (1005 b 19–22). Das ist Aristoteles' ausführliche Formulierung seines Nicht-Widerspruchs-Prinzips. Sie ist etwas barock und auf den ersten Blick nicht sehr transparent.

Was hat Aristoteles im Sinn? Zunächst fällt auf, dass nicht von logischen Verhältnissen, nicht von Aussagen oder Behauptungen die Rede ist, sondern von Zukommensverhältnissen: etwas kommt einer Sache zu oder nicht zu. Und Aristoteles sagt, dass dann, wenn x einem A zukommt, es unmöglich ist, dass es diesem zugleich nicht zukommt. Beispielsweise ist mein Laptop, während ich dies niederschreibe, eingeschaltet. Dann, so Aristoteles, ist es unmöglich, dass er zugleich ausgeschaltet ist. Daran wird vermutlich niemand zweifeln. Die Feststellung scheint trivial. Aber in der Philosophie gibt es nichts, was nicht von irgendwem bezweifelt würde. So könnten etwa übereifrige Hegelianer die genannte Feststellung unter Hinweis auf das erste Kapitel der *Phänomenologie des Geistes* («Die sinnliche Gewissheit oder Das Diese und das Meinen») als unhaltbar bezeichnen – sie könnten sagen, dass man nur eine Zeitlang warten müsse, dann werde der Laptop ausgeschaltet sein, und dann werde die angebliche Wahrheit folglich keine mehr sein. Schön und gut. Aber das geht natürlich an Aristoteles' Behauptung vorbei. Behauptet wurde ja nicht, dass dieser Laptop immer eingeschaltet sei, sondern nur, dass er jetzt eingeschaltet ist. Und wenn dies tatsächlich der Fall ist, dann ist in der Tat ausgeschlossen, dass er jetzt ausgeschaltet ist. Es kann nicht sein, dass dasselbe (das Eingeschaltetsein) demselben (dem Laptop) zugleich zukommt und nicht zukommt. Aber langsam! Könnte nicht die Hauptbetriebseinheit des Laptops eingeschaltet und sein Lautsprecher ausgeschaltet sein? Natürlich ist das möglich. Aber auch das verschlägt nichts gegen die These des Aristoteles. Um solchen Feinheiten Rechnung zu tragen, hat er seine These von der Unmöglichkeit des Widerspruchs mit dem Zusatz «in derselben Beziehung» bzw. «in derselben Hinsicht» versehen. Eingeschaltetsein im Hinblick auf die Haupteinheit und Ausgeschaltetsein im Hinblick auf den Lautsprecher gehen sehr wohl zusammen. Konträre Zustände in derselben Beziehung hingegen – etwa gleichzeitiges Eingeschaltetsein und Ausgeschaltetsein der Haupteinheit – sind ausgeschlossen.

Und noch eine andere Klausel hat Aristoteles wohlweislich in seine Bestimmung des Nicht-Widerspruchs-Prinzips aufgenommen, nämlich den Hinweis auf weitere nähere Bestimmungen, die erfüllt sein müssen, damit man sich nicht in einen Widerspruch verwickelt. Beispielsweise darf ein Terminus in der Zukommens-Behauptung und der Nicht-Zukommens-Behauptung nicht in unterschiedlichem Sinn verwendet sein. In diesem Fall könnte nämlich durchaus ein Widerspruch korrekt sein. So kann selbstverständlich eine Bank sehr wohl verschuldet sein und unmöglich verschuldet sein – die Kreditbank nämlich kann verschuldet sein, die Parkbank hingegen nicht. Solche Homonymie von Ausdrücken («Bank») muss ausgeschlossen werden.

Je mehr man sich solcherart den Gehalt der zunächst, wie gesagt, etwas barock anmutenden Formulierung des Nicht-Widerspruchs-Prinzips klarmacht, umso mehr bemerkt man, dass dieses Prinzip gar nicht kompliziert, sondern höchst einfach ist – und dass wir alle schon wie selbstverständlich mit ihm vertraut sind und ihm ständig Rechnung tragen.

Inwiefern ein ontologisches, nicht ein logisches Prinzip?

Nur eines ist merkwürdig: Aristoteles stellt das Nicht-Widerspruchs-Prinzip als Grundsatz der Ontologie und nicht etwa der Logik dar. Das IV. Buch der *Metaphysik*, wo sich diese Erörterung findet, entwickelt Aristoteles' Konzeption der Seinswissenschaft, der Ontologie, nicht der Logik.

Moderne Interpreten messen dem nicht viel Bedeutung zu und meinen ganz selbstverständlich, Aristoteles' Nicht-Widerspruchs-

Prinzip sei in Wahrheit ein Grundsatz der Logik und nicht einer der Ontologie. Es ergebe gar keinen Sinn, es als ontologisches Prinzip betrachten zu wollen. Auch Aristoteles habe es wohl eigentlich als logisches Prinzip gemeint: als Aussage nicht über das Seiende, sondern über unser korrektes Reden von Seiendem. Kontradiktorische Aussagen könnten nicht beide zugleich wahr oder falsch sein. Das – nicht eine Behauptung über Seinsverhältnisse – habe Aristoteles im Sinn gehabt.

Aber Aristoteles versteht das Prinzip durchaus und strikt als ontologisches. Seine Ausführungen und Erläuterungen zeigen das zweifelsfrei. Erstens ist seine Formulierung des Prinzips eindeutig ontologisch. Er sagt nicht, man dürfe eine Widerspruchsmöglichkeit nicht *behaupten*, sondern er sagt, dass eine solche Gegenwendigkeit *in der Sache ausgeschlossen* sei. Und dann legt er dar, dass man gar nicht jemand *sein* kann, der zugleich eine These und deren Gegenteil vertritt. Derlei Widerspruch ist in seinen Augen nicht etwa logisch untersagt, sondern *ontologisch unmöglich*. Man kann nicht ein Seiendes von solcher Widerspruchsart *sein*. Aristoteles' Formulierung lautet: «Wenn es nun aber nicht möglich ist, dass demselben das Entgegengesetzte zugleich zukomme [...], so ist es offenbar unmöglich, dass derselbe zugleich annehme, dass dasselbe sei und nicht sei; denn wer sich hierüber täuschte, der hätte ja die entgegengesetzten Ansichten zugleich» (1005 b 26–32). – Das Argument ist nicht ganz leicht zu durchschauen. Für uns Heutige ist es ungewohnt. Ich will es detailliert erläutern.

Aristoteles wählt den Fall eines Menschen, der vom Nicht-Widerspruchs-Prinzip abweichen wollte. Diesen Menschen betrachtet er als ein Seiendes und analysiert dessen Verfassung. Wie stellt ein solcher Mensch sich dar? Er wäre jemand, der zugleich die Auffassung (1) vertreten würde, wonach x dem Gegenstand A zukommt, und ebenso die Auffassung (2), wonach x dem A nicht zukommt. Also kämen diesem Menschen diese beiden entgegengesetzten Auffassungen (1 und 2) zugleich zu. (Aristoteles betrachtet die Behauptungen als Zukommensbestände dessen, der sie vertritt.) Somit wäre er ein Seiendes, dem gleichzeitig und in derselben Hinsicht Entgegengesetztes zukäme. Aber ein solches Seiendes zu *sein* ist eben durch das Nicht-Widerspruchs-Prinzip ontologisch ausgeschlossen. Dieses Prinzip vereitelt, dass einem Seienden direkt Entgegengesetztes zugleich zukommen kann. Also kann auch ein Mensch ein derartiges Seiendes nicht *sein*. Man kann, weil dergleichen *seinsmäßig* ausgeschlossen ist, nicht jemand sein, der gleichzeitig und in derselben Hinsicht *kontradiktorische Behauptungen* (eine Auffassung und ihr Gegenteil) vertritt. Man kann nicht jemand sein, dessen Verfassung dem Nicht-Widerspruchs-Prinzip widerstreitet.

Die Pointe dieser Erläuterung ist gerade, dass sie *ontologisch* ist. Erst *sekundär* ergibt sich von da aus das Ausgeschlossensein der Möglichkeit eines *logischen* Widerspruchs. Das Letztere wird aus der Unmöglichkeit des Widersprechend*seins* abgeleitet. Aristoteles sagt nicht, dass es *logisch unzulässig* sei, widersprechende Behauptungen gleichzeitig zu vertreten, sondern dass es *ontologisch unmöglich* ist, ein Wesen von solcher Art zu *sein*. Die logische Unmöglichkeit folgt aus der ontologischen Unmöglichkeit. Man kann dem Nicht-Widerspruchs-Prinzip nicht widersprechen oder gegen es verstoßen – selbst wenn man es wollte. Daher ist der Nicht-Widerspruchs-Satz für Aristoteles alles andere als ein «Satz vom zu vermeidenden Widerspruch», wie man manchmal lesen kann, sondern ein Satz von der Unmöglichkeit solchen Widersprechend*seins*. Man muss den Widerspruch nicht erst untersagen oder vermeiden – er ist schon ontologisch *unmöglich*. Das ist der Sinn von Aristoteles' Darlegung.

Erweis der Gültigkeit des Nicht-Widerspruchs-Prinzips

Aber bis hierher – in dieser ontologischen Argumentation – ist das Nicht-Widerspruchs-Prinzip nur vorausgesetzt und noch nicht bewiesen worden. Wie steht es mit einem Erweis der Gültigkeit des Prinzips? Dieser Frage wendet sich Aristoteles im 4. Kapitel des IV. Buches der *Metaphysik* zu.

Ein Versuch, das «Axiom aller Axiome» zu beweisen, ist besonderen Schwierigkeiten ausgesetzt. Sie resultieren aus der außerordentlichen Stellung dieses Axioms. Es soll das grundlegendste aller Axiome sein – dann kann es aber nicht aus anderen Axiomen hergeleitet, von diesen her bewiesen werden. Das gilt (dies hatte Aristoteles schon in den *Zweiten Analytiken* dargelegt) bei allen ersten Prinzipien. Von ihnen aus kann man, indem man sie als Prämissen nutzt, Beweise führen, aber man kann sie nicht selbst aus Prämissen beweisen – sonst wären sie eben keine ersten Prinzipien. Zudem würde ein solches Unterfangen in einen unendlichen Regress führen und damit letztlich jeden Beweis aufheben. «Denn dass es überhaupt für alles einen Beweis gebe, ist unmöglich, sonst würde ja ein Fortschritt ins Unendliche eintreten und kein Beweis stattfinden» (Met. IV 4, 1006 a 8 f.).

Deshalb tritt Aristoteles denjenigen entgegen, die aus «Mangel an Bildung» auch hier noch einen Beweis verlangen: «denn es ist Mangel an Bildung, wenn man nicht weiß, wofür ein Beweis zu suchen ist und wofür nicht» (1006 a 6–8). Zudem ist klar: Wenn dieses Prinzip etwas ist, das man notwendig «schon zum Erkennen mitbringen» muss (1005 b 17), dann wird dieses Prinzip in jedem Erkenntnisschritt – also auch in jedem Versuch, es zu beweisen – schon im Spiel sein und deshalb allenfalls zirkulär, also nur scheinbar bewiesen werden können. Man wird sich in derlei Versuchen allenfalls seiner Dauerpräsenz und -wirksamkeit bewusst werden können. Einzig auf diesem Weg wird sich die unbefriedigend erscheinende Situation, dass man sich hier auf etwas ganz und gar Grundlegendes beruft, das man nicht zu beweisen vermag und das man doch andererseits nicht einfach auf Glauben hin annehmen will, auflösen lassen.

Einen solchen Weg schlägt Aristoteles mit seiner Idee eines «elenktischen Beweises» ein. Ein solch «widerlegender Beweis» (*élenchos*) ist vom eigentlichen wissenschaftlichen Beweis (*apó-*

deixis) genau zu unterscheiden. Durch den elenktischen Beweis «ergibt sich eine Widerlegung, aber nicht ein eigentlicher Beweis» (1006 a 17). Der widerlegende Beweis wird indirekt geführt: nicht dadurch, dass man das Prinzip behauptet und verteidigt, sondern dadurch, dass man einem anderen, der das Prinzip bestreitet, zeigt, dass er in seiner bestreitenden Rede selber dieses Prinzip zugrunde legt – und dass er gar nicht anders kann.

Dafür genügt es, dass der Gegner «im Reden etwas bezeichne, für sich wie für einen anderen» (1006 a 21) – und das muss er ja tun, «wenn er überhaupt etwas sagen will» (1006 a 22). Damit hat man schon alles Nötige in der Hand. Jede Rede erfordert nämlich Bestimmtheit des Gesagten. Man bezeichnet einen Gegenstand so, dass einem selbst wie den anderen klar ist, was gemeint ist. Ist es den anderen nicht gleich klar, so erläutert man, wie es gemeint ist. Es mag zwar sein, dass man zu dieser Erläuterung nicht genügend geschickt ist, aber das ändert nichts daran, dass man etwas Bestimmtes gemeint hat – nur deshalb kann sich ja die Aufgabe einer Präzisierung überhaupt stellen. Das Gemeinte unterliegt also generell einem Prinzip der Bestimmtheit. Ein Wort ist in einer bestimmten Bedeutung zu verwenden und nicht zugleich in einer anderen. Wenn das gleiche Wort ganz verschiedene Bedeutungen haben kann, dann muss entweder jeweils aus dem Kontext klar sein, in welcher Bedeutung es gerade gebraucht wird, oder man muss diese Bedeutung klarmachen. ‹Ein Schock Nüsse› ist eine eindeutige Bezeichnung; es ist klar, dass ‹Schock› dabei die Bedeutung ‹sechzig Stück› und nicht die Bedeutung ‹seelische Erschütterung› hat. Wollte man hingegen jedes Mal, wenn man das Wort ‹Schock› verwendet, beides zugleich meinen, oder wollte man immer dann, wenn man es als Mengenangabe verwendet, sowohl ‹sechzig› wie ‹zweihundert› und ‹dreikommafünf› meinen, dann würde man gar nichts mehr meinen und sagen. Das Meinen ist an die Bestimmtheit der Bedeutung und das Sprechen an die Bestimmtheit der Bezeichnungen gebunden. Andernfalls höbe sich alles Reden und Denken auf: «Behauptete jemand, das Wort bezeichne unendlich Vieles, so wäre offenbar gar keine Rede möglich, denn nicht ein Bestimmtes bezeichnen ist dasselbe wie nichts bezeichnen; bezeichnen aber die Worte nichts, so ist die Möglichkeit der Unterredung mit anderen aufgehoben, in Wahrheit auch die Möglichkeit der Unterredung mit sich selbst. Denn man kann gar nichts denken, wenn man nicht Eines (= ein Bestimmtes) denkt» (1006 b 5–10). – In diesem Sinn ist das Prinzip der Bestimmtheit allem Reden und Denken innerlich. Was man denkt, kann inhaltlich so falsch sein, wie es mag – an der Gesetzlichkeit, dass man dann, wenn man etwas denkt, eben dieses denkt und dass dieses etwas Bestimmtes ist, führt kein Weg vorbei.

Als Kern des Nicht-Widerspruchs-Prinzips erweist sich somit das Prinzip der Bestimmtheit. Man kann nicht denken und sprechen, ohne Bestimmtes zu meinen. Daher folgt de facto jeder, der überhaupt redet, diesem Prinzip der Bestimmtheit. Er hat es schon akzeptiert und praktiziert es. Das Prinzip ist unserem Reden und Denken eingebaut. Man stimmt ihm nicht etwa erst in einzelnen Akten zu, sondern kann in keinem Fall denken oder reden, ohne es zu befolgen.

Wenn aber Bestimmtheit das innerste Prinzip all unseres Denkens und Sprechens ist, dann muss auch derjenige, der das Nicht-Widerspruchs-Prinzip bestreiten will – so schließt Aristoteles den Bogen seiner Argumentation –, dabei diesem Prinzip willfahren, und dann mag er zwar gegen es anreden, de facto aber bestätigt er noch in seinen Einreden dieses Prinzip, indem er Bestimmtes (in diesem Fall die Ungültigkeit des Nicht-Widerspruchs-Prinzip) behauptet und so selber dem Kern des Prinzips folgt. Somit erledigt sich sein Einspruch inmitten seines eigenen Sprechens. Aristoteles' Erweis des Nicht-Widerspruchs-Prinzips erfolgt also durch den Aufweis, dass auch der Bestreiter des Prinzips dieses faktisch und unweigerlich befolgt. Niemand bewegt sich wirklich außerhalb dieses Prinzips – er redet allenfalls so daher.

Zusätzlich zeigt Aristoteles, dass die Bestreiter auch pragmatisch (in ihrem Tun) keineswegs ihren abweichenden Reden trauen, sondern durch ihr Tun die Gültigkeit des von ihnen bestrittenen Prinzips bestätigen, dass auch sie sich in Wahrheit an dieses Prinzip halten. Jemand mag rhetorisch alles für gleich oder unbestimmt erklären, faktisch handelt er doch nicht danach. Er erstrebt «nicht *alles* auf gleiche Weise und hält nicht *alles* für gleich» (1008 b 21). «Warum stürzt er sich nicht gleich frühmorgens in einen Brunnen oder in einen Abgrund, wenn es sich eben trifft, sondern nimmt sich offenbar in acht, indem er also das Hineinstürzen nicht in gleicher Weise für nicht gut und für gut hält? Offenbar also hält er das eine für besser, das andere nicht» (1008 b 15–19). «Hieraus erhellt am deutlichsten, dass niemand wirklich der Ansicht ist», alles sei unbestimmt und insofern gleich, «selbst nicht unter denen, welche diese Lehre vertreten» (1008 b 12 f.).[4] – Man könnte daraus geradezu einen Ratschlag ableiten, wie mit derlei vorgeblichen Indifferentisten, die «so reden, nur um so zu reden» (IV 5, 1009 a 20 f.), umzugehen sei: Man muss sie nur einmal in eine gefährliche Situation bringen – sie etwa auf einen Gebirgsgrat führen und dann mit Hinabsturz bedrohen –, dann wird sich schnell zeigen, dass ihr Indifferentismus bloßes Gerede war, an das sie in Wahrheit selbst nicht glauben.

Erstens also widerlegen sich die Reden derjenigen, die dem Nicht-Widerspruchs-Prinzip zu opponieren suchen, dadurch von selbst, dass sie sie sich als Reden aufheben, und zweitens glauben diese Leute, wie ihr Tun zeigt, offenbar selber nicht an das, was sie behaupten. Damit, sagt Aristoteles, «sind wir von der Lehre befreit, welche keinen Unterschied zugibt und nichts im Denken fest zu begrenzen erlaubt» (1009 a 3–5).[5]

Sinnesempfindung als Ausnahme?

Schließlich sucht Aristoteles zu zeigen, dass das Prinzip der Bestimmtheit auch im Sinnesbereich gilt (IV 5–6). Dieser könnte ja am ehesten als Ausnahme erscheinen, und diejenigen, welche das Bestimmtheitsprinzip in Frage zu stellen versuchten, haben sich denn auch meistens auf diesen Bereich bezogen. Insofern ist der Nachweis, dass das Prinzip auch dort gilt, von einiger Wichtigkeit.

Das subjektive Empfinden, etwa in Geschmacksfragen, scheint dem Prinzip zu widersprechen. Betrachten wir das Beispiel des Weines. Nehmen wir an, ein Wein sei nach allgemeinem Urteil süß. Nun kommt aber einer daher und erklärt, dieser Wein sei bitter. Wir wollen annehmen, er ziele nicht darauf, die anderen zu täuschen und sich zu amüsieren, sondern er empfinde den Wein tatsächlich als bitter. Das könnte etwa eine Folge dessen sein, dass er an einer fiebrigen Erkrankung leidet. Ist dies nicht das Paradebeispiel einer Ausnahme vom Nicht-Widerspruchs-Prinzip? Derselbe Wein ist süß und nicht-süß zugleich.[6]

Natürlich nicht. Erstens ist es generell problematisch, von Sinnesempfindungen auf Gegenstandseigenschaften zu schließen. Damit beginnt, auch wenn die Empfindungen als solche wahr sind, die Sphäre möglichen Irrtums (wie Aristoteles in *De anima* dargelegt hat). Zweitens darf man den jeweiligen Bezug nicht außer Acht lassen: für die Gruppe ist der Wein süß, für den anderen ist er bitter; aber deshalb ist der Wein nicht für die Mehrzahl auch bitter und für den einen auch süß – also ist das Nicht-Widerspruchs-Prinzip gar nicht verletzt. Drittens empfindet der Fieberkranke, wenn der Wein ihm bitter schmeckt, tatsächlich ‹bitter› – genau dies und nichts anderes. Man mag den Geschmack dieses Kranken defizient, irregeleitet oder sonstwas nennen – gleichwohl genügt er dem Prinzip der Bestimmtheit geradezu stur. Wenn dem Kranken etwas ‹bitter› erscheint, dann ist es schlicht so, dass er ‹bitter› und nicht ‹süß› empfindet.[7] Das ist ja auch der Grund, warum man angesichts widerstreitender Urteile unterschiedlicher Personen überhaupt in Entscheidungsprobleme geraten und meinen kann, das Nicht-Widerspruchs-Prinzip sei hier nicht einschlägig oder verletzt. Und viertens gilt, dass die Qualität, die wir ‹süß› nennen und bei dieser oder jener Gelegenheit empfinden, als solche bestimmt und konstant und von anderen Qualitäten unterschieden ist und nicht etwa plötzlich in jene anderen übergeht – ‹süß› schmeckt nicht plötzlich wie ‹bitter›. «Das Süße selbst, so wie es ist, wofern es ist, hat sich nie verändert, [...] und was süß sein soll, das muss notwendig diese bestimmte Beschaffenheit haben» (IV 5, 1010 b 23–26).

Somit lässt sich gerade der Behandlung der Sinnesempfindung als des gegenüber dem Nicht-Widerspruchs-Prinzip scheinbar sperrigsten Bereichs entnehmen, dass dieses Prinzip ausnahmslos gilt. Es wird zu Recht als universaler Grundsatz angesehen.

Nachbetrachtung

Aber ist dieser Grundsatz wirklich universal? Mir scheint, dass er perfekt auf die Weltverhältnisse zutrifft, die wir üblicherweise kennen und erleben. Aber es gibt Weltdimensionen diesseits und jenseits unseres natürlichen Erfahrungsbereichs. Es gibt neben dem Mesokosmos, in dem wir leben und auf den wir kognitiv geeicht sind, auch noch den Mikrokosmos und den Makrokosmos. Und dort – dafür gibt es starke Indizien – könnte das Nicht-Widerspruchs-Prinzip allenfalls beschränkt oder gar nicht gelten.

Denken wir nur einmal daran, was uns die Quantentheorie über den Mikrokosmos lehrt. Sie sagt nicht (wie sie manchmal missverstanden wird), dass es für uns extrem schwierig und fast unmöglich sei, die dortigen Verhältnisse zu erfassen, etwa Impuls und Geschwindigkeit eines Elektrons zu einem gegebenen Zeitpunkt zu bestimmen. Die Grundaussage der Quantentheorie ist eine andere: dass diese Eigenschaften des Elektrons gar nicht als solche bestimmt sind. Das Elektron existiert vielmehr in einem offenen Möglichkeitsraum, ohne auf diesen Impuls oder jene Geschwindigkeit festgelegt zu sein. Es existiert quasi in einer Wolke von Möglichkeiten. Erst durch einen Eingriff, durch eine Messung, entsteht dann dieser oder jener Wert, diese oder jene Bestimmtheit. Das Dramatische dieser Sicht liegt darin, dass das mikrokosmische «Sein» als solches gar nicht fest bestimmt, nicht determiniert ist. Mikrokosmisch hat das Seiende gewissermaßen schwammigen Charakter. Und das heißt: Es ist nicht so verfasst, wie Aristoteles es für das Seiende voraussetzt – es ist nicht fest bestimmt. In einer solchen Welt kann dann offenbar auch der ontologische Grundsatz der Bestimmtheit nicht gelten. Seine Anwendungsbedingung ist nicht erfüllt. So erklärt sich das, was man als «Heisenbergsche Unschärferelation» kennt. Die Mikrowelt ist keine Welt der Bestimmtheit, sie ist keine aristotelische Welt.

Blicken wir nun in den Makrokosmos. Schon Einsteins Allgemeine Relativitätstheorie hat etliche unserer klaren Unterscheidungen ins Wanken gebracht oder gezeigt, dass sie im Makrokosmos nicht gelten. Die Grenzen zwischen Masse und Energie verschwimmen, Raum und Zeit fusionieren, Gravitationswellen durchziehen den Kosmos, schwarze Löcher bevölkern ihn – von der schwarzen Materie und der schwarzen Energie gar nicht erst zu reden. Dies alles sind Phänomene, die mit den Kategorien unserer mesokosmischen Ordnungswelt nicht zu fassen sind. Das Nicht-Widerspruchs-Prinzip scheint für unsere Welt tatsächlich elementar zu sein, jenseits derselben aber kaum noch Anhaltspunkte zu haben.

Und schließlich: Ist selbst unsere mesokosmische Welt, wie zunächst unterstellt, ganz und gar aristotelisch? Ist das Nicht-Widerspruchs-Prinzip ihr grundlegendstes Gesetz? Oder könnten auch hier schon diejenigen zumindest teilweise Recht haben, die Widersprüche als Konstituentien der Wirklichkeit ansehen?

Der Zenbuddhist Dōgen (dem der übernächste Essay gewidmet sein wird), der christliche Denker Nikolaus von Kues und der Meisterphilosoph Hegel gaben sich mit der aristotelischen Bannung des Widerspruchs nicht zufrieden. Dōgen und der Cusaner waren der Auffassung, dass die Welt durchaus durch Gegensätze und Widersprüche gekennzeichnet ist, dass es dann aber gegenüber dieser Perspektive der Widersprüche auch eine höhere Sichtweise gibt, in der die Widersprüche sich aufheben. Bei Dōgen geschieht das im «Erwachen», beim Cusaner im «Zusammenfall der Gegensätze» (*coincidentia oppositorum*). Hegel ist ein etwas anderer Fall. Er, der schon früh die Parole vom «Widerspruch als Regel des Wahren» ausgegeben hatte, war der Auffassung, dass jedes Seiende in seiner Konstitution mit Widersprüchen behaftet ist. Diese Widersprüche sind gleichsam der Motor seines Seins. Die Widersprüche sind nicht eine Frage der Betrachtungsweise (wie tendenziell bei Dōgen und dem Cusaner), sondern der tatsächlichen Verfasstheit des Seienden.[8] Deshalb geht es auch nicht darum, sie zu übersteigen, sondern darum, ihrer Bewegung zu folgen. Nur so begreift man die Dinge wirklich. Eine ähnliche Position hatte bereits Heraklit eingenommen: alles Seiende ist durch Gegensätze konstituiert, diese sind die Treiber des Weltprozesses.[9]

Welche Position ist im Recht, die aristotelische, die behauptet, dass kein Seiendes durch Widersprüche bestimmt sein könne, oder die hegelsche, die dafür hält, dass jedes Seiende konstitutiv widerspruchsbehaftet ist? Enrico Berti, ein großer Kenner des Aristoteles, meinte, dass man sich zwischen Aristoteles und Hegel entscheiden müsse.[10] Ich zweifle. Mir scheint, dass die beiden so gegensätzlich scheinenden Standpunkte sehr wohl vereinbar sind. Denn was behauptet Aristoteles eigentlich? Leugnet er etwa, dass die Welt des Seienden voller Gegensätze und Widersprüche ist? Keineswegs. Wie könnte er auch, wo er doch der große Theoretiker der Bewegung war, und Bewegung ist ja, da unterscheiden sich Hegel und Aristoteles ganz und gar nicht, der wandelnde Widerspruch.[11] Aristoteles behauptet nur, dass etwas nicht *in der gleichen Hinsicht* zugleich bestehen und nicht bestehen könne. Diesem Prinzip der Hinsichtlichkeit ist aber auch der ontologische Widerspruchsvertreter verpflichtet – andernfalls würde sich jede seiner Aussagen sofort aufheben. Wenn Hegel, um ein einfaches Beispiel zu wählen, die Gegensatzkonstitution am Magnetismus oder an der Elektrizität erläutert, so hat er darin völlig recht, dass die entgegengesetzten Pole jeweils aufeinander bezogen sind. Aber ebenso notwendig muss der Nordpol der Nordpol sein und bleiben und nicht zum Südpol mutieren, und der positive Pol der Elektrizität muss der positive sein und bleiben und nicht zugleich zum negativen werden – träte dergleichen ein, so würden das Magnetfeld und der Strom sofort zusammenbrechen. Mit anderen Worten: Auch jede Rede von Gegensatz und Widerspruch ist an das Prinzip der Bestimmtheit bzw. Hinsichtlichkeit gebunden. Gewiss ist der eine Pol auf den anderen *bezogen*, aber er muss, damit die Polarität überhaupt existiert und erhalten bleibt, eben dieser Pol bleiben und nicht mit seinem Gegenpol identisch werden. Bestimmtheit ist also auch für jede Polarität und für jede durch Widersprüche gekennzeichnete Verfasstheit unerlässlich. Würde man von der Bestimmtheit abrücken, so würde alles in Indifferenz versacken. Oder anders gesagt: die hegelsche Sicht, dass alles Seiende sich in Widersprüchen bewegt, kann überhaupt nur konzipiert und durchgeführt werden, indem man dem aristotelischen Prinzip des Nicht-Widerspruchs folgt. Die aristotelisch-hegelsche Gigantomachie war nur ein Sturm im Wasserglas.

Aristoteles

Bewegendes und Bewegtes – eine erotische Ontologie

Wir kommen zu einem sehr merkwürdigen, aber auch höchst bedenkenswerten Stück der Philosophie des Aristoteles. Zu seinen wichtigsten Klärungen zählt die Struktur der Bewegung. Ihr hat er in der *Physik* umfangreiche Darlegungen gewidmet – eine erste, gegensatzlogisch orientierte Betrachtung und eine umfangreichere zweite Analyse, die modallogisch ausgerichtet ist.[1] Im XII. Buch der *Metaphysik* nimmt Aristoteles die Betrachtung der Bewegung noch einmal auf. Nun legt er dar, dass das Phänomen der Bewegung uns nötigt, auf etwas Unbewegtes hinauszudenken. Daraus resultiert dann die Theologie des Aristoteles. Diese ist zugleich für die Ontologie insgesamt eminent wichtig. Sie führt zu einer – sit venia verbo – erotischen Ontologie.

Das erste unbewegte Bewegende

In den Kapiteln 6 und 7 des XII. Buches erörtert Aristoteles, ob die Bewegung als ewig oder als nicht ewig zu denken ist. Wenn sie nicht ewig ist, muss sie irgendwann einmal angefangen haben. Ein solcher Anfang der Bewegung kann jedoch nicht schlüssig gedacht werden. Er könnte ja selbst wieder nur als Bewegung, eben als Anheben der Bewegung gedacht werden. Man müsste also der Bewegung, um sie irgendwann anfangen zu lassen, eine andere Bewegung vorhergehen lassen – und so *in infinitum*. Folglich ist es gar nicht denkbar, dass die Bewegung irgendwann einmal angehoben hat. Man muss Bewegung vielmehr so denken, dass sie immer schon war, anfangslos, ewig.

Das gleiche Argument gebraucht Aristoteles in Bezug auf die

Zeit. Auch ein Anheben der Zeit kann nicht gedacht werden. Der Versuch würde unmittelbar zu einem Widerspruch führen. Denn was sollte es heißen, dass die Zeit ‹irgendwann› anhebt? Dafür müsste man einen Zeitraum vor dem Anheben der Zeit annehmen, innerhalb dessen die Zeit dann irgendwann beginnen würde. So gerät man auch bei der Zeit, einen Anfang denken wollend, in einen Regress. Die Zeit müsste, wenn sie überhaupt angefangen haben sollte, am Ende eines ihr vorausliegenden Zeitraums, also zu einem bestimmten Zeitpunkt in der Zeit, angefangen haben – was widersprüchlich ist. Folglich ist es unumgänglich, auch die Zeit anfangslos zu denken, ewig. – Mithin: Man kann nicht denken: einen Anfang der Bewegung. Man kann nicht denken: einen Anfang der Zeit. Man ist vielmehr gezwungen zu denken: die Zeit ist ewig, die Bewegung ist ewig.

Aristoteles' Argument ist beträchtlich stark. Das christliche Abendland suchte anders zu denken – und geriet dabei regelmäßig in Schwierigkeiten. Es musste anders denken, weil die Relation des christlichen Gottes zur Welt eine grundlegend andere sein sollte als bei Aristoteles. Christlich galt Gott als der Schöpfer der Welt, während Aristoteles einen Schöpfer nicht kennt. Von daher lag es für das Christentum nahe, sich die Schöpfung als einen Akt vorzustellen, der zu einem bestimmten Zeitpunkt erfolgt – verschiedentlich hat man ja sogar geglaubt, das Jahr genau angeben zu können. Aber mit einem solchen Zeitpunkt der Schöpfung, einem solchen Anfang der Welt ist man eben dem von Aristoteles formulierten Problem ausgesetzt, dass dieser Anfang doch selber zu einer bestimmten Zeit erfolgt sein müsste, also die Zeit schon voraussetzen würde. Deshalb wird man, so denken wollend, denn auch von spitzfindigen Geistern mit der Frage geplagt, was Gott vor der Schaffung der Welt bzw. der Zeit getan habe. Solche Nachfrager kann man vielleicht dadurch abfertigen, dass man antwortet, da habe Gott sich Höllenstrafen ausgedacht für diejenigen, die derlei Fragen stellen.[2] Das Problem aber ist dadurch nicht beseitigt.

Zurück zu Aristoteles und seiner These, dass man einen Anfang weder der Bewegung noch der Zeit denken kann. Dann muss man also auf eine ewige Bewegung hinausdenken. Aber ist das überhaupt möglich? Ist ‹ewige Bewegung› nicht bloß ein leerer Gedanke? Gibt es irgendeinen Anhaltspunkt für die Ewigkeit von Bewegung?

Eine ewige Bewegung, wenn es sie geben sollte, müsste – so Aristoteles' nächster Überlegungsschritt – eine Art Kreisbewegung sein, denn nur diese ist, als in sich zurücklaufende, eine veränderungsfreie Bewegung und könnte insofern am ehesten als ewig angesehen werden. Die Kreisbewegung kombiniert die beiden Anforderungen: dass es sich um etwas Konstantes und gleichwohl um Bewegung handelt.

Nun kennen wir offenbar eine solch permanente Kreisbewegung – man muss nur zum Himmel blicken. Die Fixsterne vollziehen eine perfekte Kreisbewegung. Die Gestirne befinden sich in ewiger, kreisförmiger, veränderungsloser Bewegung. Sie repräsentieren also ewige, unwandelbare Bewegung.

Damit sind wir jedoch (gedanklich wie anschaulich) erst zu einer ewigen *bewegten* Substanz vorgedrungen – noch nicht zu einer *unbewegten*, um die es im XII. Buch gehen soll. Wir sind erst beim Himmel, noch nicht bei Gott. Dafür braucht es einen weiteren Schritt. Die Vorfrage dafür lautet: Inwiefern muss man von einer ewigen Bewegung (wie der des Fixsternhimmels) aus auf ein ewiges *Unbewegtes* hinausdenken?

Der Bereich der Bewegung ist insgesamt durch das Doppel von Möglichkeit und Wirklichkeit charakterisiert. Zu Bewegung gehört, dass etwas noch nicht vollständig erfüllt ist. So verhält es sich offenbar beim Kreislauf der Gestirne. Sie müssen ihren Umlauf immer wieder vollziehen. Zu ihrer Kreisbewegung gehört ein Ausstand, der eben durch die Bewegung abgearbeitet werden soll. Aber es gibt dabei keine vollkommene Lösung. Zwar wird ständig Möglichkeit in Wirklichkeit überführt, aber es wird dabei doch nicht eine abschließende, reine Wirklichkeit erreicht. Die Kreisbewegung ist konstitutiv unvollkommen, eben deshalb muss sie weitergehen.

Wenn die Kreisbewegung jedoch solcherart durch eine Kombination von Möglichkeit und Wirklichkeit charakterisiert ist, dann vermag sie nicht von sich aus ihre eigene Ewigkeit zu garantieren. Als ständig möglichkeitsaffizierte ist sie dazu nicht imstande. Ihr Selbstverwirklichungspotenzial könnte sich irgendwann erschöpfen. Andererseits muss man Bewegung aber – dem Eingangsargument zufolge – als ewig denken. Also muss es noch etwas Weiteres geben, was die Ewigkeit der Kreisbewegung garantiert. Dafür muss man auf etwas jenseits der Sphäre der Bewegung hinausdenken – auf etwas Unbewegtes. So Aristoteles.

Manche Christen würden nun sagen: Es braucht offenbar ein Wesen außerhalb, welches die Himmelsbewegung dauerhaft in Schwung hält, es braucht sozusagen einen Dauerschwunggeber des Himmelsrades, der dafür sorgt, dass das Möglichkeitsmoment nicht irgendwann obsiegt und die Bewegung zum Erliegen kommt. Und dieses Wesen muss natürlich, um den kosmischen Möglichkeitscharakter ständig und auf Dauer in Schach halten zu können, selber von reiner Wirklichkeit sein.

Ein bisschen so ist es auch bei Aristoteles – aber insgesamt doch *ganz anders*. Gewiss muss man vom ewig Bewegten auf ein ewiges Unbewegtes hinausdenken.[3] Aber entscheidend ist, wie man dessen Wirkrelation zum Bewegten konzipiert. Laut Aristoteles gilt es, sie nicht vom Unbewegten, sondern vom *Bewegten* aus zu denken – also genau umgekehrt zu der Richtung, die wir gewohnt sind! Alles andere würde nämlich Aristoteles zufolge sofort in einen Widerspruch führen. Denn wenn (wie wir wohl zunächst anzunehmen geneigt sind) das Unbewegte in Bezug auf das Bewegte tätig sein sollte, dann wäre dieses vorgeblich Unbewegte selber bewegend, es müsste beispielsweise, damit das Himmelsrad sich ständig weiterdreht, andauernd eine Antriebsbewegung vollführen. Das aber würde seinem Begriff als einem *Unbewegten* widersprechen. Eigentlich wäre ein so gedachter Gott ja auch ein armer Wicht: er wäre gezwungen, andauernd der Welt zu Diensten zu stehen, sie in Schwung zu halten.

Aber wie soll es dann gehen? Jenes Unbewegte soll doch immerhin ein *Bewegendes* sein. Wie kann es dies, ohne selber durch die Typik der Bewegung charakterisiert zu sein?

Aristoteles' Antwort ist unerwartet, aber höchst konsequent: Das Verhältnis von Bewegendem und Bewegtem ist so zu denken, dass die Bewegung *von seiten des Bewegten* erfolgt. Doch wie soll das möglich sein? Ist das nicht von vornherein widersprüchlich, weil so ja das Bewegte zugleich das Bewegende sein müsste? Das ist vorschnell gedacht. Es gibt ja noch die Möglichkeit, dass das Bewegte von einem Unbewegten bewegt wird, wobei gleichwohl die Bewegung vom Bewegten ausgeht. Tatsächlich kennen wir alltäglich Fälle, wo es sich so verhält: betrachten wir nur den Fall des Begehrens und den Fall des Denkens.

Wenn wir etwas begehren, so lockt uns der Gegenstand einfach dadurch, dass er so ist, wie er ist. Er selbst tut nicht eigens etwas, um unser Begehren zu erwecken. Das Begehren ist zwar durch den Gegenstand *veranlasst*, aber nicht durch dessen Aktivität *verursacht*. Die Begehrensbewegung erfolgt *vom Begehrenden aus* – angesichts des Begehrten. Das gilt für den Wunsch, einen Berggipfel zu erklimmen ebenso wie für den verführerischen Anblick eines herrenlos herumstehenden Geldsacks. Der Berg ruft nicht (wie Luis Trenker meinte), sondern ist einfach da (wie George Mallory sagte und Edmund Hillary wiederholte). Und der Geldsack lockt weder noch verführt er. Er ist so unbewegt wie der Berg. Das Begehrte selbst also – das ist das Entscheidende – muss gar nichts tun. Bewegt ist man allein dadurch, *dass man es begehrt*.

Analog steht es beim Denken. Dem Denken geht es um die Erfassung und Klärung seines Gegenstandes, des Denkbaren. Auch das Denken wird also in gewisser Weise durch seinen Gegenstand in Bewegung versetzt – aber nicht, indem das Denkbare auf es einwirken würde, sondern indem das Denken selbst sich um das Denkbare bemüht. Das Denkbare hingegen ist ganz ungerührt, tut nichts dazu. Es ist nicht so, dass man sich einfach hinsetzen und darauf warten könnte, dass das Denkbare einen ins Denken versetzen würde – da könnte man lange warten.

Am Begehren und am Denken haben wir also zwei Beispiele, wie es möglich ist, dass etwas, was selber unbewegt ist, eine Bewegung hervorruft.[4] Nach diesem Muster kann man sich nun auch vorstellen, wie alles Irdische durch das unbewegte Bewegende bewegt wird. Das Letztere ist das Vollkommenheitsvorbild, nach dem alles Irdische strebt, dem es nahezukommen sucht – freilich auf ewig vergebliche Weise und daher in ewig weitergehender Annäherung, also Bewegung. Das unbewegte Bewegende bewegt, formelhaft gesagt, nicht dadurch, dass es selbst etwas tut, sondern schlicht «dadurch, dass es begehrt wird» (*kineî hōs erōmenon*, XII 7, 1072 b 3). Die Beziehung zwischen dem unbewegten Bewegenden und dem Weltlichen ist also, wörtlich genommen, eine «erotische». Alles Weltliche begehrt die Vollkommenheit der höchsten Substanz. Insofern bildet diese das elementarste Bewegungsprinzip alles weltlich Seienden. Das ist die ontologische Grundthese des metaphysischen Erotikers Aristoteles.

Sichselbstdenken als die göttliche Seinsweise

Wie aber ist das unbewegt Bewegende an ihm selbst verfasst? Worin ist seine Vollkommenheit begründet, die dazu führt, dass es von allem anderen Seienden «begehrt» wird, dass also alles nach seiner Seinsweise strebt und dieser nahezukommen sucht?

In Kapitel 7 und 9 des XII. Buches der *Metaphysik* bestimmt Aristoteles die Seinsweise des Göttlichen gleichsam aus der Innenperspektive. Worin besteht die Wirklichkeit und das Leben des Göttlichen? Natürlich wird man davon nur durch Extrapolation sprechen können. Man muss von dem ausgehen, was *wir* als Vollkommenstes kennen, um dieses dann über seine menschlichen Einschränkungen hinauszutreiben und möglichst rein zu konzipieren.

Das Höchste, was wir kennen, ist das Denken. Also muss man sich Gottes Sein als Denken vorstellen. Wie aber ist dieses göttliche Denken – über das menschliche Denken hinausgehend – zu bestimmen? Generelles Ziel des Denkens ist das Einswerden mit dem Gedachten. Dieses Ziel wird am Vollkommensten erreicht, wenn das Denken sich auf sich selbst richtet, sich selbst zum Gegenstand hat. Dann ist ein vollkommenes Einswerden möglich – es gibt keine Trennwand mehr zwischen Denken und Gegenstand. Daher ist das Denken Gottes als «Denken des Denkens» (*nóēsis noēseōs*) zu konzipieren, als Sichselbstdenken (XII 9, 1074 b 34 f.). Als solches ist es ausstands- und abstandslos bei sich und vermag so ewig zu währen («so verhält sich das Denken seiner selbst die ganze Ewigkeit hindurch», 1075 a 10).

Das göttliche Sein ist also ewiger Vollzug eines reinen Sichselbstdenkens. Während *wir* nur zeitweise und unvollkommen zu denken vermögen, denkt das Göttliche permanent. Uns mag das Denken schwerfallen – ihm überhaupt nicht, ist doch, was es denkt, einzig es selbst. So ist das göttliche Leben ständig erfüllte und somit reine Wirklichkeit.

Aristoteles' emphatische Beschreibung des göttlichen Lebens lautet: «Sein Leben aber ist das beste, und wie es bei uns nur kurze Zeit stattfindet, da beständige Dauer uns unmöglich ist, so ist es bei ihm immerwährend. Denn seine Wirklichkeit ist zugleich Lust. [...] Das Denken an sich aber geht auf das an sich Beste, das höchste Denken auf das Höchste. Sich selbst denkt der Geist in Ergreifung des Denkbaren; denn denkbar wird er selbst, den Gegenstand berührend und erfassend, so dass Denken und Gedachtes dasselbe ist. [...] und die Betrachtung ist das Angenehmste und Beste. Wenn sich nun so wohl, wie wir zuweilen, die Gottheit immer befindet, so ist sie bewundernswert, wenn aber noch wohler, dann noch bewundernswerter. So verhält es sich aber mit ihr. Und Leben wohnt in ihr; denn des Geistes wirkliche Tätigkeit ist Leben, die Gottheit aber ist die Tätigkeit; ihre Tätigkeit an sich ist bestes und ewiges Leben. Die Gottheit, sagen wir, ist das ewige, beste lebendige Wesen, so dass der Gottheit Leben und stetige, ewige Fortdauer zukommt» (XII 7, 1072 b 14–30).

Das göttliche Sein wird also als Leben beschrieben. Es soll ja die höchste Wirklichkeit darstellen, und dazu gehört eben Tätigsein und nicht etwa Nichtstun. Andererseits muss diese Tätigkeit so sein, dass sie keinerlei Veränderung aufweist – sonst könnte sie nicht vollkommen, nicht in sich vollendet sein. Eine solche in sich vollendete Tätigkeit stellt das Denken seiner selbst dar. Die *nóēsis noéseōs*, das Sichselbstdenken, ist völlig autark, in sich geschlossen und vollendet.

Diese Vollkommenheit der *nóēsis noéseōs* – so die ontologische Grundthese des Aristoteles – ist es nun, der wie einem leuchtenden Vorbild ein jegliches Seiende nachstrebt. Ihr sucht alles mit den ihm zur Verfügung stehenden bescheideneren Mitteln gleichzukommen. Es ist diese absolute Vollkommenheit, die alles Seiende in Bewegung versetzt – indem sie von diesem «begehrt wird» (1072 b 3). So entsteht das vielfältige Bewegtsein in der Welt. Alles Weltliche will – im Maß des ihm Möglichen – so sein oder werden wie dieses Vollkommenste. Denken ist der tiefste Seinsgrund von allem. Und Erotik – das Begehren dieser Vollkommenheit – ist die Vollzugsform von allem. Alles Sein ist noetisch und erotisch. Die Vollkommenheit des Denkens ist das Ziel, und das Streben nach ihr ist das Movens alles Seienden. Das Denken des Denkens bewegt die Welt also nicht, indem es auf diese einwirkt, sondern indem es – sozusagen umgekehrt – vom Weltlichen angestrebt («geliebt» bzw. «begehrt») und im Maß des Möglichen nachgeahmt wird.

In diesem Sinn interpretiert Aristoteles beispielsweise die Kreisbewegung der Fixsterne als Versuch der Nachahmung der vollkommenen Bewegung des Denkens, und in der Tat stellt die Kreisbewegung ja, wie wir uns zuvor klargemacht haben, die vollkommenste Bewegung innerhalb der Welt des Bewegtseins dar. Ebenso interpretiert Aristoteles im Bereich des Lebendigen die Fortpflanzung als den Versuch der Lebewesen, die Struktur des Ewigen und Göttlichen zu realisieren – was ihnen freilich nicht als Individuen, sondern nur durch ihren Beitrag zur Kette der Art gelingt.[5]

Eine idealistische Ontologie

Im Grunde ist also alles Seiende denk- bzw. geistsüchtig. Das ist die Form des Idealismus bei Aristoteles. Er entwickelt einen objektiven, einen ontologischen Idealismus. Alles Seiende strebt von Grund auf in seiner ganzen Seinsweise (und nicht etwa bloß als sonntäglicher Zusatz zu seiner Werktags-Existenz) nach der Vollkommenheit des Denkens bzw. des Geistes. Das ist aber nicht so zu verstehen, als würde es irgendwie extern der Vollkommenheit der höchsten, rein denkenden Substanz gewahr (wie sollte es dies denn auch? welche Wahrnehmung sollte ihm diese Erfahrung vermitteln?) und würde sich dann entschließen, dieser nachzueifern. Vielmehr bestimmt diese Vollkommenheit von vornherein die innerste Matrix eines jeden Seienden, wohnt ihm als Modell bereits inne – und wird dann je nach den Möglichkeiten dieses Seienden mit bescheideneren Mitteln als denen des reinen Denkens zu realisieren versucht. Die Vollkommenheit schlechthin ist der innerste Puls eines jeden Seienden.

Im Anorganischen und im (nicht-menschlichen) Organischen ist dieses Prinzip nur unbewusst vorhanden. Am Himmel wird es in Form der Kreisbewegung, beim Organischen in Form der Fortpflanzung realisiert. Erst beim Menschen wird dieses idealistische Prinzip erstmals als solches ausdrücklich, sofern der Mensch ein explizit denkendes Wesen ist und in der Form des theoretischen Lebens ein der *nóēsis noéseōs* analoges Leben zu führen vermag. – Wohl ist also alles Seiende auf die *nóēsis noéseōs* bezogen. Aber wir Menschen sind es in ganz ausgezeichneter Weise. Denn einzig wir Menschen vermögen im Denken zu einem nicht mehr nur nachahmenden, sondern direkten Vollzug der *nóēsis noéseōs* zu gelangen. Wir sind nicht nur, wie alles andere Seiende auch, auf das innerste Prinzip der Welt *gerichtet*, sondern in unseren besten Momenten mit ihm *zusammengeschlossen*.[6]

Also: Sofern wir Lebewesen sind, bietet uns die Sexualität (genauer: die Fortpflanzung) die Möglichkeit, an der göttlichen

Natur teilzunehmen. Als Geistwesen aber haben wir noch eine zweite und höhere Potenz: Im Erkennen können wir die Grunddynamik der Welt erfassen, und im reinen Denken vermögen wir uns gar mit dem Urprinzip der Welt zusammenzuschließen.

Nachbemerkung

Bei der Interpretation von Aristoteles' Konzept der Ontologie gibt es einen großen Dissens: Hat Aristoteles die Ontologie als allgemeine Ontologie konzipiert, die alle Versionen von Sein umfasst (wofür das IV. Buch der *Metaphysik* spricht), oder soll es in ihr allein um das höchstrangige Seiende gehen (wie Aristoteles es im VI. Buch vertritt)? Die beiden Konzeptionen scheinen unvereinbar. Die Ontologie nur des höchsten Seienden müsste das ganze physisch Seiende beiseitelassen und könnte von daher unmöglich eine universale, sondern nur eine partiale Ontologie sein. Und die universale Ontologie, die auf Seiendes jeglicher Art zielt, könnte der Ausnahmestellung des höchstmöglichen Seienden nicht gerecht werden, sondern müsste dieses nivellieren.[7]

Aber vielleicht ist dieser Konflikt auflösbar. Die zuletzt analysierten Passagen des XII. Buches bieten eine Lösung. Sie besagen ja, dass die Seinsverfassung des höchsten Seienden zugleich das innerste Prinzip und Movens auch alles anderen Seienden darstellt. Alles Seiende strebt die Vollkommenheit des höchsten Seienden an. Insofern artikuliert die Ontologie des höchsten Seienden zugleich die für die allgemeine Ontologie ausschlaggebende Struktur. Der «erotisch» konzipierte Geistmonismus sorgt dafür, dass die Seinsweise des höchsten Seienden zugleich die alles anderen Seienden bestimmt. Das legitimiert auf schlüssige Weise die ansonsten als abwegig erscheinende These, dass die erste Ontologie als solche zugleich die allgemeine ist.

Dōgen

Relativität und ihre Übersteigung

Wenden wir uns einem außereuropäischen Philosophen zu, dem Zen-Buddhisten Dōgen. Er lebte von 1200 bis 1253 und war der erste japanische Patriarch des Buddhismus. Etliche Jahre war er in Kyoto tätig, aber gegen Ende seines Lebens zog er sich in die Provinz Echizen zurück und gründete dort das heute noch bedeutende Kloster «Eiheji» («Tempel des ewigen Friedens»). Seit 1231 hatte er Reden für ein Werk mit dem Titel *Shōbōgenzō* (*Die Schatzkammer der Erkenntnis des wahren Dharma*) niedergeschrieben. Einige Gedanken daraus seien im Folgenden erörtert.

Dōgen ist der bedeutendste Philosoph des Zen-Buddhismus. Auf zen-buddhistische Texte – und zumal auf Dōgens Texte – treffen die gängigen westlichen Vorurteile hinsichtlich der ostasiatischen Philosophie nicht zu. Es stimmt nicht, dass diese Texte nicht argumentativ, sondern intuitiv ausgerichtet seien; dass sie einen Kult des Unbegreifbaren betrieben; dass sie eine religiöse Dogmatik verkündeten und auf Autorität setzten; dass sie lieber paradoxal als rational verführen. Dōgen geht auffallend rational und argumentierend vor. Er diskutiert Auffassungen, zeigt ihre Schwächen, führt zu höherstufigen Auffassungen. Und er fordert immer wieder dazu auf, einmal erreichte Einsichten selbständig weiter zu durchdenken.[1] Dem Kult des Unverständlichen setzt er sich scharf entgegen. Ihm zufolge ist die letzte Wahrheit keineswegs unbegreifbar. Wer anderes behaupte, habe die Kleinheit seines eigenen Verstehens zum Maß von allem gemacht: «Was sie als unbegreifbar erachten, ist nur ihren schwachen Geistern zuzuschreiben.»[2]

Relativität

Betrachten wir Dōgens Behandlung der Relativität. Der hauptsächliche Text, in dem er sie diskutiert, trägt den Titel «Sansuikyo» («Die Sutren der Berge und Flüsse»). Er stammt von 1240.[3]

Die Anfangspassage von «Sansuikyo» enthält eine provozierende Aussage: «Die Berge bewegen sich immer» (167). Etwas später heißt es dafür auch: «Die Berge fließen» (173). – Merkwürdig. Für gewöhnlich assoziieren wir ‹fließen› doch eher mit Wasser als mit Bergen.

Anschließend kommt Dōgen in der Tat auf Wasser zu sprechen. Von ihm sagt er aber nicht nur «das Wasser fließt», sondern ebenso «das Wasser fließt nicht» (174). Auch von den Bergen wird beides gesagt: dass sie sich bewegen, dass sie fließen, und dass sie sich nicht bewegen, nicht fließen (173). In welchem Sinn treffen diese widerstreitenden Aussagen – «das Wasser fließt» und «das Wasser fließt nicht»; «die Berge fließen» und «die Berge fließen nicht» – beide zu?

Lange diskutiert Dōgen die Ebene, wo derlei Widersprüche Bestand haben. Es ist die Ebene der Relativität. In einer Perspektive stimmt es, dass das Wasser fließt, in einer anderen ist es korrekt zu sagen, dass es nicht fließt. Das gleiche gilt bezüglich der Berge. Die Zahl der Perspektiven ist unbeschränkt. Es gibt nicht nur die menschliche Perspektive, sondern auch die Perspektiven der sonstigen Lebewesen. Die Vielzahl der Perspektiven bedingt eine Vielzahl an Interpretationen: «verschiedene Standpunkte, verschiedene Interpretationen» (170).

Dōgen rät, möglichst viele solcher Perspektiven durchzugehen: «Um die verschiedenen Arten der Standpunkte zu verstehen, müssen wir die zahllosen Ansichten und Eigenschaften der Berge und Ozeane untersuchen».[4] «Studiere alle Aspekte des Wassers» (172). «Beschränke deine Sicht nicht auf einen engen Bereich» (171). – Wir sollen uns nicht auf die menschliche Sichtweise beschränken, sondern gerade auch die anderen, die nicht-menschlichen Perspektiven ins Auge fassen.

Nehmen wir das Beispiel des Wassers. Wie stellt es sich in nicht-menschlicher Perspektive dar? Dōgen vergleicht drei Perspektiven: die der Menschen, der Götter und der Fische. Wir Menschen erfahren das Wasser vornehmlich als fließend. Die Götter hingegen sehen, wo wir ‹Wasser› wahrnehmen, Schmuck: von oben auf den Ozean blickend, nehmen sie vor allem das Glitzern des Wassers wahr, daher erscheint dieses ihnen wie Schmuckwerk. Die Fische erfahren Wasser noch einmal anders: Für sie ist das Wasser ihr großer Palast, ihre weitläufige und herrliche Wohnstätte (170). Man könnte auch zahllose andere Perspektiven erwägen: Was ist Wasser aus der Perspektive der Vögel oder der Steine oder der Berge – oder eines Bootes, eines Flusses? Sicher jedes Mal etwas anderes. Das Fazit lautet: «Wasser kann auf viele verschiedene Arten gesehen werden» (170).

Was ergibt sich, wenn man die vielen unterschiedlichen Perspektiven durchgeht? Zunächst wird die relative Berechtigung einer jeden Perspektive deutlich. Für uns Landbewohner macht es Sinn, Wasser als fließend anzusehen. Aber ebenso macht es für die Fische Sinn, Wasser als ihre Wohnstätte aufzufassen. Zweitens wird die Partialität einer jeden Perspektive deutlich. Jede der Auffassungen stellt nur eine kleine Sonderwahrheit dar. Jeder von ihnen «fehlt etwas».[5] Wasser ist noch weit mehr und anderes, als in einer einzelnen dieser Perspektiven aufscheint. Jede Beobachtung ist «nur ein kleiner Teil vollständiger Beobachtung» (168). Drittens wäre es offenbar ungerechtfertigt, eine Perspektive über die anderen zu erheben, sie zu *der* Perspektive schlechthin erklären zu wollen. Es wäre grotesk, den Fischen eine Wasserauffassung nach Menschenart anzusinnen – und umgekehrt. Lebensweltlich ist jede dieser Perspektiven sinnvoll und insoweit im Recht. Aber keine ist schlechthin überlegen. Für gewöhnlich jedoch schreiben wir der menschlichen Sicht eine über die menschliche Lebenswelt hinausreichende Gültigkeit zu. Der gemeine Menschenverstand meint, dass seine, dass die Human-Perspektive die eigentlich richtige sei. Über diese artgebundene, über diese speziesistische Betrachtungsweise führt Dōgen uns durch sein Perspektiventraining hinaus.

Aber die Übersteigung der menschlichen Sonderperspektive ist nur *ein* Effekt. Wichtiger ist ein anderer: der Impuls, über *all* diese Perspektiven – über Perspektivität als solche – hinauszugelangen. Der *Anlass* dazu liegt zunächst in der Einsicht in die Subjekt- bzw. Lebenswelt-Gebundenheit einer jeden dieser Perspektiven, plus der Vermutung, dass keine von ihnen und ebenso wenig die Addition aller zusammen das, was Wasser eigentlich ist, zu erschöpfen vermag. Jede dieser Perspektiven ist ja nicht bloß partial, sondern sie ist ob ihres konstitutiven Prinzips, nämlich ihrer artspezifischen Verfasstheit und Dienlichkeit, gar nicht darauf angelegt, Wasser *als solches* zu erfassen. Ihre *lebensweltliche* Gebundenheit (und Korrektheit *daraufhin*) macht sie in *epistemischer* Hinsicht unzulänglich. Die perspektivische Erfahrung mag jeweils lebensdienlich sein, aber eigentlich wahr ist sie nicht. Sie ist unfähig, das über die perspektivischen Erscheinungen hinausliegende Selbstsein der Dinge zu erfassen.

Dōgen zielt offenbar auf eine Übersteigung der Perspektivität. Er scheint eine aperspektivische Sicht der Dinge oder der Welt für möglich zu halten. Wie ist diese charakterisiert, und wie gelangt man zu ihr?

Übersteigung der Relativität

Bevor Dōgen zu seiner eigentlichen Sicht überleiten kann, muss er eine verbreitete Auffassung abwehren. Für gewöhnlich meint man, Wasser komme in der Pluralität der Perspektiven immer vollständiger zur Erscheinung. Dōgen teilt diese Auffassung nicht. Warum nicht?

Dōgen zufolge erscheint das Wasser in der Vielzahl der Perspektiven nicht immer vollständiger, sondern allenfalls immer kleinteiliger, aber nicht in seiner eigentlichen Verfassung, nicht als das, was Wasser, wie Dōgen sich ausdrückt, in seinem «ursprünglichen Selbst» ist. Wasser in diesem eigentlichen Sinn gehört «weder zur Welt der Götter noch zur Welt der Menschen» (noch zu irgendeiner anderen Sonderwelt, etwa der der Fische) (173). Der perspektivische Weg vermag prinzipiell nicht zum eigentlichen Sein des Wassers zu führen. In der Vielfalt der Perspektiven erfasst man nicht immer mehr, immer besser, immer vollständiger, was Wasser ist – sondern auf diesem Weg begreift man gar nicht, was Wasser eigentlich, was es an ihm selbst ist.

Die alternative Betrachtungsweise, die Dōgen im Unterschied zur perspektivischen Annäherung empfiehlt, bezeichnet er als «Studium des Wassers, das durch Wasser gesehen wird» (170). Wir sollen «das Wasser des Wassers suchen» (170), das von allen perspektivischen Erscheinungsformen «vollkommen losgelöst» ist und über sie hinaus liegt (171).

Aber zunächst noch einmal: *Warum* folgt Dōgen nicht dem üblichen Glauben, durch Perspektiven-Kumulation komme man der Sache selbst näher? Hat er dafür einen guten Grund? Er hat sogar einen sehr guten Grund: Im Durchgang sämtlicher Perspektiven kommt es logisch zu einer vollständigen wechselseitigen Negation der perspektiv-gebundenen Bestimmungen. – Inwiefern?

Dōgen führt zunächst aus, dass Prädikate, die einer Sache (Wasser, Berg, etc.) *in einer Perspektive* zukommen, derselben Sache *aus einer anderen Perspektive* keineswegs zukommen müssen und oftmals de facto nicht zukommen. Oder stärker: dass *wesentliche* (nicht bloß akzidentelle) Prädikate, die aus *einer* Perspektive gelten, von einer *anderen* Perspektive geradezu negiert werden.

Ausführlich erläutert Dōgen dies durch Vergleich des Wassers in der Perspektive der Menschen und der Fische. Für die Menschen ist es Wasser, und für die Menschen ist dessen wesentliches Charakteristikum, dass es fließt. Für die Fische hingegen ist das Wasser in erster Linie «Palast». Von einem Palast aber kann man nicht sagen, dass er fließt, auf ihn trifft das Prädikat ‹fließen› nicht zu. Unser Wasser also fließt, das Wasser der Fische hingegen fließt nicht. Die Fische wären höchst überrascht, wenn ein menschlicher Betrachter ihnen erklären wollte, dass das, was sie für einen Palast ansehen, in Wahrheit etwas Fließendes sei. (Gerade so, wie wir überrascht sind, wenn uns jemand sagt, dass die Berge fließen.[6])

Der Befund lautet also: Unser Hauptprädikat für Wasser – ‹fließend› – trifft auf das Wasser in der Fisch-Perspektive gerade nicht zu. Umgekehrt trifft deren Palast-Auffassung von Wasser auf Wasser in unserer Perspektive nicht zu.

Dōgen rät, über solche Gegenwendigkeiten «still nachzudenken» (172). Wohin gelangt man, wenn man dies tut? Man bemerkt, dass *kein* Prädikat standhält. Was der einen Perspektive zufolge ein essentielles Prädikat ist, wird von einer anderen Perspektive gerade negiert. Alle scheinbar essentiellen Prädikate einer Sache erweisen sich als *bloß perspektivisch geltend* und damit als nicht essentielle Prädikate. Die Perspektiven heben ihre Behauptungen gegenseitig auf. In dieser vollständigen wechselseitigen Negation aller scheinbar sach-essentiellen, in Wahrheit aber nur perspektivtypischen Prädikate liegt für Dōgen der eigentliche Effekt des Perspektiven-Exerzitiums. Die Perspektivität hebt sich im Durchgang der Perspektiven selber auf.

Dōgen führt noch ein zweites Argument ins Feld. Zum perspektivischen Denken gehört der Glaube, dass die Sache, um die es geht, in jeder der Perspektiven irgendwie erscheint. Dōgen aber widerspricht der Denkform ‹Erscheinung› fundamental. Sie hebt sich ihm zufolge selber auf. Wenn es verschiedene Erscheinungsweisen des Wassers gäbe (Wasser für die Menschen, Wasser für die Götter, Wasser für die Fische), so würde das bedeuten müssen, dass sie allesamt gar nicht als Erscheinungsformen von Wasser angesehen werden können.[7] – Warum?

Wenn Wasser das wäre, was und wie es sich in den je verschiedenen Perspektiven darstellt, wenn ‹Wasser› also immer der Gehalt einer Perspektive (immens vieler Perspektiven) wäre, dann ließe sich von einem «wahren» Wasser gar nicht sprechen, denn dann könnte auch dieses nur der Gehalt irgendeiner der vielen Perspektiven sein. Aber wenn es somit nur die Perspektiven-Wässer und nicht auch ein «wahres» Wasser gäbe, dann wäre die Annahme, dass es sich bei diesen Perspektiven-Wässern um Erscheinungen «des Wassers» handle, völlig grundlos.

Dōgens Argument scheint mir durchschlagend zu sein. Konsequenter Perspektivismus hebt die Erscheinungsthese selber auf. Wenn es nur die Versionen gibt, dann gibt es kein wahres Wasser, und dann können die Versionen nicht Versionen dieses wahren Wassers sein. Die vertraute Denkform der Erscheinung destruiert sich selbst.

So münden Dōgens Überlegungen zur Perspektivität in die Aufforderung, «die Unterscheidung von Gegensätzen» zu transzendieren,[8] über die «Welt der Relativität» hinauszugelangen,[9] die «Loslösung» zu erreichen.[10] «Der ungeteilte Geist transzendiert alle Gegensätze» und erfasst so «die ganze Realität».[11] In «Sansuikyo» fällt das Stichwort «Loslösung» erstmals in Bezug auf die ursprüngliche Natur des Wassers. Es heißt dort: «Wasser ist nur Wasser, vollkommen losgelöst» (171). «Loslösung» ist also zuerst einmal eine ontologische Bestimmung: das Wasser selbst ist von seinen Erscheinungen «vollkommen losgelöst». Entsprechend muss dann auch ein adäquates Erfassen der Welt eine Loslösung vollziehen. Wie das ursprüngliche Wasser von seinen Erscheinungsformen losgelöst ist, so sollen auch wir uns von der Ebene der Perspektivität und ihren Erscheinungen lösen. Erst der solcherart losgelöste («ungeteilte») Geist wird imstande sein, die ursprüngliche Natur des Wassers – dessen eigentliches Sein – zu erkennen.

Und nicht nur des Wassers. Das Wasser ist ja nur ein Beispiel: «Wenn wir das Prinzip des Fließens und Nicht-Fließens des Wassers klären, dann können wir alle Phänomene klären» (174). Am Wasser haben wir gesehen, wie sich die Perspektiven-Prädikate und damit auch die unterschiedlichen Perspektiven wechselseitig aufheben. Gleiches würde sich beim Durchgang anderer Beispiele ergeben. Auf solchen Wegen gelangt man zu der Einsicht, dass die ursprüngliche Natur aller Dinge von ihren jeweiligen Erscheinungen losgelöst ist. «Das ursprüngliche Selbst» aller Dinge ist «losgelöst von seinen Manifestationen» (167).

Die ursprüngliche Natur

So ergibt sich am Ende die Gretchenfrage: Was ist Wasser im eigentlichen Sinn? Was ist Wasser an ihm selbst? Was ist Wasser, von ihm selbst her gesehen? Fragen wir zunächst, ob Dōgens Rede von einem «ursprünglichen Wasser» (171) dergleichen wie ein «Wesen» des Wassers meint.

Ganz und gar nicht. Dōgens Auffassung ist völlig anders. Zwar ist Wasser auch für Dōgen verschieden von Berg, so wie Mensch verschieden ist von Blume oder Hirsch. Die Erscheinungen sind tatsächlich so unterschiedlich, wie das klassische Wesensdenken das ausdrückt. Aber wenn Dōgen von der *ursprünglichen* Natur der Dinge spricht, dann hat er nicht derlei Wesen, sondern etwas anderes im Auge. Ihm zufolge ist die ursprüngliche Natur *in allen Dingen ein und dieselbe*.

Man kann sich dieser Auffassung über Dōgens Aussage annähern, dass Wasser in allen möglichen Dingen vorliegt: «Wasser besteht nicht aus Erde, Wasser, Feuer, Wind, Raum, Bewusstsein, usw.; es ist nicht blau, gelb, rot, weiß, schwarz, usw.; und es besitzt nicht Form, Klang, Geruch, Geschmack, Empfindung, Wahrnehmung, usw. Trotz alledem ist es in all diesen Dingen verwirklicht» (171). Der verblüffendste Teil der Aussage ist natürlich der, dass Wasser nicht aus Wasser besteht. Eben deshalb kann es dann aber auch in anderen Formen vorliegen: «Die meisten Menschen glauben, dass Wasser nur in Flüssen und Ozeanen zu finden ist. Dies ist nicht korrekt» (171). Wasser (die ursprüngliche Natur von Wasser) ist auch in allen möglichen anderen Entitäten gegenwärtig: in Erde, Feuer, Wind, Raum, Farben, Formen, Klängen, Gerüchen, und ebenso in Empfindung und Wahrnehmung und in Rationalität und Weisheit.¹² Wasser (die ursprüngliche Natur von Wasser) findet sich *überall*.

Dōgens Auffassung ist also die, dass sich *das ursprüngliche Wasser* in *allem* findet – weil es *dasselbe* ist wie *die ursprüngliche Erde* oder *der ursprüngliche Berg* usw. Die ursprüngliche Natur des Wassers ist nicht eine ursprüngliche Natur von *Wasser* im Unterschied zu anderen Elementen, etwa zu Feuer, Wind, Stein etc., sondern ist die eine ursprüngliche Natur *aller Dinge*. Der allgemeine Name für dieses Ursprüngliche lautet: «Buddha-Natur».

Die Betrachtung der ursprünglichen Natur führt also nicht zu Essentialismus, sondern zu Universalismus. Die «ursprüngliche Natur» (ein anderer Ausdruck dafür ist «das ursprüngliche Selbst», 167) liegt jenseits aller Wesenheiten. Die ursprüngliche Natur des Wassers ist nicht wasser-artig, ist nicht ein Wesens-Wasser im Unterschied zu den Erscheinungs-Gewässern, sondern ist die eine ursprüngliche Natur von *allem*. Damit ist das Wesensdenken überstiegen. Die ursprüngliche Natur ist überwesensartig oder unwesenhaft oder wesenslos. Genau in diesem Sinne ist sie «leer» – und eben dadurch imstande, die Natur von allem zu sein. Alles ist eine Manifestation der ursprünglichen Natur.

Dōgen lehnt also nicht nur das Erscheinungs-Denken, sondern auch das (uns abendländisch gleichermaßen vertraute) Wesens-Denken ab. Gewiss schwebt die ursprüngliche Natur nicht wie der Geist Gottes über der Welt, sondern ist in den Dingen der Welt präsent, diese sind Manifestation und Verwirklichungen der ursprünglichen Natur. Dennoch handelt es sich nicht um ein Erscheinungsverhältnis. Denn die ursprüngliche Natur ist nicht etwas, was irgendwie für sich selbst existieren würde. Sie ist ganz und gar keine Substanz – und kann sich daher auch nicht ‹verwirklichen› oder ‹erscheinen›. Gerade indem ihr Grundcharakter «Unbeständigkeit» ist,¹³ ist sie ganz das, was sie *in den Phänomenen* – den unzählig vielen Phänomenen – ist. *Der Fluss der Erscheinungen ist der Fluss der ursprünglichen Natur.* Sie ist ganz und gar das, was die vielen Dinge sind. Sie ist in keiner Weise etwas Jenseitiges. Ursprüngliche Natur und Vielfalt der Erscheinungen sind eins.

Dies ist die eigentümliche Sichtweise Dōgens. Bezeichnenderweise hat er ein Buddha-Wort aus dem Nirvana-Sutra, als er es übersetzte, leicht – und doch gravierend – verändert. Aus «Alle Lebewesen [...] *haben* die Buddha-Natur» machte er: «Alle Lebewesen *sind* Buddha-Natur» (126). Die kleine Veränderung signalisiert den Bruch mit dem indischen Buddhismus. Für diesen stellte die Buddha-Natur den substantiellen Wesenskern der Dinge dar. Dōgen hingegen erklärt, dass eine derartige Lehre «ganz und gar kein Buddhismus» sei (126).[14] Buddhismus bedeutet für ihn vielmehr, dass jedes Seiende als solches ganz und ungeteilt Buddha-Natur *ist*[15] – und dass diese ganz das ist, was sie in den Dingen ist.

Daher gibt es in Dōgens Ontologie auch kein Verfalls- oder Verschattungstheorem. Die ursprüngliche Natur ist in allem, obgleich in sehr verschiedenen Formen, stets ungebrochen verwirklicht. So heißt es vom Wasser, dass es immer «seine eigene wahre Form» besitzt (174), in seiner «absoluten Wahrheit verwirklicht» ist (172), sich stets «so manifestiert, wie es ist» (171). Die ursprüngliche Natur liegt in allem ungeschmälert vor.

Zwei Bestimmungen sollte man sich stets vor Augen halten: Unbeständigkeit und Leere. Sie können einen vor Missverständnissen bewahren sowie vor Fehldeutungen, zu denen unsere philosophisch anders befrachtete westliche Übersetzungs- und Deutungs-Sprache uns leicht verleitet.

Indem Unbeständigkeit den Grundcharakter der ursprünglichen Natur ausmacht, vermag diese in allen möglichen Formen Gestalt anzunehmen. Besäße sie ein definites An-sich-Sein, so könnte sie nicht gleichermaßen jede Form annehmen; ferner bestünde zwischen den Formen, die sie annehmen kann, ein Gefälle der Adäquatheit; und noch bei der adäquatesten Form gäbe es eine Differenz zwischen ihr als Erscheinung und dem Wesen, das in ihr erscheint. Dagegen begründet die Unbeständigkeit bei Dōgen den vollen Konkretismus der ursprünglichen Natur.

Weil die ursprüngliche Natur offen für alle Formen ist, hat sie, von den bestimmten Formen (den Erscheinungen) aus gesehen, den Charakter der ‹Leere›. Diese Leere ist freilich nicht mit ‹Nichts› gleichzusetzen. Dōgen wendet sich immer wieder gegen dieses (offenbar nicht nur westliche) Missverständnis. «Legt ‹leer› nicht als ‹nichts› aus».[16] Hätte die ursprüngliche Natur den Charakter des ‹Nichts›, so würde dies geradezu ausschließen, dass sie in den diversen Phänomenen als sie selbst vorliegen könnte. Umgekehrt macht ‹Leere› dies gerade möglich.[17] Dōgen ist kein Nirwana-Freak, kein indischer Nihilist. Er ist der Anwalt eines zen-buddhistischen Konkretismus.

Die wahrhafte Sicht

Insgesamt gibt es für Dōgen, pauschal gesprochen, zwei unterschiedliche Sichtweisen der Welt: die gewöhnliche und die erleuchtete.

Die gewöhnliche haben wir zunächst betrachtet. Sie ist perspektiv- und erscheinungsgebunden. Die Erscheinungen sind ihr zufolge nach unterschiedlichen Wesenheiten sortiert: Berge sind etwas anderes als Flüsse, Fließen steht im Gegensatz zu Nicht-Fließen, usw. Die Welt ist durch Gegensätze charakterisiert; es gibt Hierarchien; insofern ist unterscheidendes Denken («analysierender Geist»[18]) angezeigt.

Die erleuchtete Sicht hingegen sieht in allen Erscheinungen die eine, ursprüngliche Natur verwirklicht. Wesenheiten, Gegensätze, Hierarchien gelten ihr für bloß vordergründig. Eigentlich ist alles eins. Alles ist Buddha-Natur.[19] Das gilt noch für diese Sichtweise selbst, in der dieser Charakter der Buddha-Natur transparent wird.

Aber gilt diese Einheitlichkeit dann bezüglich der gewöhnlichen Sicht etwa nicht? Aus deren eigener Sicht in der Tat nicht. Aus der erleuchteten Sicht aber sehr wohl. Auch die gewöhnliche Sicht, auch deren Auffassungen und Gehalte (ihr Arsenal von Wesenheiten, ihr Insistieren auf Gegensatz und Unterscheidung, ihr Erscheinungsdenken) sind Formen der Buddha-Natur[20] – wie alles es ist.

Die erleuchtete Sicht wertet die Erscheinungen nicht ab. Eher wertet sie sie auf. Die gewöhnliche Sicht drückt die Erscheinungen, an den Wesenheiten Maß nehmend, herunter. Die erleuchtete Sicht hingegen erfasst die Erscheinungen als Manifestationen der einen ursprünglichen Natur. In dieser Sicht erhalten sie den höchstmöglichen Wert. Das kennzeichnet den Konkretismus von Dōgens Denken. Die Vielfalt und der Fluss der Erscheinungen sind die Seinsweise der ursprünglichen Natur. Diese existiert auf keine andere Weise. Sie ist eins mit den Erscheinungen. Es kommt darauf an, die ursprüngliche Natur in allem zu sehen – und alles als in der ursprünglichen Natur innestehend zu erkennen.

Der ungeteilte Geist vermag alles, indem er es als Gestalt der ursprünglichen Natur erfasst, gleichermaßen und ganz zu schätzen. Er kümmert sich nicht mehr «um groß oder klein, Sein oder Nicht-Sein, Gewinn oder Verlust, Anerkennung oder Ablehnung, Erleuchtung oder Nicht-Erleuchtung».[21] Ihm ist alles – auch das für gewöhnlich als unwürdig Geltende – gleich würdig. Als Exempel führt Dōgen das Beispiel des Zen-Meisters Sōzan an, der, «als er vollständig erleuchtet war, durch Schlamm waten und mit schmutzigem Wasser bespritzt werden konnte, ohne aus der Fassung zu geraten. Er akzeptierte einfach Schlamm als Schlamm und schmutziges Wasser als schmutziges Wasser» (35).

Die erleuchtete Sicht ist zudem wesentlich praktisch konnotiert. Man soll sie «zu einer lebendigen Vorstellung im täglichen Leben» werden lassen (34), sie «im täglichen Leben verwirklichen».[22] Als intuitiver Akt mag sie schwinden und vergehen, im Tun nimmt sie ihre volle Gestalt an.[23] Dabei entspricht dem «ungeteilten Geist» ein «ungeteiltes Handeln»[24] – eines, das alles ehrt und jedem gerecht wird.[25]

*

So weit mein Versuch einer Rekonstruktion von Dōgens Auffassung. Ich will nicht verhehlen, dass ich Dōgens Sicht für eminent tragfähig halte. Dōgen exponiert die gemeinsame Natur von allem. Und er tut das ohne Rückgriff auf eine erste Substanz. Die «ursprüngliche Natur», die er ins Auge fasst, liegt den Erscheinungen nicht voraus und zugrunde, sondern ist ganz und gar *in* den Erscheinungen gegenwärtig – den aktuellen wie den vergangenen und zukünftigen. Die ursprüngliche Natur ist nichts anderes als der Prozess dieser Erscheinungen.

Ist dergleichen im Abendland je gedacht worden? Max Weber hat gemeint, «dass es auf dem Gebiet des Denkens über den ‹Sinn› der Welt und des Lebens durchaus nichts gibt, was nicht, in irgend*einer* Form, in Asien schon gedacht worden wäre.»[26] – Aber vielleicht gibt es dort, das ist die Frage, sogar solches, was im Westen niemals gedacht worden ist? Gewiss stehen Heraklit und Whitehead der Denkweise Dōgens nahe. Aber treffen sie sich wirklich ganz mit ihm?

Wilhelm von Ockham

Voluntarismus statt Logozentrismus

Wir haben zunächst – mit Heraklit, Anaxagoras, Platon und Aristoteles – ausgeprägt logozentrische Positionen betrachtet. Dōgen war ein anderer Fall. Bei aller rationalen Argumentation vertrat er eine Position des «ungeteilten Geistes» – eines Geistes, der sich jenseits der Unterscheidungen bewegt und insofern eine Alternative zur Rationalität darstellt. Von «Logozentrismus» konnte bei Dōgen keine Rede sein.

Nun wenden wir uns einer Position zu, die den Logozentrismus nicht übersteigen oder überbieten will, sondern eine harte Gegenposition zu ihm entfaltet: der Voluntarismus. Wir betrachten dabei vor allem die Version, welche dieser bei Wilhelm von Ockham (ca. 1285–1349) angenommen hat.

Entstehung des Voluntarismus

Augustinus (354–430) hatte dem Voluntarismus den Weg bereitet. Er meinte, dass es Gott völlig freistehen müsse, welche Personen er für die Ewigkeit erwählt oder verstößt. Es handle sich dabei ausschließlich um einen Akt der Gnade. Ein solcher Akt kann nicht an irgendwelche Normen gebunden sein. Es muss ganz im Belieben Gottes stehen, wem er seine Gnade zuteilwerden lässt. Es darf dabei keine Rolle spielen, ob die betreffende Person ihr Leben gemäß den göttlichen Geboten geführt hat oder nicht, denn in diesem Fall würde es sich nicht um einen Gnadenakt handeln, sondern um die Belohnung für ein Verdienst. Gottes Wahl muss ein Effekt allein des göttlichen Willens sein. In allen Fällen, wo es anders stünde, wäre Gott bloß ein Gefolgsmann einer ihm vor- und übergeordneten Instanz, etwa einer sittlichen oder kalkulatorischen Vernunft – damit aber wäre er nicht Gott, nicht das höchste Seiende, nicht der Allmächtige, sondern diese Position käme dann eben jener überlegenen Instanz zu, an der sich Gott in seiner Gnadenentscheidung zu orientieren hätte. Gott selbst hingegen hätte dieser gegenüber eine inferiore Position. Mithin verlangt der Gottesbegriff, Gott so zu denken, dass er nicht irgendwelchen Gesetzen der Vernunft unterliegt, sondern ganz frei so oder anders handeln und denken kann – wie er es gerade will.[1]

Dem Voluntarismus zufolge bildet also nicht Geist, sondern Wille den Grund der Welt. Daraus ergibt sich ein grundsätzlicher Einspruch gegen die gängigen Erkenntnishoffnungen. Der Vorbehalt resultiert aber nicht (wie in den meisten anderen Fällen eines Erkenntnis-Skeptizismus) aus einer Infragestellung des menschlichen Erkenntnisvermögens, sondern aus einer Auffassung der Welt, welche deren Erfassbarkeit grundsätzlich negiert. Gegenüber einer Welt, deren tiefstes Prinzip nicht Geist, sondern Wille ist, sind geistige Erfassensanstrengungen vergeblich. Die Welt ist von sich her nicht geistförmig, sondern willensbestimmt. Daher vermögen Erkenntnisbemühungen sie allenfalls oberflächlich zu streifen, nicht aber im Grunde zu erfassen. Eine nicht idealistisch, sondern voluntaristisch konstituierte Welt ist von sich her inkongruent gegenüber Erkenntnisbemühungen.

*Wilhelm von Ockham: ontologische Kontingenz –
epistemische Insekurität – ethische Arbitrarität*

Am radikalsten hat die Folgen dieses Primats des Willens Wilhelm von Ockham ausgesprochen. Er hat sie in ontologischer, epistemologischer und ethischer Hinsicht formuliert.

Ontologisch lehrt Ockham die radikale Kontingenz der Welt. Weder hat Gott die Welt überhaupt schaffen müssen – sondern er hat sie nur deshalb geschaffen, weil er sie schaffen *wollte* (es wäre ebenso möglich gewesen, dass er sie nicht schuf); noch hat Gott die Welt so erschaffen müssen, wie er sie de facto geschaffen hat – er hätte sie auch reichlich anders schaffen können, etwa ohne Sterne oder ohne der Sünde fähige Menschen; und schließlich vermag Gott, wenn es ihm gefällt, in jedem Moment den Bestand der Welt zu verändern und sogar aufzuheben. Die Schöpfung im Ganzen und jedes Geschöpf in ihr ist und bleibt radikal kontingent.²

Ähnlich dramatisch sind die epistemischen Konsequenzen. Für gewöhnlich haben wir eine direkte, anschauliche Erkenntnis von den Dingen (*cognitio intuitiva*). Ein Gegenstand liegt vor, und seine Präsenz bewirkt, dass wir ihn wahrnehmen. Zu diesem Normalfall gibt es aber auch den Alternativfall einer *cognitio intuitiva non existentis* (anschauliche Erkenntnis von Nichtexistierendem). Gott kann nämlich bewirken, dass wir einen Gegenstand zu sehen glauben, obwohl dieser gar nicht da ist. Gott kann dieselbe Wirkung, die normalerweise die Präsenz des Gegenstandes in uns hervorruft, auch ohne solche Gegenstandspräsenz in uns auslösen. Gott kann uns, wenn er will, Dinge sehen lassen, die gar nicht da sind. Er kann uns die Existenz von Gegenständen vorgaukeln.

Ockham zufolge muss man diese Möglichkeit erstens ob der göttlichen Omnipotenz zugestehen, und zweitens sind jedem Christen die strahlenden Beispiele einer solchen *cognitio intuitiva non existentis* bekannt: die Wunder. Bei diesen handelt es sich um Ereignisse, wo man Dinge wahrnimmt, die gar nicht da sind. Gott lässt in Lourdes Bernadette Soubirous die Heilige Jungfrau sehen, ohne dass diese wirklich da ist. Oder die Gläubigen sehen bei der Eucharistie Dinge mit ganz anderer Bedeutung: das Brot als Leib Christi. Solche Wunder müssen in einer christlich verstandenen Welt möglich sein. Und das sind sie eben genau dann, wenn man die Möglichkeit der *cognitio intuitiva non existentis* einräumt. Diese bricht gleichsam Löcher in die alltägliche Erkenntnisordnung der *cognitio intuitiva*. Der Wille Gottes durchstößt die normale Weltordnung.

Die Folgen der Möglichkeit einer *cognitio intuitiva non exis-*

tentis für unser Erkennen liegen auf der Hand. Man kann sich im Einzelfall nie sicher sein, ob eine Gegenstandsanschauung tatsächlich auf der Präsenz des Gegenstandes oder auf dessen Vorspiegelung durch göttlichen Eingriff beruht. Wir können bloß theoretisch zwischen dem Normalfall (wirkliche Gegebenheit des Gegenstandes) und dem Wunderfall (Vorgaukelung durch Gottes Intervention) unterscheiden, nie aber praktisch feststellen, welcher Fall vorliegt. Das verunsichert unser Erkennen bis hinab zum ordinärsten Erkenntnisakt.

Die Ungewissheit unserer intuitiven Erkenntnis wirkt sich dann auch auf alle anderen Erkenntnisformen aus. Denn die nachfolgenden (unsere nicht intuitiven, sondern abstrakten) Erkenntnisformen beruhen alle auf der intuitiven als der basalen Erkenntnis. Folglich sind auch die abstrakteren Erkenntnisformen durch die elementare Unsicherheit unseres intuitiven Erkennens infiziert. Die rationale Weltsicht weist allenthalben Risse auf.

Wie die physische Welteinrichtung kontingent und unsere Erkenntnis insgesamt unsicher ist, so ist schließlich auch die ethische Ordnung arbiträr. Gottes Gebote gelten nicht deshalb, weil sie sinnvoll oder gar notwendig wären, sondern schlicht deshalb, weil Gott sie so verfügt hat, wie er sie verfügt hat. Er hätte ebenso Gebote erlassen können, die zu den faktisch gegebenen konträr sind. Beispielsweise hätte er den Menschen auftragen können, Gott zu hassen – dann wäre jetzt ein derartiger Hassensakt gut und verdienstvoll.[3] Die Geltung der ethischen Gebote beruht also auf Arbitrarität. Das betrifft nicht etwa nur die Verbindlichkeit von Geboten, die menschlicher Satzung entstammen, sondern schon die Geltung der zehn Gebote, die Gott erlassen hat.[4]

Machen wir uns noch einmal klar, warum Wilhelm von Ockham zu diesen Theoremen der ontologischen Kontingenz, der epistemischen Insekurität und der ethischen Arbitrarität gelangt. Theologisch gesprochen, handelt es sich um unumgängliche Konsequenzen aus dem Omnipotenzprinzip.[5] Gott muss als allmächtig gedacht werden. Das aber erfordert, ihn so zu denken, dass er keinerlei externen Bedingungen (Vorgaben, Einschränkungen, Normierungen) unterliegt. Nur wenn er alles tun kann, was er will, ist er allmächtig.[6] Das eine also ist, dass Gott völlig souverän und nicht ein Gefolgsmann oder ein Ausführungsorgan von irgendetwas anderem, sondern die ursprünglich setzende Instanz schlechthin sein muss. Das andere ist, dass er zu allem, was er will, auch fähig sein muss – dass er alles, was er will, auch tatsächlich bewirken (nicht bloß ‹wünschen›) können muss. Die Potenz des göttlichen Willens muss – im Ersinnen wie im Machen – unbeschränkt sein.

Diese Allmächtigkeit verlangt eine absolute Ungebundenheit des Willens – mithin dessen Primat vor Denken, Sichselbstdenken, Fingieren, Planen und dergleichen. Der Wille darf nicht der Exekutor von Vorgaben oder Entschlüssen anderer, ihm vorgeordneter Instanzen sein, sondern umgekehrt muss jegliche logische, ontologische oder ethische Gesetzlichkeit einem Dekret des Willens entspringen. Diese Umstellung vom Geist- zu einem Willensprimat charakterisiert den Voluntarismus am tiefsten.

Sekundäre Selbstbindung des Willens?

Darin, dass nicht Geist, sondern Wille das primäre Prinzip ist und dass daher beispielsweise noch die logischen Gesetze Produkte des Willens sind, liegt die größte Herausforderung des Voluntarismus für die Philosophie. Antik wäre dergleichen unvorstellbar gewesen. Dort war Geist die Matrix schlechthin. Die Logik war von Platon über Aristoteles bis zu Boethius die sicherste Disziplin. Jetzt aber erscheint alles Logische auf einmal als fragil, als nicht nur nicht fest begründet, sondern als jederzeit umstoßbar. Der göttliche Wille kann *alles* revidieren – auch die logischen Gesetze.

Es ist verständlich, dass man verschiedentlich Auswege aus dieser Depotenzierung des Logischen gesucht hat. Einen Ausweg glaubte man bei Ockham selbst zu finden, sofern dieser gelehrt haben soll, dass Gott trotz aller Willensfreiheit doch an wenigstens *ein* logisches Prinzip gebunden sei: an das Nicht-Widerspruchsprinzip. In der Tat scheint Ockham die Auffassung vertreten zu haben, dass Gott an dieses Prinzip gebunden ist, dass er nichts Widersprüchliches tun oder schaffen kann. Dabei fassen die Interpreten das Nicht-Widerspruchsprinzip (in guter aristotelischer Tradition) als ontologisches Prinzip auf: Solches, was an ihm selbst widersprüchlich wäre (etwa ein Punkt, der rot und zugleich nicht rot sein sollte, oder ein Pferd, das genetisch eine Pythonschlange sein sollte, oder ein Mensch, der ein wahrhafter Engel wäre), kann nicht existieren. Nun mag das zwar für die Welt, wie Gott sie de facto geschaffen hat, gelten. Aber die herausfordernde These Ockhams ist eine andere: dass Gott durchaus auch eine Seinsordnung hätte schaffen können, in der das Nicht-Widerspruchsprinzip nicht gilt. Und das bedeutet, dass die Gültigkeit des Nicht-Widerspruchsprinzips allenfalls auf den gegenwärtigen Weltzustand eingeschränkt ist und keineswegs generalisiert oder prinzipialisiert werden kann. Die Gültigkeit des Nicht-Widerspruchsprinzips ist selber kontingent.

Schon Petrus Damianus (1007–1072) hatte – im voluntaristischen Kontext völlig konsequent – gelehrt, dass der Wille Gottes über die Gesetze der Logik erhaben sei. Dann aber gilt nicht nur das Nicht-Widerspruchsprinzip, sondern dann gelten *alle* Prinzipien, egal ob es sich um ethische, ontologische oder logische Prinzipien handelt, letztlich bloß kontingenter- und vorläufigerweise. Sie gelten allein aus dem Grund, dass Gott, der als Schöpfer nicht bloß von Entitäten, sondern auch der Gesetze dieser Entitäten aufgefasst werden muss, diese so erlassen hat, wie er sie erlassen hat – während er auch andere Gesetze und Prinzipien hätte verfügen können und dies weiterhin vermöchte.

Die vielversprechendste Strategie, den bedrängenden Konsequenzen des Voluntarismus zu entgehen, schien darin zu liegen, dass man den voluntaristischen Ansatz zunächst mitmachte, ihn dann aber auf gegensätzliche Folgen hinauszuführen suchte. So gab man zunächst zu, dass Gott beim Ersterlass der Gesetze völlig frei war. Aber könnte er sich nicht im weiteren Verlauf gedrängt gefühlt haben, sich an die einmal von ihm erlassenen Gesetze zu halten, statt diese willkürlich zu revidieren? Für Ockham ist das zwar ausgeschlossen. Er insistiert auf der Gegenmöglichkeit: dass Gott prinzipiell zu Revisionen imstande ist. Und Ockhams Argument dafür ist klar: Gott muss einmal erlassene Gesetzesordnungen verändern können, wann immer er das will. Alles andere würde ihn post festum zum Knecht seiner Schöpfung machen und widerspräche seiner Allmacht. Aber muss man dem folgen? Ließe sich nicht vielleicht ein Argument erfinden, wonach Gott (obgleich er, falls er Revisionen vornehmen wollte, dies gewiss könnte) dennoch Revisionen nicht vornehmen *wollen* wird? Ein solches Argument würde nicht gegen die voluntaristische Position verstoßen (es würde die Allmacht des Willens nicht infrage stellen) und gleichwohl zu der erwünschten Konsequenz führen, dass die Prinzipien, die nun einmal gelten (obgleich nur aufgrund von Kontingenz), in Ewigkeit gelten werden.

Ein solches Argument findet sich bei einem späteren Autor, der durch die Herausforderung des Voluntarismus tief beeindruckt war: René Descartes (1596–1650). In vielen Punkten vertrat Descartes voluntaristische Positionen. Beispielsweise war er überzeugt, dass die «ewigen Wahrheiten» der Mathematik und Logik nur deshalb gelten, weil Gott sie so verfügt hat – und dass Gott statt ihrer ebenso gut andere Wahrheiten hätte schaffen können, so wie er auch die Erschaffung der Welt insgesamt hätte unterlassen können.[7] Oder Gott hätte Descartes zufolge bewirken können, dass ‹1+2=3› falsch ist, dass die Radien eines Kreises nicht alle gleich lang sind oder dass die Winkelsumme im Dreieck nicht immer 180 Grad beträgt.[8] Und insgesamt könne Gott die Wahrheiten, die er kontingent geschaffen hat, durchaus auch wieder ändern, «falls sein Wille sich ändern kann».[9]

Die Frage aber war letztlich, ob man eine solche Änderung des Willens Gottes sinnvoll annehmen könne. Descartes meinte, man sei berechtigt, die von Gott gesetzten Wahrheiten, auch wenn sie im Ursprung kontingent seien, «als ewige und unveränderliche» Wahrheiten anzusehen.[10] Das Argument, das ihm dafür vorschwebte, muss dartun, dass Gottes Wille sich, obwohl er sich prinzipiell ändern könnte, de facto nicht ändern wird – und dass deshalb die prinzipiell kontingente Gültigkeit de facto in Ewigkeit fortbestehen (dergleichen wie ewige Geltung sein) wird. Descartes hat Folgendes im Auge: Gewiss könnte Gott seinen Willen ändern (das ist dem Voluntarismus prinzipiell zuzugeben),[11] aber es gibt keinen Grund anzunehmen, dass er dies tun werde; denn da Gott vollkommen ist, wird seine Schöpfung vergleichsweise perfekt, ja vermutlich sogar so ausgefallen sein, dass sie überhaupt nicht verbessert werden könnte; also wird es für Gott keinen Anlass geben, seinen Willen zu ändern und modifizierend in die Schöpfung einzugreifen; folglich werden die einmal erlassenen Gesetze de facto in Ewigkeit unverändert gelten.

Das Argument klingt gut, leidet jedoch an einer offensichtlichen Schwäche: Es basiert auf dem Gesichtspunkt der Vollkommenheit. Dieser aber ist ein typisch rationaler und gerade nicht ein voluntaristischer Gesichtspunkt. Rational geht es um Perfektion, voluntaristisch hingegen um Sprünge, Brüche und Wechsel. Rational ist Vollkommenheit das Ideal, voluntaristisch jedoch Willkür oder Omnipotenz. Der plötzliche Übergang zum rationalen Topos der Vollkommenheit erscheint von daher wie ein Taschenspielertrick und ist bezeichnend dafür, dass man dem Voluntarismus auf seinem eigenen Terrain nicht beizukommen vermag. Logozentrismus und Voluntarismus stehen sich unversöhnlich gegenüber. Es gibt keine Brücke vom einen zum anderen.

*

Der Voluntarismus stellt die größte Herausforderung für das logozentrische Denken dar. Dieses beruht auf der Annahme, dass die Welt im Grunde geistartig verfasst ist. Die antike Philosophie hat seit der Logos-Lehre des Heraklit immer wieder einen solchen

Geistprimat vertreten. Im Vorigen wurde dafür beispielsweise Anaxagoras' These vom weltüberlegenen und die Gestalt der Welt hervorbringenden *nous* thematisiert oder auf Aristoteles' Lehre von der *nóēsis noéseōs* als dem strahlenden Vorbild alles Seienden hingewiesen. Ebenso könnte man auf Platons Lehre von der Bestimmtheit der Welt durch Ideen verweisen, und auch die mittelalterliche Philosophie hat den Geistcharakter der Welt keineswegs infrage gestellt (man denke nur an die johanneische Übernahme der antiken *lógos*-Lehre), sondern nur den Abstand zwischen dem menschlichen und dem göttlichen Geist vergrößert und uns folglich nur unter der Voraussetzung gnadenhafter Erleuchtung veritables Erkennen zusprechen mögen – dies aber doch stets nach dem althergebrachten logozentrischen Modell, wonach ein durch den weltbestimmenden Geist ermächtigter Geist die Welt in ihrer wahren, nämlich geistbestimmten Verfasstheit zu erkennen vermag. Für all diese Positionen war die Welt im Grunde geistgeprägt, und dieser Geistcharakter der Welt sollte uns – sofern unser Geist Geist von jenem weltprägenden Geiste ist – ein Erkennen der Welt und ihrer Ordnung ermöglichen. Wo die Welt nach dem Maß des Geistes gemacht und dieser Geist auch uns Menschen eingesenkt ist, da sind wir grundsätzlich mit der Welt im Einklang und vermögen diese zu erkennen.

Der Voluntarismus aber pulverisiert diese schöne Kongruenz. Ihm zufolge ist die Welt nicht nach dem Maß des Geistes, sondern nach dem Dekret des Willens gemacht. Und der Wille ist keineswegs, wie der Geist, auf Konstanz und Konsistenz verpflichtet. Der Wille kann wechseln. Gott kann, wenn er will, die Schöpfung annihilieren oder alternative Gesetze erlassen oder zumindest (was er doch gewiss immer wieder tut) Wunder bewirken und dadurch die Ordnung der Welt durchbrechen. Die voluntaristische Welt ist so unberechenbar wie der ihr zugrunde liegende Wille. Sie ist weder in sich auf Konsistenz geeicht noch einem Erkennen wirklich zugänglich. Einem Willensgott vermag unsere Geisteskraft nicht in die Karten zu schauen. Mit logischen Mitteln ist in einer voluntaristischen Welt nichts auszurichten. Die voluntaristische Welt ist dunkel, die Aussicht auf eine Kongruenz mit ihr illusorisch, das Erkennen trügerisch. Das Vernünftigste ist unter voluntaristischen Prämissen das Akzeptieren der allenthalben bestehenden Kontingenz.

Das ist die wenig tröstliche Botschaft des Wilhelm von Ockham. Ist sie je angekommen? Immerhin könnte man auf Arthur Schopenhauer, Emil Cioran oder neuerdings Michel Houellebecq hinweisen. Aber warum nicht auch auf die Despoten des 20. und 21. Jahrhunderts? Sie wussten und wissen sehr genau, dass alles veränderbar und machbar ist; und sie haben sich daran berauscht, dass Glück und Schrecken zusammenfallen können. Und wie steht es, darüber hinaus, mit den scheinbar sanfteren Diktaturen unserer Welt: mit der kapitalistischen Wirtschaftsweise und den Megakonzernen, die sich alles herausnehmen können? Sie wissen, dass sie es können, und sie tun es ganz einfach. Sie sind nicht Volontäre, sie sind Hypervoluntaristen. Sie sorgen dafür, dass – noch einmal sei an Leibniz' Erschrecken vor dem Voluntarismus erinnert – unsere Welt auf Dauer gewiss nicht die beste aller möglichen Welten sein wird.

Montaigne

Sterben lernen oder leben lernen?

Für gewöhnlich zählt man Michel de Montaigne (1533–1592) nicht zu den großen Philosophen. Er ist kein Meisterdenker, sondern ein Essayist. Aber immerhin einer, der ungewöhnlich tief zu graben und schonungslos zu analysieren verstand. Seine von 1572 bis 1592 entstandenen *Essais* haben, so sagt er selbst, nur ihn zum Gegenstand, aber «ohne Beschönigung und Künstelei, denn ich stelle mich als den dar, der ich bin» (5). Diese Maxime entbindet ihn von systematischen Ansprüchen und erlaubt ihm, unterschiedliche Standpunkte einzunehmen und verschiedenen Einsichten nachzugehen. Das tut er allenthalben mit Lust und Gewinn.

Verfolgen wir das an einem seiner großen Themen: Leben und Sterben. Einerseits rät Montaigne: «Bedenken wir nichts so oft wie den Tod!» (I 20, 48).[1] Andererseits erklärt er: «Recht zu leben – das sollte unser großes und leuchtendes Meisterwerk sein!» (III 13, 560). Wie ist die Spannung zwischen diesen beiden Aussagen zu verstehen?

«Bedenken wir nichts so oft wie den Tod!»

Der 20. Essay des I. Buches ist «Philosophieren heißt sterben lernen» überschrieben. Montaigne geht von Ciceros Diktum aus, dass Philosophieren nichts anderes sei, als sich auf den Tod vorzubereiten (I 20, 45).[2] Das könnte man in zweierlei Sinn verstehen: das Philosophieren ist eine Kontemplation, die uns über das Körperliche erhebt und stellt insofern «eine Art Einübung in den Tod» dar (45); oder das Philosophieren läuft darauf hinaus, «uns die Überwindung der Furcht vorm Sterben zu lehren» (45). Montaigne entscheidet sich für die zweite Version.

Montaigne ist 39 Jahre alt, als er diesen Essay niederschreibt, und er weist darauf hin, dass er das zu seiner Zeit übliche Durchschnittsalter bereits überschritten hat (47). Der Tod ist sein großes Thema, ihm gilt seine «besondere Liebe» (49). Montaigne hat es sich «zur Gewohnheit gemacht», sich «den Tod nicht nur ständig vorzustellen, sondern auch im Munde zu führen» (49). Schon in seiner «ausgelassensten Zeit» habe es nichts gegeben, womit er sich «mehr befasst hätte als mit den verschiedenen Todesvorstellungen» (48); noch nie habe «ein Mensch sich resoluter und rückhaltloser auf das Verlassen der Welt vorbereitet und ihr vollkommener entsagt, als ich es zu tun gedenke» (49). Die Todesthematik bildet geradezu den Rahmen der *Essais* insgesamt: Im Vorwort schreibt Montaigne, er habe diese Essays für die Angehörigen und Freunde geschrieben, «damit sie, wenn sie mich verloren haben (was bald der Fall sein wird), darin einige meiner Wesenszüge und Lebensumstände wiederfinden» (5), und noch im letzten Essay erklärt Montaigne, er rüste sich, das Leben «ohne Murren dranzugeben» (III 13, 562).

Wozu diese permanente Beschäftigung mit dem Tod? Schon der frühe Essay I 20 nennt das entscheidende Motiv: eigentlich geht es um das Leben. Das Ziel des Menschen ist «das Vergnügtsein» (I 20, 45); alles Bemühen soll darauf gehen, «uns gut und fröhlich leben zu lassen» (45). Montaigne ist – in seiner Lebensweise wie in seiner Ethik – ein Hedonist.[3] Diesem Vergnügtsein aber steht der Tod oder genauer: die Furcht vor dem Tod entgegen. «Wenn wir uns von ihm ängstigen lassen, wird er zum Quell unaufhörlicher Qualen, die durch nichts zu lindern sind» (46).

Das Heilmittel, das Montaigne – im Unterschied zur gängigen Todesverdrängung – empfiehlt, lautet: «Berauben wir den Tod [...] seiner Unheimlichkeit, pflegen wir Umgang mit ihm, gewöhnen wir uns an ihn, bedenken wir nichts so oft wie ihn! Stellen wir ihn jeden Augenblick und in jeder Gestalt vor unser inneres Auge»

(48). Gerade auch inmitten festlicher und fröhlicher Anlässe sollen wir seiner eingedenk sein. «Es ist ungewiss, wo der Tod uns erwartet – erwarten wir ihn überall!» (48).

Dieses ständige Bedenken des Todes zielt aber nicht etwa darauf, dass wir uns in unserer letzten Stunde als tapfer erweisen, sondern dient einem ganz anderen Zweck: ein gutes Leben zu führen, bevor der Tod uns ereilt. Der Kernsatz lautet: «Wer die Menschen sterben lehrte, würde sie leben lehren» (49). Weder ein Leben nach dem Tode noch der Tod selbst, sondern unser Leben vor dem Tod – das einzige Leben, das wir haben und das unsere vornehmliche Aufgabe bildet – ist der Zielpunkt von Montaignes Reflexionen. Von Anfang an versteht er die «Verachtung des Todes» als ein Mittel, unserem Leben «eine gelassene Ruhe» zu geben und uns «dessen reinen und lieblichen Geschmack genießen zu lassen» (I 20, 46). Der Tod soll durch sein ständiges Bedenken gleichsam naturalisiert werden, seinen Stachel verlieren, uns fortan nicht mehr ängstigen und das Leben verderben können.[4]

Montaigne verbindet die Überwindung der Todesfurcht mit dem Gedanken der Freiheit. Die Todesfurcht steht hinter allen Formen von Unfreiheit und Unterwerfung – sei es persönlicher, institutioneller, sozialer oder politischer Art. Der Tod, den wir nicht bannen können, ist der Meister, der uns zur Unterwerfung bereit macht. Im Umkehrschluss bedeutet dies: «Das Vorbedenken des Todes ist Vorbedenken der Freiheit. Wer sterben gelernt hat, hat das Dienen verlernt. Sterben zu wissen entlässt uns aus jedem Joch und Zwang» (48).[5] Emphatisch schreibt Montaigne: «Während es unmöglich ist, dass die Seele, solange sie den Tod fürchtet, zur Ruhe kommt, kann sie, wenn sie die Furcht vor ihm überwindet, sich rühmen, nun sei es unmöglich, dass Unruhe oder Sorge, Angst oder auch nur der geringste Missmut jemals in ihr heimisch würden [...]. Eine solche Seele hat sich zur Herrin über ihre Leidenschaften und Begierden erhoben, zur Herrin über Schmach, Not, Armut und alle andren Widrigkeiten des Schicksals. Erringen wir uns diesen Vorzug, soweit wir können! Hier ist die wahre, die souveräne Freiheit, die uns die Kraft gibt, der Gewalt und dem Unrecht ein Schnippchen zu schlagen und der Kerker und Ketten zu spotten» (50). – Wundervolle Aussichten!

Todesobsession

Ist Montaignes Vorschlag überzeugend? Die Drohung des Todes ist gewiss unabweisbar. Jeden Moment kann der Tod uns ereilen. Aber der Gedanke daran soll unser Leben nicht ruinieren. Zu diesem Zweck, meint Montaigne, sollten wir dauernd an den Tod denken, «ihn jeden Augenblick und in jeder Gestalt vor unser inneres Auge stellen» (48). Dadurch soll der Tod seinen Schrecken verlieren, ein Vertrauter werden und uns fortan nicht mehr ängstigen. So sollen wir unser Leben ungetrübt genießen und gestalten können.

Aber wird der Tod so nicht erneut zum Herrn unseres Lebens – nur nicht mehr im Modus der Angst, sondern einer ständigen Reflexionspflicht? Montaigne ist und bleibt vom Todesgedanken geradezu besessen. Er hat diese Obsession selbst bekannt: «Nach nichts erkundige ich mich eingehender als danach, wie ein Mensch gestorben sei: mit welchen Worten, welchem Gesicht und welcher Haltung; und in den Geschichtsbüchern gibt es keine andere Stelle, der ich eine solche Aufmerksamkeit widmete. Schon aus den Beispielen, mit denen ich meinen Text vollpfropfe, geht ja hervor, dass diesem Gegenstand meine besondere Liebe gilt. Wenn ich ein Bücherschreiber wäre, legte ich ein kommentiertes Register der verschiedenartigen Tode an» (49).

So aber – Montaignes Vorschlag folgend – bleibt man ein Vasall des Todes. Man hat nur die alte Furcht vor ihm gegen die neue Pflicht, ihn ständig zu bedenken eingetauscht. Man ist vielleicht nicht mehr der Sklave des Todes, aber andererseits doch gewiss nicht, wie Montaigne es beansprucht, frei von «jedem Joch und Zwang» (48). Man unterliegt vielmehr weiter dem Diktat des Todes, nur eben nicht mehr im Modus der gewöhnlichen Furcht, sondern im Modus einer reflexiven Obsession. Von daher ist Montaignes Erörterung des Todes tief selbstwidersprüchlich: Montaigne gibt vor, mit dem Tod fertig zu werden, aber sein Verfahren beweist das Gegenteil: eine fortwährende Dominanz des Todes. Sie mag dazu führen, dass die Seele sich emotional «zur Herrin über ihre Leidenschaften und Begierden, zur Herrin über Schmach, Not, Armut und alle andren Widrigkeiten des Schicksals» erhebt (50). Aber der Preis dafür ist eminent hoch: die Seele muss sich kognitiv permanent mit ihrem Gegner beschäftigen. Die emotionale Befreiung ist durch eine kognitive Obsession erkauft.

Gegenführungen: Krankheit, Alter, Schlaf, Todesnähe

Dieses Problem ist Montaigne selber nicht verborgen geblieben. In anderen Essays hat er ganz andere und geradezu konträre Lösungen zu der in I 20 propagierten vorgeschlagen. Dergleichen gehört zur Signatur Montaignes und ebenso seiner *Essais* – die ja eben Abbilder seiner persönlichen Verfassung sind. Montaigne hielt das konventionelle Ideal der Einheitlichkeit einer Person für höchst trügerisch. Er hatte es an sich selbst anders erfahren: «Es gibt nichts rundum Zutreffendes, Eindeutiges und Stichhaltiges, das ich über mich sagen, gar ohne Wenn und Aber in einem einzigen Wort ausdrücken könnte» (II 1, 167). «Schamhaft und unverschämt, keusch und geil, schwatzhaft und schweigsam, zupackend und zimperlich, gescheit und dumm, mürrisch und leutselig, verlogen und aufrichtig, gebildet und ungebildet, freigebig und geizig und verschwenderisch – von allem sehe ich etwas in mir, je nachdem, wie ich mich drehe; und wer immer sich aufmerksam prüft, entdeckt in seinem Innern dieselbe Wandelbarkeit und Widersprüchlichkeit» (167). «Wir bestehen alle nur aus buntscheckigen Fetzen, die so locker und lose aneinanderhängen, dass jeder von ihnen jeden Augenblick flattert, wie er will; daher gibt es ebenso viele Unterschiede zwischen uns und uns selbst wie zwischen uns und den andern» (168).

Es ist die Größe Montaignes, dass er solche Widersprüche nicht in ein Korsett zwingt, sondern offenlegt. Sehr zu Recht sagt er: «*Ich unterscheide*, dies ist das A und O meiner Logik» (167). Es kann ein großer Vorteil sein, kein systematisierender Meisterdenker zu sein. Dann kann man diverse Klärungen in Angriff nehmen. Nichts anderes tun die *Versuche* (*Essais*) des Michel de Montaigne.

Im 37. Essay des II. Buches findet sich eine Erörterung des Todes, welche die Reflexionsstrategie zurückweist oder zumindest deren Grenzen aufzeigt. Montaigne leidet an Nierensteinen. Er hat, wie er schreibt, schon «fünf oder sechs lange und peinigende Anfälle» durchlitten (II 37, 377). So schlimm diese einerseits sind, so glaubt er doch andererseits auch einen Gewinn aus diesen Koliken zu ziehen: «ihnen dürfte gelingen, wozu ich mich noch nicht zu überwinden vermochte: mich mit dem Tod tatsächlich vertraut zu machen und völlig auszusöhnen» (377). Sein ständiges Bedenken des Todes habe dazu nicht ausgereicht. Erst Krankheit und Leiden bewirken, dass er den Tod nicht mehr fürchtet, weil er nun nicht mehr wirklich am Leben hängt, sondern «dieses einvernehmlich geknüpfte Band» sich unter dem Druck des Leidens allmählich löst (377). Krankheit und Leiden erreichen das gewünschte Ziel direkter und verlässlicher als die ständige Todesreflexion.

Eine zweite Weise, wie die Furcht vor dem Tod ganz natürlicherweise schwindet, ist das Altern. Sukzessiv reduziert es unsere Lebendigkeit. «Das letzte Stück Sterben wird dadurch umso weniger umfassend und zerstörerisch sein – es tötet nur noch einen halben, ja Viertelmenschen. [...] So schwinde ich dahin und entgleite mir. Wie töricht wäre mein Verstand, wenn er mir einreden wollte, ich würde diesen Sturz in seiner letzten kleinen Spanne genauso schmerzlich wahrnehmen, als erfolgte er aus voller Höhe!» (III 12, 556). Ja, das Greisenalter ist ein «erbärmlicher Zustand» (I 20, 50). Die Verluste summieren sich immer merklicher. Irgendwann ist man müde von den zunehmenden Einbußen; man erinnert sich noch, wie es einmal anders, wie es weit besser war; aber man weiß, dass das nicht wiederkommen wird. Das macht einen sterbensbereit. Am Ende kann der Tod gar wie eine Erlösung herbeigesehnt werden.

Drittens, meint Montaigne, kann einem auch der Schlaf, wenn man ihn nur recht bedenkt, die Todesfurcht nehmen, weil er eine große Ähnlichkeit mit dem Tode aufweist und uns dadurch belehrt, «dass die Natur uns zum Sterben in gleichem Maß erschaffen hat wie zum Leben: bereits im jetzigen Dasein zeigt sie uns den ewigen Zustand, der uns nach unserm Ende bestimmt ist, um uns hieran zu gewöhnen und uns die Furcht davor zu nehmen» (II 6, 184).

Schließlich führt Montaigne aus, dass Zustände der Bewusstlosigkeit einem eine Ahnung des Todes vermitteln können, die dessen Wahrheit sehr nahe kommt. Er berichtet davon, wie er nach einem Reitunfall das Bewusstsein verlor und beim Aufwachen «von der wohligen Süße durchdrungen war, die man verspürt, wenn man in den Schlaf hinübergleitet» (185). Dies, glaubt er, «ist der Zustand all jener, die im Todeskampf vor Ermattung das Bewusstsein verlieren; deshalb beklagen wir sie meines Erachtens grundlos, werden sie doch nur in unsrer Vorstellung von heftigen Schmerzen geschüttelt oder von quälenden Gedanken bedrängt» (185). In Wahrheit ist der Übergang voller Süße. Diese einmal gemachte «nähere Bekanntschaft» mit dem Tod gilt Montaigne als die beste «Einübung in den Tod» (187) – besser als alle philosophische Meditation und Reflexion. Sie hat ihm noch einmal die schlafähnliche und wohlige Natur des Todes gezeigt. «Diese meiner Seele tief eingeprägte Erinnerung, die mir das Antlitz und wahre Wesen des Todes so naturnah vor Augen stellt, versöhnt mich in gewisser Weise mit ihm» (185). – Krankheit, Alter, Schlaf und Todesnähe bringen uns also insgesamt weit natürlicher und weit näher ans Ziel als die von den Philosophen empfohlene permanente Todesreflexion.

Natürlichkeit

Im späten 12. Essay des III. Buches geht Montaigne dann geradezu zu einer direkten Zurückweisung der Reflexionsstrategie von I 12 über.

Erstens rückt nun das Ideal der Natürlichkeit und das Vorbild der einfachen Leute in den Vordergrund. Montaigne schildert mit großer Ausführlichkeit und Bewunderung, wie die Bewohner seines Landgutes bei einer Pestepidemie den Tod ganz gelassen auf sich nahmen: «Von der Bevölkerung meiner Gegend kam nicht der hundertste Teil mit dem Leben davon [...] Welch ein Vorbild an innerer Stärke konnten wir da in der schlichten Wesensart dieses ganzen Volkes sehn!» (III 12, 529). Die einfachen Leute kommen mit dem Tod weitaus besser zurecht als die philosophisch Gebildeten bzw. Verbildeten: «Ich habe in meiner Nachbarschaft noch nie einen Bauern darüber nachgrübeln sehen, mit wie großer Fassung und Festigkeit er seine letzte Stunde durchstehn werde. Die Natur lehrt ihn, nicht eher ans Sterben zu denken, als wenn gestorben wird; dann aber übertrifft er an gelassner Haltung den Aristoteles, dem der Tod doppelt zu schaffen machte: als solcher und als Gegenstand seines zu langen Vorausbedenkens» (531). Montaigne widerspricht hier also der früher von ihm selbst propagierten Strategie einer permanenten Todesreflexion. Jetzt sagt er: «Durch die Sorge um den Tod trüben wir das Leben» (530), «der am wenigsten vorausbedachte Tod ist der unbeschwerteste und glücklichste» (531). «Die Zurüstungen auf den Tod haben die meisten bisher mehr gemartert als er selbst» (530). Die Reflexionsstrategie ist nicht nur nicht erfolgreich, sie ist kontraproduktiv.

Es folgen harsche Attacken auf die philosophische Reflexions-Industrie: «Die Philosophie befiehlt uns, den Tod stets vor Augen zu haben, ihn vorauszusehen und vorauszubedenken, und dann gibt sie uns Verhaltensregeln an die Hand, die gewährleisten sollen, dass diese Voraussicht und dieses Vorausbedenken uns ja nicht weh tue. Genauso machen es die Ärzte, die uns in Krankheiten stürzen, damit sie etwas haben, an dem sie ihre Arzneien und Künste ausprobieren können» (530). Die philosophische Therapie ist kein Remedium, sondern ein Krankmacher. «Die meisten Unterweisungen der Philosophie, die uns Mut zusprechen wollen, sind eher Schau als Stärkung, eher Schmuck als Gewinn» (529).

Die glänzenden Schaustücke der Philosophie sind im günstigsten Fall gute Unterhaltung, meistens aber Gift. Am besten überlässt man sie sich selbst: «Sollen doch die Gelehrten mit gefurchter Stirn ihren Gedanken an den Tod nachhängen und sich so bei voller Gesundheit den Geschmack am Essen verderben! Der gemeine Mann jedenfalls braucht, bevor der Streich ihn trifft, weder Arznei noch Tröstung» (531). Und dieser gemeine Mann liegt ganz richtig. Wenn es «die Unbedarftheit und mangelnde Vorstellungskraft des gemeinen Volkes» ist, «die ihm diese Stärke zum Erdulden der gegenwärtigen Übel und diese völlige Unbekümmertheit um künftige Verhängnisse gibt, [...] dann lasst uns in Gottes Namen ab jetzt diese Schule der Einfalt besuchen!» (531) Das ist Montaignes Version von Erasmus' *Lob der Torheit*.

Die Philosophie ist für den späten Montaigne ein Phänomen der Dekadenz. Die ganze Kultur ist es. Manchmal schreibt Montaigne schon mit der Feder Rousseaus: «Wir haben uns von der Natur abgewandt und wollen ihr nun Lehren erteilen, ihr, die uns so sicher und gedeihlich zu führen wusste!» (529) Aber keine Sorge: die Natur ist nicht wirklich korrumpierbar. Um recht zu sterben, braucht man das ganze Philosophengewäsch nicht. Die Natur wird einem verlässlich beistehen: «Falls ihr nicht zu sterben versteht – keine Angst! Die Natur wird euch, wenn es soweit ist, schon genau sagen, was ihr zu tun habt, und die Führung der Sache voll und ganz für euch übernehmen; grübelt also nicht darüber nach» (530). Schon die ganze sogenannte Todesfurcht war nur eine kulturelle Fehlkonstruktion – die Natur sagt uns anderes: «Es leuchtet ein, dass wir von Natur aus den Schmerz, keineswegs aber, dass wir den Tod als solchen fürchten – ist er doch ein nicht minder wesentlicher Teil unseres Seins als das Leben. Wozu hätte die Natur uns Hass und Abscheu gegen ihn einflößen sollen, da er für sie doch die höchst nützliche Rolle spielt, das Wechselspiel ihrer Werke in steter Folge fortzuführen und so in diesem universalen Gemeinwesen mehr dem Werden und Wachsen als dem Sterben und Verderben zu dienen?» (532). Umso weniger soll man dem philosophischen Therapeutikum dieser Fehlkonstruktion – dem Gebot zur Dauerreflexion – aufsitzen. Am Ende münden Montaignes Betrachtungen über den Tod in eine Apologie des Lebens, des naturgemäßen Lebens.

Die Natur ist nicht nur pragmatisch hilfreich, indem sie uns das Sterben beibringt. Auch theoretisch hilft ein Blick auf die Gesetzlichkeit der Natur, um uns mit dem Sterben einverstanden zu machen. Denn in der Natur herrscht offenbar überall Werden und Vergehen. Und wir sind Teil dieser Natur. Nichts also ist natürlicher als der Tod: «Euer Tod ist ein Teil der Ordnung des Alls, er ist ein Teil des Lebens der Welt» (I 20, 51). Was mit uns geschieht, geschieht überall: «Tanzt nicht alles euren Tanz? Gibt es etwas, das nicht alterte wie ihr? Tausend Menschen, tausend Tiere und tausend andere Geschöpfe sterben im gleichen Augenblick, da ihr sterbt» (51). «Macht also anderen Platz, wie andre euch Platz gemacht haben!» (51) Geburt und Tod sind zwei Seiten derselben Medaille, der Medaille des Lebens. Der Geburt verdanken wir unsere Existenz, im Tod statten wir den Dank dafür ab. «Verlasst diese Welt», sagt die Natur, «wie ihr in sie eingetreten seid. Denselben Weg, den ihr ohne Furcht und Schrecken vom Tod zum Leben gegangen seid, geht ihn zurück nun vom Leben zum Tod!» (50f.). So lauten einige der «hilfreichen Ermahnungen unserer Mutter Natur» (52). Sie nehmen uns die Angst vor dem Tod, sie führen uns zum Einverständnis mit ihm. Unser Tod ist nichts Einmaliges, nichts Besonderes, er ist das Allgemeinste und Natürlichste in der Welt des Lebendigen. Kein Grund zur Sorge.

*«Recht zu leben – das sollte unser großes und
leuchtendes Meisterwerk sein!»*

Schließlich macht Montaigne noch einmal einen spezifisch anthropologischen Gesichtspunkt stark. Worin besteht ein gelingendes Leben?

Er kennt viele Zeitgenossen, die angesichts des bevorstehenden

Todes klagen, dass ihnen nicht die paar Jahre bleiben, die sie bräuchten, um ihrem Leben endlich die richtige Form zu geben. Montaigne hat dafür kein Verständnis, sondern nur einen scharfen Hinweis übrig: Wenn Du die vielen bisherigen Jahre nicht genutzt hast, wie kannst Du glauben, Du wüsstest die wenigen restlichen Jahre zu nutzen?[6] Sie werden Dir so ungenutzt verstreichen wie die bisherigen.[7] Das richtige Leben ist nicht eine Frage der Länge, sondern des rechten Gebrauchs.[8] Mancher hat, weil er sich auf das Leben verstand, ein zwar kurzes, aber gleichwohl erfülltes Leben gehabt.

Was das rechte Leben angeht, so erklärt Montaigne geradezu euphorisch: «Nichts ist so schön und unsrer Bestimmung gemäß wie ein rechter Mensch zu sein» (III 13, 561). «Es ist höchste, fast göttergleiche Vollendung, wenn man das eigene Sein auf rechte Weise zu genießen weiß» (566). «Wusstest du dein Leben recht zu bedenken und in die Hand zu nehmen? Dann hast du die größte aller Aufgaben vollbracht! [...] Recht zu leben – das sollte unser großes und leuchtendes Meisterwerk sein!» (560).

Aber Montaigne sieht auch, wie schwierig diese Aufgabe zu erfüllen ist: «keine Kunst ist so schwer wie unser Leben recht und natürlich zu leben wissen» (561). Der Grund liegt darin, dass wir schier habituell nach einer anderen als der menschlichen Lebensweise streben: «wir suchen andere Lebensformen, weil wir die unsre nicht zu nutzen verstehn; wir wollen über uns hinaus, weil wir nicht erkennen, was in uns ist» (566). Montaigne spricht geradezu von einer Tendenz zur «Verachtung unsres Seins» und nennt sie «die schrecklichste unserer Krankheiten» (561). Paradigmatisch sieht er sie bei Philosophen am Werk: Sie «streben über sich hinaus und suchen ihrem Menschsein zu entrinnen. Das ist Torheit: Statt sich in Engel zu verwandeln, verwandeln sie sich in Tiere, statt sich zu erheben, stürzen sie zu Boden. Solch ins Jenseits entrückte Seelenzustände erschrecken mich wie unzugängliche und schwindelerregende Höhen» (566).

Ein wirklich menschliches Leben ist für Montaigne ein radikal diesseitiges Leben. Die Akzeptation – nicht die Übersteigung – der conditio humana ist das Erste. Sie erfordert die vollständige Anerkennung unserer Endlichkeit. Unter diesem Gesichtspunkt nimmt die Thematik des Todes eine neue Wendung an. Es geht nicht darum, sich auf die einst kommende Sterbestunde vorzubereiten, sondern den Tod – die Matrix des Abbruchs, der Endlichkeit, der Unvollständigkeit – als konstitutives Element unserer Verfassung zu erkennen und unser Leben von daher nicht als Vorbereitung auf eine kommende Ewigkeit misszuverstehen, sondern in seiner allumfassenden Kontingenz zu erkennen, zu lieben und zu praktizieren. Unser Sein ist allenthalben von Endlichkeit, Zeitlichkeit und Kontingenz geprägt – nicht nur in puncto Geburt und Tod, sondern ebenso hinsichtlich unserer Körperlichkeit, unserer Sexualität, unserer sozialen Beziehungen, unserer Emotionen, unserer Gedanken, Lektüren, Eingebungen, Verfehlungen usw. Schon die in der Vorrede von Montaigne geäußerte Einstellung, dass es in diesen *Essais* um die «einfache, natürliche und alltägliche Daseinsweise» gehe, «ohne Beschönigung und Künstelei» (5), weist in diese Richtung. Montaigne will sich und den Menschen generell ohne Kostüm und Maskerade, fern von «überhimmlischem Denken und unterweltlichem Tun» (565), er will ihn in seiner wahren Verfassung, er möchte ihn gleichsam nackt darstellen.[9] Es geht um den Menschen in all den Unvollkommenheiten, die seine Existenz nicht nur prägen, sondern diese auch so reich und wunderbar machen.

Schon in dem Essay, von dem wir ausgegangen waren (I 20), wies Montaigne den Ewigkeitswahn zugunsten der Kontingenz zurück. Saturn, der Gott der Zeit und der Dauer, lehrt seinen Sohn Chiron, den es nach Unsterblichkeit gelüstet, was es mit dieser tatsächlich auf sich haben würde. «Stell dir einmal ernsthaft vor, wieviel lästiger, ja unerträglicher als das von mir dem Menschen gegebne Leben ein ewiges für ihn wäre! Hättest du den Tod nicht, würdest du mich unablässig fluchend beschuldigen, ihn dir vorenthalten zu haben» (52).

Der Gedanke ist so einfach wie überzeugend. Wenn wir ewig lebten, also unendlich viel Zeit zur Verfügung hätten, dann wären alle temporalen Einschränkungen belanglos: man könnte stets, was man jetzt nicht getan hat, zu einem späteren Zeitpunkt nachholen. Folglich käme es auf gar nichts mehr an – und so würde sich vollkommene Gleichgültigkeit und Langeweile einstellen. Es gäbe keine Gelegenheiten, keine Chancen, keine Glücksfälle und ebenso auch keine Versäumnisse, keine Fehlentscheidungen und kein Scheitern mehr. Alle Phänomene, die wir kennen, die uns beschäftigen, die uns ängstigen oder erfreuen, würden sich in Belanglosigkeit auflösen. Denn die Zeitlichkeit ist nicht nur der conditio humana eingeschrieben, sondern sie ist ebenso die ratio essendi aller Phänomene der Welt. Allem, was wir kennen, wohnt eine zeitliche Bestimmung inne. Daher würde der Ewigkeitswahn nicht nur die menschliche Verfassung aufheben, sondern ebenso alle Phänomene beseitigen, mit denen wir es zu tun haben – sie im Orkus der Gleichgültigkeit versenken. Sterblichkeit, Endlichkeit und Kontingenz sind nicht nur Signaturen unseres Seins, sondern ebenso Signaturen der uns umgebenden Natur und aller Dinge, die uns beschäftigen. Daher ist, sich auf diese Zeitlichkeit und Kontingenz einzulassen, der einzig probate Weg, um wirklich in dieser Welt zu leben – statt von einem fantastischen Jenseits zu träumen. Das ist die Botschaft Montaignes.

Nietzsche hat das gut verstanden. Er sagte über Montaigne: «Dass ein solcher Mensch geschrieben hat, dadurch ist wahrlich die Lust auf dieser Erde zu leben vermehrt worden. Mir wenigstens geht es seit dem Bekanntwerden mit dieser freiesten und kräftigsten Seele so, dass ich sagen muss, was er von Plutarch sagt: ‹kaum habe ich einen Blick auf ihn geworfen, so ist mir ein Bein oder ein Flügel gewachsen›. Mit ihm würde ich es halten, wenn die Aufgabe gestellt wäre, sich auf der Erde heimisch zu machen»[10]

Diderot

«Wenn alles nur ein allgemeiner Fluss ist ...»

Diderot (1713–1784) ist ein *enfant terrible* – der Literatur, der Philosophie, der Geistesgeschichte. 1755 hat er das die Moderne bestimmende anthropische Prinzip verkündet: «Der Mensch ist der einzigartige Begriff, von dem man ausgehen und auf den man alles zurückführen muss.» Nur 14 Jahre später jedoch, 1769, war es für ihn mit jeglicher Auszeichnung des Menschen vorbei: «Jedes Tier ist mehr oder weniger Mensch; jedes Mineral mehr oder weniger eine Pflanze; jede Pflanze mehr oder weniger Tier. Es gibt keine scharfe Abgrenzung in der Natur.» – Ein widersprüchlicher Geist? Oder einfach ein wacher?

«Der Mensch ist der einzigartige Begriff, von dem man ausgehen und auf den man alles zurückführen muss»

1755 schreibt Diderot einen Artikel über die *Enzyklopädie*. Er erläutert darin das Einteilungsprinzip dieses berühmten, von ihm zusammen mit D'Alembert herausgegebenen Universalwerks des Wissens (1751–1780, 35 Bände). Welches Prinzip ist zu wählen? Soll man ein objektives Prinzip zugrunde legen, etwa die Struktur der Welt? Oder soll man von einem subjektiven Prinzip ausgehen, beispielsweise der menschlichen Perspektive auf die Welt? Diderot entscheidet sich für das Letztere.

Seine Begründung lautet: «Wenn man den Menschen oder das denkende, die Erdoberfläche von oben betrachtende Wesen ausschließt, dann ist das erhabene und ergreifende Schauspiel der Natur nur noch eine traurige und stumme Szene. Das Weltall verstummt, Schweigen und Dunkelheit überwältigen es; alles verwandelt sich in eine ungeheure Einöde, in der sich die Erscheinungen – unbeobachtete Erscheinungen – dunkel und dumpf abspielen. Das Dasein des Menschen macht die Existenz der Dinge doch erst interessant. [...] Das ist es, was uns dazu bestimmt hat, in den Hauptfähigkeiten des Menschen die allgemeine Einteilung zu suchen, der wir unsere Arbeit untergeordnet haben. [...] Der Mensch ist der einzigartige Begriff, von dem man ausgehen und auf den man alles zurückführen muss.»[1]

Wohl schiene es am richtigsten zu sein, von der Ordnung der Welt auszugehen. So hat man es jahrhundertelang gesehen. Dagegen scheint, vom Menschen ausgehen zu wollen, misslich. Denn seit der kopernikanischen Revolution wissen wir doch, wie beschränkt und verzerrend diese Perspektive ist. Früher, als man die Erde noch im Mittelpunkt der Welt glaubte, mochte man denken, dass die menschliche Perspektive auf die Welt mit der wahren Verfassung der Welt kongruiert. Aber seit man durch Kopernikus und Kepler weiß, dass die Erde weitab vom Zentrum einer elliptischen Bahn folgt und zudem um ihre eigene Achse rotiert, und nachdem inzwischen gar die Existenz weiterer Sonnensysteme offenkundig wurde, ist klar, dass wir Menschen im Kosmos eine ganz und gar exzentrische Stellung einnehmen. Seitdem ist es nicht mehr möglich, die menschliche Position für zentral und objektiv zu halten. Durch Kopernikus' Entdeckung ist der Glaube, die menschliche Perspektive auf die Welt könne sich mit der Eigenperspektive der Welt decken, zerstoben. Die wirkliche Verfassung der Welt einerseits und die menschliche Sichtweise andererseits klaffen weit auseinander.

Warum kann Diderot, dem dies alles vertraut ist, dann gleichwohl den Menschen erneut zum «Mittelpunkt» der Welt erklären,[2] wie kann er nach der kopernikanischen Dezentrierung eine Rezentrierung des Menschen vertreten? Wie kann er glauben, der Mensch sei «der einzigartige Begriff, von dem man ausgehen und auf den man alles zurückführen muss»?

Betrachten wir Diderots Argumentation im Einzelnen. Wollte

man das Weltganze völlig richtig darstellen, so müsste man es, das gesteht er zunächst zu, aus dem Blickwinkel Gottes wiedergeben: «Das einzige System, in dem die Willkür ausgeschlossen wäre, ist [...] das System, das seit aller Ewigkeit im Willen Gottes existiert hat.»[3] Aber vermögen wir dieses System zum Ausgangspunkt zu machen?

Erstens ist dieses System für uns Menschen ob der allgemeinen «Schwäche unseres Erkenntnisvermögens» unerreichbar.[4] Das menschliche Wissen ist grundsätzlich perspektivisch und beschränkt. Diesbezüglich hatte Diderot schon 1750 erklärt, «dass die Zahl der möglichen Systeme des menschlichen Wissens ebenso groß ist wie die Zahl der Köpfe».[5] Im Enzyklopädie-Artikel von 1755 sagt er erneut, dass wir «dieses allgemeine System, in dem die Willkür ausgeschlossen ist, [...] nie besitzen werden».[6] Wir müssen uns stattdessen «an das halten, was unserem menschlichen Zustand angemessen ist».[7]

Im Übrigen ist jenes vermeintlich einzig richtige System für uns nicht nur unerreichbar, sondern es wäre für uns, selbst wenn wir es erreichen könnten, in Wahrheit «gar nicht so vorteilhaft».[8] Warum das? «Wir wären immer nur in der Lage, einen gewissen Abschnitt dieses großen Buches zu verstehen, und sobald die Ungeduld und die Neugierde, die uns beherrschen und so häufig den Lauf unserer Beobachtungen unterbrechen, Verwirrung in unsere Lektüre gebracht hätten, würden unsere Kenntnisse ebenso unzusammenhängend sein, wie sie es jetzt sind.»[9] Der Versuch, das einzig objektive System zu gewinnen oder es zu konstruieren, wäre also letztlich zu gar nichts nutze. Anfänglich verspräche man sich davon zwar völlige Transparenz, aber nach einiger Zeit würde man unweigerlich erneut in die epistemische Unklarheit und Verwirrung geraten, die das Schicksal unseres Erkennens ist.[10]

Dann folgt schließlich der eingangs schon zitierte Hauptgrund. Entschieden vom Standpunkt des Menschen auszugehen, ist kein Notbehelf, sondern der Sache nach völlig angemessen, denn es verhält sich so, dass die nicht-menschlichen Dinge überhaupt erst durch den Menschen eine Bedeutung erlangen: «Das Dasein des Menschen macht die Existenz der Dinge doch erst interessant.» Nähme man den Menschen weg, so wäre «das erhabene und ergreifende Schauspiel der Natur nur noch eine traurige und stumme Szene». Die Natur als solche ist kalt und dumpf. Erst der Mensch verleiht ihr Sinn. Der Mensch ist das sinngebende Prinzip. Insofern ist es geboten, ihn als den «Mittelpunkt» von allem aufzufassen und anzuerkennen. Das ist der einzig probate Weg. Diderot fasst seinen Standpunkt schließlich in die eindrucksvolle Formel zusammen: «der Mensch ist der einzigartige Begriff, von dem man ausgehen und auf den man alles zurückführen muss» («Enzyklopädie», 186 f.).

Diese Formel bildet das innerste Axiom der damals, in der zweiten Hälfte des 18. Jahrhunderts, sich formierenden Moderne. Diderot hat dieses anthropische Prinzip begründet. Es sollte auf lange Zeit das Leitprinzip der Moderne in allen Bereichen sein – in Philosophie und Wissenschaft, Politik und Ökonomie, Agrikultur und Architektur, usw. Man kann sich von seiner Reichweite kaum eine übertriebene Vorstellung machen.

Empfindungsfähigkeit als Eigenschaft schon der Materie – sensualistischer Monismus

14 Jahre später aber, 1769, vertritt der Proklamator des anthropischen Prinzips eine völlig andere Position. Diderot sieht den Menschen – den einstigen Mittelpunkt von allem – jetzt als ein vorübergehendes Wesen im Strom der Evolution an. Mit irgendwelchen Humanprivilegien ist es nun vorbei.

Diderot geht davon aus, dass die Materie generell über Empfindungsfähigkeit verfügt: «Vom Floh bis zum empfindenden lebendigen Molekül, dem Ursprung von allem, gibt es keinen Punkt in der Natur, der nicht leidet und genießt.»[11] Gewiss bestehen hinsichtlich der Empfindungsfähigkeit Unterschiede, aber diese stellen nicht, wie man gemeinhin annimmt, Unterschiede zwischen

Empfindungsfähigkeit und Empfindungslosigkeit dar, sondern bewegen sich allesamt innerhalb einer grundsätzlichen Empfindungsfähigkeit. Sie sind als Unterschiede zwischen *aktiver* und *latenter* Empfindung zu verstehen.[12]

Alles Seiende ist im Grunde von gleicher Art: «Es gibt nur *eine* Substanz im Universum, im Menschen, im Tier. Die Vogelpfeife besteht aus Holz, der Mensch aus Fleisch. Der Kanarienvogel besteht aus Fleisch, der Musiker aus einem etwas anders zusammengesetzten Fleisch, aber beide haben den gleichen Ursprung, die gleiche Entwicklung, die gleichen Funktionen und den gleichen Zweck.»[13] Und mehr noch: Alle Wesen, welcher Stufe der Natur auch immer, haben Anteil aneinander: «Jedes Tier ist mehr oder weniger Mensch; jedes Mineral mehr oder weniger eine Pflanze; jede Pflanze mehr oder weniger Tier. Es gibt keine scharfe Abgrenzung in der Natur.»[14]

Hier nimmt ein neues Bild der Welt Gestalt an. Eines, für das Übergänge und Gemeinsamkeiten – nicht mehr Unterschiede – grundlegend sind. Die Abgrenzungen in der Natur sind nur vordergründig. Auch der Mensch ist in die große Gemeinsamkeit einbezogen, er steht der Natur nicht als Sonderwesen gegenüber.[15] Durch Empfindungsfähigkeit ist alles verbunden und alles mit allem verwandt. Das neuzeitliche Trennungsdenken verblasst. Es wird durch einen sensualistischen Monismus abgelöst.

Der Mensch im Fluss der Evolution –
Abrücken vom anthropischen Prinzip

Diderots Monismus ist nicht nur sensualistisch, sondern ebenso evolutionistisch begründet. Alles ist aus dem evolutionären Prozess der Materie hervorgegangen und weist deshalb Gemeinsamkeiten auf, bildet eine große Einheit. Die Evolution garantiert Einheit. Daran kann auch die vermeintliche Sondernatur des Menschen – die sich ja auch im Verlauf der Evolution herausgebildet hat – nicht irremachen.

Diderot denkt die Evolution, gerade was die Stellung des Menschen angeht, retrospektiv wie prospektiv weit: «Wer kennt die Tierrassen, die uns vorangegangen sind? Wer weiß, welche Tierrassen uns folgen werden? Alles verändert sich, alles geht vorüber.»[16] Wir wissen nicht, welche Stelle uns in der evolutiven Gesamtbewegung zukommt: «Wer weiß, an welchem Augenblick der Folge von Tierartengenerationen wir angekommen sind?»[17] Gegenwärtig mögen wir die Spitze der Entwicklung darstellen. Aber künftig? «Wer weiß, ob dies nicht die Pflanzschule einer zweiten Generation von Wesen ist, die von dieser hier nur durch eine ungeheure Reihe von Jahrhunderten und eine gewaltige Entwicklung getrennt ist?»[18] Die großen Zeiträume und der weite Atem der Evolution fordern, auf dergleichen hinauszudenken: «Wenn alles nur ein allgemeiner Fluss ist, wie mir's das Universum überall zeigt, was können hier und anderswo Dauer und Wechsel einiger Millionen Jahrhunderte nicht alles hervorbringen?»[19]

Diderot sieht den Menschen keineswegs als Endpunkt der Entwicklung an. Wir Menschen stellen nur ein Durchgangsstadium dar. Es wird Evolutionsschritte über uns hinaus geben. Es wäre gänzlich verfehlt, alles vom Menschen aus begreifen zu wollen – wenn schon, dann müsste man den Menschen wie alles andere von der Evolution her begreifen. Das neue Maß ist der «allgemeine Fluss» der Evolution.[20]

*

Während die Moderne seit inzwischen mehr als zweihundertfünfzig Jahren dem von Diderot 1755 formulierten anthropischen Prinzip huldigt, ist Diderot selbst ihm nicht einmal fünfzehn Jahre lang gefolgt. Er war nicht nur der Verkünder des anthropischen Prinzips, sondern auch dessen erster Renegat. Sein wacher Geist hatte ihn bald zu einer anderen Sichtweise geführt.

Darin erscheint mir Diderot vorbildlich. Und konsequent. Schon wenige Jahre zuvor hatte er im Artikel über den Philosophen (1765) festgehalten, dass der wahre Philosoph nicht so starr an einem System hängt, «dass er nicht die volle Stärke der Einwände empfindet. Die meisten Menschen spinnen sich derart in ihre eigenen Anschauungen ein, dass sie sich nicht einmal die Mühe nehmen, die Anschauungen der anderen zu erforschen. Der Philosoph aber versteht die Meinung, die er verwirft, ebenso tief und klar wie die Meinung, der er sich anschließt».[21] Und im Artikel «Philosophie» aus dem gleichen Jahr hatte Diderot moniert, dass «diejenigen, die ein System von gewisser Wahrscheinlichkeit erfunden haben, nicht mehr eines Besseren belehrt werden können. Sie halten geflissentlich alle Dinge fest, die irgendwie zur Bestätigung ihres Systems dienen können, und beachten kaum alle jene Einwände, die gegen dieses erhoben werden, oder schieben sie durch irgendeine oberflächliche Unterscheidung beiseite. [...] Sie sehen immer nur jenes Bild der Wahrheit an, das ihre auf Wahrscheinlichkeit beruhenden Ansichten mit sich bringen; sie halten dieses Bild unbeweglich vor ihren Augen fest, betrachten aber nie aus einem gewissen Abstand die Kehrseite ihrer Ansichten, die ihnen zeigen würde, wie verkehrt diese sind.»[22] – Das ist eine großartige Aussage: dass jede Betrachtung der eigenen Ansicht aus einem gewissen Abstand deren Kehrseite zeigt, und das heißt: ihre Verkehrtheit.

Diderot war ein Aufklärer der vorbildlichsten Art. Er hat nicht sein einmal entwickeltes System zu befestigen versucht, sondern er hat es auf offene Flanken hin befragt und umgestoßen. Er war zum Wechsel bereit. *Amicus Diderot, magis amica veritas* – dieser Devise ist er gefolgt. Er hat den Anspruch der Rationalität auf großartigste Weise praktiziert, nämlich inklusive Selbstbefragung und Selbstkorrektur.

Wenn man dem einen anderen Denker zur Seite stellen kann, dann Nietzsche. Dessen Maxime war die der Redlichkeit: «Nie Etwas zurückhalten oder dir verschweigen, was gegen deinen Gedanken gedacht werden kann! Gelobe es dir! Es gehört zur ersten Redlichkeit des Denkens. Du musst jeden Tag auch deinen Feldzug gegen dich selber führen.»[23] – Das ist das Pathos einer wirklich aufklärerischen Philosophie: nicht die Befestigung, sondern die Befragung, nicht die Verteidigung des Zweifelhaften, sondern der Übergang zu Besserem. Philosophie muss sich immer wieder auf den Weg machen. Diderot ist ein eindrucksvolles Beispiel dafür.

Kant

Eine kopernikanische Wende?

Kant (1724–1804), sagt man, hat in der Philosophie eine «kopernikanische Wende» vollzogen. Darin bestehe seine grundlegende Leistung, durch die er zum Begründer einer völlig neuartigen, der modernen Philosophie geworden sei. Durchgeführt habe er diese kopernikanische Wende in der erstmals 1781 publizierten *Kritik der reinen Vernunft*. Inwiefern nimmt er dort tatsächlich eine kopernikanische Wende vor?

«Die Gegenstände müssen sich nach unserem Erkenntnis richten»

In der Vorrede zur 1787 erschienenen zweiten Auflage unternimmt Kant es, den Grundgedanken des Werkes zu verdeutlichen. Dieser Gedanke ist in der Tat sehr ungewöhnlich. Kant behauptet, dass unsere Erkenntnis sich nicht, wie man früher angenommen hatte, nach den Gegenständen zu richten habe, sondern dass umgekehrt und grundlegend «die Gegenstände sich nach unserem Erkenntnis richten müssen» (*Kritik der reinen Vernunft*, 2. Aufl. 1787, B XVI). – Wie kommt Kant dazu, das zu behaupten?

Er fragt sich, was erforderlich sei, damit Vernunftüberlegungen den «sicheren Gang einer Wissenschaft» einschlagen können (VII). Er ist der Auffassung, dass dergleichen der Metaphysik bislang noch nicht gelungen sei, und er möchte das ändern. Dass es überhaupt möglich ist, dass Vernunftüberlegungen den sicheren Gang einer Wissenschaft nehmen, zeigt die Logik. Sie ist seit Jahrtausenden eine völlig sichere Wissenschaft. Sie hatte es freilich auch vergleichsweise leicht, denn sie analysiert und beweist nur «die formalen Regeln alles Denkens», hier hat es die Vernunft also nur mit sich selbst zu tun (IX). Weitaus schwieriger ist es, den sicheren Weg der Wissenschaft dort einzuschlagen, wo die Vernunft sich nicht auf sich selbst, sondern auf äußere Gegenstände bezieht. Aber es gibt Wissenschaften, welche auch dies erfolgreich getan haben: die Mathematik und die Physik. Ihr Erfolgsrezept besteht Kant zufolge darin, ihre Gegenstände unabhängig von aller Erfahrung durch Begriffe zu bestimmen, die der Vernunft selbst entnommen sind (X). Wie ist das zu verstehen?

Die Mathematik hat diesen Königsweg nicht, wie die Logik, von Anfang an eingeschlagen, sondern befand sich anfänglich in einem unsicheren «Herumtappen» (XI), bis jemand die zündende Idee hatte. Das war derjenige, der als erster die Gesetzlichkeiten des gleichschenkligen Dreiecks aufzeigte und bewies. Ihm war aufgegangen, dass die geometrische Erkenntnis darin besteht, dasjenige zum Ausdruck zu bringen, was man selbst seinem Begriff des Dreiecks gemäß in diese Figur hineingelegt hat (XII). Wenn man einmal den Begriff eines gleichschenkligen Dreiecks gebildet hat, dann muss man, um dessen Eigenschaften herauszufinden, nicht empirisch vorhandene Dreiecke untersuchen, sondern nur fragen, welche Eigenschaften aus dem gesetzten Begriff folgen – und wird dann beispielsweise finden und beweisen können, dass die Basiswinkel eines solchen Dreiecks gleich groß sein müssen. Dieser Übergang von einem empirischen Herumtappen, wo man die Erkenntnis den Gegenständen abzugewinnen sucht, zu begrifflicher Analyse, die weiß, dass die Eigenschaften des Gegenstandes diesem durch dessen Begriff auferlegt sind, so dass diese Eigenschaften nicht gegenstands-beobachtend, sondern begriffsanalytisch zu ermitteln sind, diese «Umänderung» kommt, so Kant, einer «Revolution» gleich, genauer: einer «Revolution der Denkart» (XI) – eben dem Übergang von empirischer Beobachtung zu apriorischer Analyse.

Eine analoge «Revolution der Denkart» (XII) hat sich in der

Physik (allerdings weit später als in der Mathematik, nämlich nicht schon in der Antike, sondern erst im 17. Jahrhundert) ereignet. Die experimentelle Methode von Galilei und Torricelli zeigt, dass auch sie begriffen haben, dass man sich nicht einfach von den Gegenständen belehren lassen kann, sondern dass man Hypothesen entwickeln und die Natur diesen im Experiment aussetzen muss, um Antworten auf die selbstgestellten Fragen zu erhalten. Auch bei der Physik liegt «die so vorteilhafte Revolution ihrer Denkart» in der Einsicht, «dass die Vernunft nur das einsieht, was sie selbst nach ihrem Entwurfe hervorbringt» (XIII). Wissenschaftliches Wissen wird nicht erreicht, wenn man sich «am Leitbande der Natur gängeln» lässt, sondern indem man Theorien entwickelt und diese an der Natur überprüft.[1] Auf diesem Weg gelangte auch die Naturwissenschaft zum «sicheren Gang einer Wissenschaft», während sie vorher «viele Jahrhunderte durch nichts weiter als ein bloßes Herumtappen gewesen war» (XIV).

Nach diesem Blick auf Mathematik und Physik wendet Kant sich der Metaphysik zu. Warum hat diese «den sicheren Weg der Wissenschaft» bislang noch nicht einschlagen können, warum ist es bei ihr bisher bei einem «bloßen Herumtappen» geblieben (XV)? Könnte sie nicht vom Vorbild der Mathematik und der Physik lernen? Es sollte sich doch lohnen, sich genau vor Augen zu führen, wodurch es der Mathematik und Physik gelungen ist, die Erfolgsspur strenger Wissenschaftlichkeit einzuschlagen. Vielleicht könnte man das Kernstück der «Umänderung der Denkart», die jenen «so vorteilhaft geworden ist», analog auch für die Metaphysik fruchtbar machen? Vielleicht sollte man jene anderen Wissenschaften «wenigstens zum Versuche nachahmen» (XVI)?

Auf diese vorbereitenden Fragen folgt die berühmte und eingangs schon teilweise zitierte Passage: «Bisher nahm man an, alle unsere Erkenntnis müsse sich nach den Gegenständen richten; aber alle Versuche, über sie a priori etwas durch Begriffe auszumachen, wodurch unsere Erkenntnis erweitert würde, gingen unter dieser Voraussetzung zu nichte. Man versuche es daher einmal, ob wir nicht in den Aufgaben der Metaphysik damit besser fortkommen, dass wir annehmen, die Gegenstände müssen sich nach unserem Erkenntnis richten, welches so schon besser mit der verlangten Möglichkeit einer Erkenntnis derselben a priori zusammenstimmt, die über Gegenstände, ehe sie uns gegeben werden, etwas festsetzen soll» (XVI). Später sagt Kant: «Dieser Versuch gelingt nach Wunsch» (XVIII).

Inwiefern ist es so, dass «die Gegenstände sich nach unserem Erkenntnis richten»? Kant meint, dass alle Gegenstände unserer Erfahrung grundlegend schon durch basale Elemente unseres Erkenntnisvermögens bestimmt sind, nämlich durch unsere Anschauungsformen Raum und Zeit sowie durch unsere Kategorien wie Einheit und Vielheit oder Substanz und Kausalität oder Möglichkeit und Notwendigkeit.[2] Diese Anschauungsformen und Kategorien sind nicht empirische, sondern apriorische Bestimmungen der Gegenstände. Sie haben ihren Grund nicht in den Gegenständen selbst, sondern in unserem Erkenntnisvermögen. Es handelt sich um Formen, die wir den Gegenständen vorgeben und welche die Bedingung dafür sind, dass Gegenstände uns überhaupt erscheinen können. Die apriorischen Formen unseres Erkenntnisvermögens haben konstitutive Bedeutung für die Gegenstände. – In diesem Sinn gilt, dass grundlegend nicht unsere Erkenntnis sich nach den Gegenständen richtet, sondern umgekehrt «die Gegenstände sich nach unserem Erkenntnis richten».

Es ist eben so, dass *wir* den Gegenständen die grundlegenden Strukturen vorgeben, deren sie als Gegenstände unserer Erfahrung bedürfen. Wir prägen ihnen diese apriorischen Strukturen auf. Wir sind es, die die grundlegende Struktur der Erscheinungswelt und ihrer Gegenstände verfügen. Die Grundleistung unseres Erkenntnisvermögens besteht in dieser Formierung der Gegenstände als Gegenstände. Darin besteht die von Kant – nach dem Vorbild von Mathematik und Physik – inaugurierte «Umänderung der Denkart» (XXII, Anm.).[3,4]

Parallelisierung mit Kopernikus

Kommen wir nun zum Thema der «kopernikanischen Wende». Unmittelbar nachdem Kant seinen revolutionären Gedanken formuliert hat, dass die Gegenstände sich nach unserem Erkenntnisvermögen richten müssen, zieht er eine Parallele zur Revolution des Kopernikus: «Es ist hiemit eben so, als mit den ersten Gedanken des *Kopernikus* bewandt, der, nachdem es mit der Erklärung der Himmelsbewegungen nicht gut fort wollte, wenn er annahm, das ganze Sternheer drehe sich um den Zuschauer, versuchte, ob es nicht besser gelingen möchte, wenn er den Zuschauer sich drehen, und dagegen die Sterne in Ruhe ließ» (XVI).

Kopernikus hat die vertraute und jahrtausendelang bewunderte Himmelsrotation als Effekt der Erdrotation entlarvt; die Himmelserscheinungen, wie sie sich uns darstellen, resultieren nicht aus einer Himmelsbewegung, sondern sind die Folge einer Bewegung der Erde; dass die Sonne auf- und unterzugehen scheint, rührt daher, dass die Erde sich um ihre eigene Achse dreht. Darin liegt für Kant die Entsprechung zu seiner eigenen «Umänderung der Denkart». So wie Kopernikus kosmisch die scheinbare Bewegung der Gestirne als Effekt *unserer* Bewegung erklärt hat, so erklärt Kant epistemisch, dass die Beschaffenheit der Gegenstände unserer Welt nicht eine intrinsische Eigenschaft derselben, sondern ein Effekt *unserer* Erkenntnisorganisation ist. Auch in diesem Fall ist das menschliche Subjekt der Dreh- und Angelpunkt.

Kurz darauf wiederholt Kant diese Parallelisierung. Kopernikus habe es gewagt, «auf eine widersinnische, aber doch wahre Art, die beobachteten Bewegungen nicht in den Gegenständen des Himmels, sondern in ihrem Zuschauer zu suchen» (XXII, Anm.). Mit «widersinnisch» meint Kant dabei: auf eine dem Sinnenschein widersprechende Art. Aber diese ist eben die «wahre Art». Der Sinnenschein trügt, die Wahrheit ist auf Seiten der wissenschaftlichen Aufklärung. Das ist bei der kantischen «Umänderung der Denkart» nicht anders. Sie ist der Revolution des Kopernikus vollkommen «analogisch» (XXII, Anm.). Gerade so, wie Kopernikus die Himmelserscheinungen als Folge der Erdbewegung erklärt hat, so erklärt Kant die Erscheinungen unserer Welt als Folge unserer Erkenntnisverfassung. Die menschliche Bedingtheit der Phänomene ist der gemeinsame Punkt zwischen Kopernikus und Kant.[5]

Zwar – das gilt es festzuhalten – hat Kant seine «Revolution» (XXII) niemals direkt als «kopernikanische Wende» oder als «kopernikanische Revolution» bezeichnet (diese Meinung hat sich nur zunehmend eingebürgert), aber er hat sie doch mit der Revolution des Kopernikus *parallelisiert*. Und das war strategisch eminent geschickt. Denn es war längst zum Topos geworden, dass Kopernikus die Menschheit aus dem Dunkel ins Licht, aus antiken und mittelalterlichen Irrtümern in die Wahrheit und Freiheit des modernen Weltbildes geführt habe. Das Gleiche, so suggeriert es Kants Parallelisierung, hat nun er als Philosoph für die Epistemologie getan.

De facto: eine ptolemäische Konter-Revolution

Aber ist diese Parallelisierung der kopernikanischen und der kantischen Position insgesamt zutreffend? In methodischer Hinsicht ist sie es gewiss. Wie steht es jedoch mit den Konsequenzen? Läuft die kantische Position nicht im Gegenteil auf eine geradezu antikopernikanische Sicht des Verhältnisses von Mensch und Welt hinaus?

Denn was war der Kern von Kopernikus' Neuerung gewesen? Kopernikus hatte zweierlei gelehrt: die Rotation der Erde um die eigene Achse im Tagesrhythmus und ihre Umlaufbewegung um die Sonne im Jahresrhythmus. Kant hat sich nur auf den ersten Teil («die ersten Gedanken des Kopernikus», XVI) bezogen, auf die Drehung der Erde um sich selbst. Aber für die geistesgeschichtliche Wirkung des Kopernikus war der zweite Teil weitaus bedeutsamer. Durch ihn wurde die Erde ihrer vermeintlichen

Zentralstellung im Kosmos beraubt und auf eine von vielen Bahnen im Sonnensystem verwiesen. Fortan war die Erde ein Himmelskörper, der wie andere auch seine Bahn zieht. Die Erde war kein ausgezeichneter Ort mehr. Und damit war es auch mit der Zentralstellung des Menschen vorbei. Wir treiben irgendwo im Weltall dahin. Der durch Kopernikus initiierte Übergang vom geozentrischen zum heliozentrischen Weltbild war die einschneidendste Veränderung, die das abendländische Weltbild in seiner gesamten Geschichte erfahren hat.[6] Ihr schmerzlichster Punkt war die Dezentrierung des Menschen.

Was aber erfolgt durch Kant? Die kantische Epistemologie setzt den Menschen wieder in seine alten Rechte ein. Der Mensch wird erneut zum Zentrum der Welt. Und das gar stärker als je zuvor. Denn die neue Zentralität ist nicht eine des Ortes im Kosmos, sondern eine der *Konstitution* sämtlicher Gegenstände der Welt. Die Grundstruktur der Gegenstände ist ein Reflex und ein Produkt unseres Erkenntnisvermögens. Alle Gegenstände sind grundlegend menschlich geprägt. Insofern ist der Mensch in der Tat, wie Diderot gemeint hatte, der «Mittelpunkt» von allem. Diderot war mit seiner Proklamation des anthropischen Prinzips tiefer im Recht, als er selbst gewusst hatte. Der Mensch ist nicht nur, wie Diderot geglaubt hatte, das sinngebende, sondern, wie Kant zeigt, sogar das gegenstandskonstituierende Prinzip der Welt. Kant hat dem anthropischen Prinzip seine volle Legitimation verliehen.

Kants epistemische Rezentrierung betrifft zwar nicht den Aspekt, dem Kopernikus' Dezentrierung gegolten hatte: die Stellung des Menschen im Kosmos. Diese bleibt natürlich auch nach Kant dezentral. Aber *in epistemischer Hinsicht* hat Kant den Menschen auf neuartige Weise zum Zentrum gemacht. Die Welt ist unsere Konstitutionsleistung. Die menschliche Erkenntnisverfassung liegt allem zugrunde. Dies bedeutet gegenüber der kopernikanischen Depotenzierung geradezu eine Wende um 180 Grad. Laut Kopernikus war es nur scheinbar so, dass sich alles um uns dreht. Kant zufolge hängen jedoch in der Tat alle Gegenstände von uns ab. Wir sind der Dreh- und Angelpunkt von allem. Wir sind der Mittelpunkt der Welt. Würde der Mensch wegfallen, so bliebe von der Welt nichts übrig.[7]

Der Effekt von Kants «Umänderung der Denkart» steht insofern dem Kopernikanismus diametral entgegen. Kants Philosophie führt den Menschen epistemisch zu der Zentralität zurück, die ihm das ptolemäische System einst physisch garantiert hatte. Diese Wende rückwärts hat Bertrand Russell scharfsichtig erkannt. Er schrieb, man solle die kantische «Umänderung der Denkart» nicht mit Kopernikus' Revolution parallelisieren, denn in Wahrheit habe Kant eher eine «ptolemäische Gegenrevolution» bewirkt: «Kant sagte, er habe eine ‹kopernikanische Revolution› bewirkt, aber es wäre genauer von ihm gewesen, wenn er von einer ‹ptolemäischen Konterrevolution› gesprochen hätte, denn er versetzte den Menschen wieder in das Zentrum, aus dem Kopernikus ihn verstoßen hatte.»[8] – Kants Parallelisierung seiner eigenen und der kopernikanischen Revolution ist irreführend. Sie trifft nur in methodischer Hinsicht, aber ganz und gar nicht hinsichtlich der Folgen zu.

Appendix

Stimmt es eigentlich, dass Kopernikus, wie Kant sagte, eine «widersinnische» Erklärung der Himmelsbewegungen geboten hat, indem er deren Ursache in den «Zuschauer» verlegte (XXII, Anm.)? Kant steht mit dieser Auffassung keineswegs alleine da, sie ist vielmehr Mainstream. Schon Galilei hatte Kopernikus unter diejenigen eingereiht, welche «durch die Lebendigkeit ihres Geistes den eigenen Sinnen Gewalt angetan» haben.[9] Auch Feuerbach meinte, Kopernikus' Erklärung widerspreche den Sinnen: «*Das Kopernikanische System ist der glorreichste Sieg, den der Idealismus über den Empirismus, die Vernunft über die Sinne errungen hat. Das Kopernikanische System ist keine Sinnen-, sondern Vernunftwahrheit. Es ist ein den Sinnen widersprechendes […] System.*»[10]

Und Nietzsche hat Kopernikus erneut dafür gepriesen, dass er «der grösste und siegreichste Gegner des Augenscheins» war.[11]

Wittgenstein war ganz anderer Ansicht. Elizabeth Anscombe berichtet: «Er begrüßte mich einmal mit der Frage: ‹Weshalb sagen die Leute, es wäre ganz natürlich, zu denken, dass die Sonne die Erde umläuft, statt dass sich die Erde um ihre eigene Achse dreht?› Ich antwortete: ‹Ich vermute, weil es so aussieht, als würde sich die Sonne um die Erde bewegen.› ‹Nun›, fragte er, ‹wie hätte es denn ausgesehen, wenn es so ausgesehen hätte, als würde sich die Erde um ihre Achse drehen?›»[12]

Das ist eine wundervolle Einsicht. Natürlich sieht es, wenn die Erde sich um ihre eigene Achse dreht, ganz genau gleich aus, wie wenn sich die Sonne um die Erde dreht. Der Sinnenschein als solcher spricht weder für Geozentrismus noch für Heliozentrismus. Was die Sinne bieten, bedarf in jedem Fall einer zusätzlichen Interpretation. Man könnte dafür geradezu auf Kants berühmtes Diktum «Anschauungen ohne Begriffe sind blind» (*Kritik der reinen Vernunft*, B 76) verweisen. Die Sinnesdaten als solche liefern noch keinerlei Verständnis der Verhältnisse. Dafür muss vielmehr etliches an Theorie hinzukommen – an alltäglicher oder wissenschaftlicher Theorie. Man macht sich für gewöhnlich keine auch nur halbwegs zureichende Vorstellung davon, wie viel an gängigen Überzeugungen, Begriffen und Vorurteilen in das schon eingegangen ist, was uns einfachhin als augenscheinlich gilt.[13]

Woran liegt es eigentlich, dass Wittgenstein mit seiner Bemerkung, dass der Sinnenschein weder für Himmelsrotation noch für Erdrotation spricht, zwar recht hat, wir aber gleichwohl gemeinhin glauben, dass sich die Sonne um die Erde dreht? Dieser Eindruck beruht wesentlich darauf, dass wir die Erde, auf der wir uns befinden, in unserem alltäglichen Erleben als fest und nicht als bewegt empfinden. Die Erde, so meinen wir, dreht sich offenbar nicht unter unseren Füßen hindurch, also dreht sie sich gar nicht, sondern steht fest. Wenn aber als ausgemacht gilt, dass die Erde feststeht, dann ist die Sonnenbewegung natürlich als Bewegung der Sonne und nicht als Effekt einer Erdbewegung aufzufassen. Es ist also die alltägliche Erfahrung der Erde als unseres festen Bodens, die uns zum geozentrischen Fehlschluss verführt. – Mithin ist die Erklärung des Kopernikus am Ende doch ein bisschen «widersinnisch».

Kant

Eine unbekannte Wette

In der *Kritik der reinen Vernunft* schreibt Kant: «Ich möchte wohl alles das Meinige darauf verwetten, dass es wenigstens in irgend einem von den Planeten, die wir sehen, Einwohner gebe» (A 825). Ist Kant ein Träumer? Ist er ein Esoteriker? Warum ist diese Wette, bei der Kant alles aufs Spiel setzt, so unbekannt?

Spekulationen über Aliens – eine Mode des 17. und 18. Jahrhunderts

Kants Vermutung ist nicht wirklich ungewöhnlich. Spekulationen über nicht-menschliche Bewohner im Weltall sind im 17. und 18. Jahrhundert ein Dauerthema. Das ist eine Folge der kopernikanischen Revolution. Nicht die doppelte Erdbewegung und der Verlust unserer kosmischen Zentralstellung standen damals im Fokus, sondern die Annahme, dass wir Menschen keineswegs die einzigen vernünftigen Wesen im Universum seien. Diese Annahme ergab sich aus der Einebnung des Unterschieds zwischen Himmel und Erde. Galileis Entdeckung von Mondgebirgen, Venus-Phasen, Jupiter-Monden und Sonnenflecken zeigte, dass von der Erde her bekannte Phänomene sich ebenso an den Himmelskörpern finden. Es gibt nicht, wie man jahrhundertelang geglaubt hatte, eine gewöhnliche irdische und eine noble himmlische Welt, sondern Erde und Himmel sind gleichartig. Wenn aber die anderen Himmelskörper von gleicher Natur sind wie die Erde, dann liegt der Schluss nahe, dass zumindest manche dieser Himmelskörper auch bewohnt sein werden. Die alte Annahme, Wesen wie wir könnten – aufgrund irgendeiner Sondernatur oder Auszeichnung der Erde – nur auf unserem Planeten existieren, wird hinfällig. Fortan gilt es vielmehr als wahrscheinlich, dass sich auch anderswo, wenn nicht gar überall im Weltall, Lebensformen finden, die mit der menschlichen Existenzweise vergleichbar sind. Circa hundertfünfzig Jahre lang blühen diese Spekulationen über andere Bewohner im All. Sie sind die große Mode der Zeit.[1]

Diese Spekulationen schießen nicht einfach wild ins Kraut, sondern orientieren sich an einem Kriterium. Man nimmt an, dass die Vernunftverfassung der Bewohner jeweils der materiellen Beschaffenheit ihres Weltortes entspricht. Trotz der prinzipiellen Gleichartigkeit der Materie bestehen eben auch graduelle Schwankungen von einem Ort zum andern, Unterschiede etwa von Temperatur, Elementenmischung oder Gravitation. Diese Unterschiede, so nimmt man an, ziehen unterschiedliche intellektuelle Fähigkeiten nach sich. Das glaubt man deshalb, weil die intellektuellen Fähigkeiten primär dazu dienen, mit der jeweiligen Umwelt zurechtzukommen und deshalb auf diese Umwelt abgestimmt sein müssen.

Das Interesse geht dahin, durch Kontrastbildung und Vergleich die Spezifität und Begrenztheit unserer eigenen Erkenntnisverfassung deutlich zu machen. Man malt sich andere Erkenntnisorganisationen aus, die über Einsichten verfügen, die uns verschlossen sind, während ihnen wiederum andere, für uns selbstverständliche Fähigkeiten fehlen. Die Fantasie ist dabei höchst erfinderisch. Aber eine Grenze bleibt bei alledem bestehen: jede Erkenntnisverfassung ist auf die besonderen Verhältnisse und Anforderungen ihres Ortes zugeschnitten und daher nur von lokaler, nicht von universaler Leistungsfähigkeit. Auch eine uns überlegene Vernunft erkennt die Welt nur gemäß den Bedingungen ihres Ortes – und nicht etwa schlechthin und allgemeingültig. Auch sie ist uns allenfalls in Details (möglicherweise haushoch) überlegen, grundsätzlich aber ebenso spezifisch wie unsere Vernunftverfassung und jede andere. Variationen sind das eine, prinzipielle Begrenztheit das andere Thema.

Philosophische Spekulationen

Vergegenwärtigen wir uns einige prominente Positionen in dieser neuartigen Thematik, bevor wir zu Kant kommen.

Locke (1632–1704) vertritt die Auffassung, das andere Erkenntnisverfassungen als die unsere auf einer anderen Organisation der Sinnlichkeit beruhen könnten. Er hält es für möglich, dass es Sinneswesen mit anderen und mehr Organen als den unseren gibt;[2] solche Wesen vermöchten dann ganz andere Aspekte der Wirklichkeit zu erkennen als wir. «Wer sich nicht selbst überheblich an die Spitze aller Dinge stellt, sondern die Unendlichkeit des Weltbaues in Betracht zieht, sowie die große Mannigfaltigkeit, die in dem kleinen unbedeutenden Teil davon, mit dem wir es zu tun haben, zu finden ist, der mag zu der Annahme neigen, dass es in anderen Wohnstätten dieses Weltalls vielleicht andere und verschiedengeartete vernunftbegabte Wesen gebe, von deren Fähigkeiten wir ebenso wenig eine Kenntnis und eine Vorstellung besitzen wie ein im Schubfach des Schrankes eingeschlossener Wurm sie von den Sinnen oder dem Verstand eines Menschen hat.»[3]

Leibniz (1646–1716) ist sich sicher, dass auch andere Orte bewohnt sind: «Den Alten erschien nur unsere Erde als bewohnt […]. Heutzutage aber muss man, welche Grenzen man auch dem Weltall zu- oder abspricht, anerkennen, dass es unzählige Erden gibt, von derselben und noch größerer Ausdehnung als die unsrige, und dass diese ebenso wohl Anspruch auf vernünftige Bewohner haben, obgleich es keine Menschen zu sein brauchen. […] Möglicherweise sind alle Sonnen von seligen Geschöpfen bewohnt.»[4] Leibniz vermutet, dass es «an einigen Orten des Universums vernunftbegabte Geschöpfe gibt, die vollkommener sind als der Mensch».[5]

Berkeley (1685–1753) ist überzeugt, dass wir «durch den gesunden Menschenverstand geleitet werden, wenn wir […] schließen, dass es unzählige Ordnungen intelligenter Wesen gibt, die glücklicher und vollkommener als der Mensch sind; dessen Leben nur eine kurze Spanne dauert und dessen Ort nur dieser Erdball ist, ein Punkt im Vergleich mit dem ganzen System der Schöpfung Gottes.»[6]

Hume (1711–1776) nimmt eine radikale Position ein. Er wendet sich gegen die Tendenz, den anderen Bewohnern des Universums (von deren Existenz auch er überzeugt ist), wie wenn das selbstverständlich wäre, auch nur irgendeine unserer Fähigkeiten zuzuschreiben. Hume meint, dass derlei Analogisierung unzulässig sei und dass unsere Schnittmenge mit weit entfernten Bewohnern gleich null sein dürfte.[7] Dies betrifft insbesondere die gängige Annahme, auch bei anderen Bewohnern finde sich etwas, was man korrekterweise als «Denken» oder «Verstand» oder «Vernunft» bezeichnen dürfe: «Gibt es einen vernünftigen Grund zu schließen, dass die Bewohner anderer Planeten Gedanken, Verstand, Vernunft oder irgendetwas diesen menschlichen Fähigkeiten Ähnliches besitzen? Wenn die Natur auf dieser kleinen Erdkugel ihre Wirkungsweisen so mannigfaltig gestaltet hat, dürfen wir uns einbilden, dass sie durch das ganze unermessliche Universum sich selbst unaufhörlich wiederholt?»[8] Hume verneint das. Ihm zufolge ist es eine völlig haltlose Annahme, dass es Denken auch anderswo gebe. «Die engen Ansichten eines Bauern, der seine Haushaltung zum Maßstab für die Regierung von Königreichen macht, sind im Vergleich dazu ein verzeihlicher Trugschluss.»[9] Das Denken ist Hume zufolge so irdisch und menschlich wie all unsere sonstigen Fähigkeiten auch. Es findet sich aller Wahrscheinlichkeit nach nur bei uns Menschen. Andere Wesen mögen ganz andere Bezugsformen auf die Welt besitzen, von denen wir keinerlei Ahnung haben. Das Denken ist so kontingent wie wir selbst. Es hat mit der Erde, nicht mit der Welt zu tun.

Wie man sieht, ist die Spekulationsbreite sehr groß: Die einen vermuten, dass es anderswo im Weltall Geschöpfe mit weitaus vollkommenerer Vernunft gibt, als es die unsere ist, andere halten dafür, dass Vernunft ausschließlich uns Menschen zukommt und wir uns von den Fähigkeiten anderer Wesen gar keine Vorstellung machen können.

Kant: Allgemeine Naturgeschichte und Theorie des Himmels (1755)

Kommen wir nun zu Kant (1724–1804). Der frühe Kant hat sich an den Spekulationen über Bewohner auf anderen Planeten besonders engagiert beteiligt. Er behauptete, dass «die meisten unter den Planeten bewohnt» seien. So liest man es in seiner 1755 publizierten Schrift mit dem anspruchsvollen Titel *Allgemeine Naturgeschichte und Theorie des Himmels oder Versuch von der Verfassung und dem mechanischen Ursprunge des ganzen Weltgebäudes, nach Newtonschen Grundsätzen abgehandelt* (A 179).

Kant macht sich dort anheischig, genaue Angaben über die Konstitution der Bewohner der anderen Planeten zu machen. Als Leitprinzip legt er zugrunde, dass sowohl die physische wie die geistige Verfassung der Planetenbewohner in einem genauen Verhältnis zur Entfernung des jeweiligen Planeten von der Sonne steht, und zwar so, dass alles proportional zur Sonnenentfernung «immer trefflicher und vollkommener» wird (A 186 f.).

Demzufolge ist der Mensch keineswegs das höchste, sondern bloß ein mittleres und mittelmäßiges Wesen im Sonnensystem. Er ist zwar den Bewohnern von Merkur und Venus intellektuell überlegen, aber denen von Jupiter und Saturn bei weitem unterlegen. Von Merkur und Venus aus gesehen würde «ein Grönländer oder Hottentotte ein Newton sein»; von Jupiter und Saturn aus hingegen würde man Newton nur «als einen Affen bewundern» (A 187). – Das ist drastisch genug.

Dann eröffnet Kant jedoch einen Ausblick auf eine bessere Zukunft. Er träumt von einer Versetzung der Menschheit an «neue Wohnplätze in anderen Himmeln»: «Vielleicht bilden sich darum noch einige Kugeln des Planetensystems aus, um nach vollendetem Ablaufe der Zeit, die unserem Aufenthalte allhier vorgeschrieben ist, uns in andern Himmeln neue Wohnplätze zu bereiten. Wer weiß, laufen nicht jene Trabanten um den Jupiter, um uns dereinst zu leuchten» (A 199)?

Im letzten Absatz der Schrift findet sich dann eine Vorformulierung dessen, was man vom berühmten «Beschluss» der *Kritik der praktischen Vernunft* her kennt, wo Kant von den «zwei Dingen» spricht, welche «das Gemüt mit immer neuer und zunehmender Bewunderung und Ehrfurcht» erfüllen, «je öfter und anhaltender sich das Nachdenken damit beschäftigt: *Der bestirnte Himmel über mir und das moralische Gesetz in mir*».[10] An der früheren Stelle, im «Beschluss» der *Allgemeinen Naturgeschichte und Theorie des Himmels*, heißt es: «In der Tat, wenn man mit solchen Betrachtungen [...] sein Gemüt erfüllet hat: so gibt der Anblick eines bestirnten Himmels, bei einer heitern Nacht, eine Art des Vergnügens, welches nur edle Seelen empfinden. Bei der allgemeinen Stille der Natur und der Ruhe der Sinne redet das verborgene Erkenntnisvermögen des unsterblichen Geistes eine unnennbare Sprache, und gibt unausgewickelte Begriffe, die sich wohl empfinden, aber nicht beschreiben lassen» (A200).

Merkwürdig. Kant spricht hier von Begriffen, die sich empfinden lassen! Da hätte der spätere, der kritische Kant sich geschüttelt. Der junge Kant aber eröffnet sogar Aussichten auf eine künftige Existenz des Menschengeschlechts jenseits der Erde, «in anderen Himmeln». Im Blick auf den bestirnten Himmel glaubt er einen Vorklang unserer künftigen Aufnahme in die Vollkommenheit zu fühlen. Das ist wirklich befremdlich. Später hat auch Kant selber sich mit dieser frühen Schrift unbehaglich gefühlt.[11]

*Nachleben solcher Auffassungen in
Kants kritischem Werk*

Dennoch wäre es falsch, Kants Anschauungen von 1755 einfach als Jugendsünde abzutun. Etwas von ihnen wirkt bis in die späteste Zeit nach. Das belegt schon der zuletzt gegebene Hinweis auf die

Parallele im «Beschluss» der *Kritik der praktischen Vernunft* von 1788. Kant hielt zeitlebens an seiner Überzeugung von der Existenz anderer Planetenbewohner fest. Dem gab er nicht nur in den Schriften der «vorkritischen», sondern ebenso in denen der «kritischen» Periode immer wieder Ausdruck. So zeigt er sich 1784 in «Idee zu einer allgemeinen Geschichte in weltbürgerlicher Absicht» davon überzeugt, dass es «Einwohner anderer Planeten» gibt (A 397, Anm. [Siebter Satz]). Noch 1798, in der *Anthropologie in pragmatischer Hinsicht*, erwägt er, ob es nicht «auf irgend einem anderen Planeten vernünftige Wesen» geben könne, «die nicht anders als laut denken könnten, d. i. im Wachen, wie im Träumen, sie möchten in Gesellschaft oder allein sein, keine Gedanken haben könnten, die sie nicht zugleich *aussprächen*. Was würde das für ein von unserer Menschengattung verschiedenes Verhalten gegen einander [...] abgeben» (B 330 f.)? Beharrlich kritisiert Kant die anthropomorphe Verzeichnung, die wir anderen Wesen angedeihen lassen: «So bevölkern wir alle andere Weltkörper in unserer Einbildung mit lauter Menschengestalten, obzwar es wahrscheinlich ist, dass sie, nach Verschiedenheit des Bodens, der sie trägt und ernährt, und der Elemente, daraus sie bestehen, sehr verschieden gestaltet sein mögen» (B 76 [§ 27]). Und natürlich hat Kant – davon waren wir ja ausgegangen – in seinem wohl wichtigsten Werk, der *Kritik der reinen Vernunft* von 1781, erklärt, er wolle alles das Seinige darauf verwetten, «dass es wenigstens in irgend einem von den Planeten, die wir sehen, Einwohner gebe»; «dass es auch Bewohner anderer Welten gebe», das sei keineswegs «bloß Meinung, sondern ein starker Glaube» – ein Glaube, auf dessen Richtigkeit er «viele Vorteile des Lebens wagen würde».[12] – Was ist es, was Kant zeitlebens an der Existenz anderer Weltbewohner festhalten lässt? Worin liegt bei dieser Frage sein Interesse?

Kant geht es um das Verständnis des menschlichen Erkenntnisvermögens. Zu diesem Zweck kommt er auf die Verfassung anderer vernünftiger Wesen zu sprechen. Schon 1755, in der *Allge-*

meinen Naturgeschichte und Theorie des Himmels, war er überzeugt, dass die Bestimmung der menschlichen Vernünftigkeit nur zusammen mit einer Thematisierung der Vernünftigkeit der anderen Bewohner im Sonnensystem erfolgen kann. Menschliche und nicht-menschliche Epistemologie sind aneinander gebunden. Kant ist sich sicher, dass unsere Erkenntnisverfassung spezifisch und eingeschränkt und keineswegs von universaler Gültigkeit und Reichweite ist. Die Konturen und Gründe dieser Spezifität und ihrer beschränkenden Wirkungen will er herausfinden. Das bleibt auch nach dem Abrücken von den 1755 entwickelten Detailvorstellungen Kants großes Thema. Noch die *Kritik der reinen Vernunft* von 1781 ist der Erforschung und Aufdeckung der Besonderheit der menschlichen Erkenntnisfähigkeit und ihrer Grenzen gewidmet.

Andere Erkenntnisverfassungen als Spiegel der unsrigen

Daher kommt Kant auch in der *Kritik der reinen Vernunft* verschiedentlich auf andere Erkenntnisverfassungen zu sprechen. Er sieht das weiterhin als unerlässlich für das Verständnis unserer eigenen Erkenntnisverfassung an. Wie sollte man denn ohne einen kontrastierenden Vergleich überhaupt eine Spezifität unserer Erkenntnisverfassung behaupten können? Die *Kritik der reinen Vernunft* ist mit der Tinte des Gedankens geschrieben, dass unsere Erkenntnisverfassung anders als die anderer erkennender Wesen, dass sie von spezifischer Art ist.

Auf der anderen Seite teilt Kant jetzt aber nicht mehr die Hoffnung, dass wir über andere Erkenntnisverfassungen verlässliche Auskunft geben könnten (etwa, wie er früher gemeint hatte, «nach newtonschen Grundsätzen»). Der kritische Kant erklärt im Gegenteil, dass wir von solch anderen Erkenntnisverfassungen nichts wirklich wissen können. Gleichwohl spricht er weiter von ihnen. Wie kann er das konsistent tun? Das ist nur unter einer Bedingung möglich: dass man sich bewusst ist, dass es sich in alledem um Projektionen vom Boden *unserer* Erkenntnisverfassung aus handelt. Die Variationen dienen letztlich nur dazu, uns die Eigenart unserer *eigenen* Erkenntnisverfassung deutlicher zu machen.

Nun ist unsere Erkenntnisverfassung wesentlich durch die Doppelung von Verstand und Sinnlichkeit bestimmt. Daraus ergeben sich im Blick auf andere Verfassungen im Wesentlichen drei Variationsmöglichkeiten: es kann Wesen geben, die eine andere Sinnlichkeit aufweisen; oder Wesen, die über eine andere Verstandestypik verfügen; und schließlich Wesen, deren Erkenntnis nicht der Verstandes-Sinnlichkeits-Dichotomie unterliegt.

Hinsichtlich der ersten Variante spricht Kant mal so, mal anders: Es könne sein, dass die «Anschauungen anderer denkenden Wesen» nicht an unsere Anschauungsformen gebunden sind;[13] möglicherweise müssen aber doch alle endlichen denkenden Wesen, ebenso wie wir, über raum-zeitliche Anschauung verfügen.[14]

Die zweite der oben genannten Varianten erwägt Kant überraschenderweise nicht. Dabei würden doch Wesen, die wie wir einer Verstand-Sinnlichkeit-Dualität unterliegen, aber eine ganz andere, eine nicht raum-zeitliche Sinnlichkeit besitzen (wie Kant es immerhin für möglich hält), auch eines Verstandes anderen Typs bedürfen. Für ihr Erkennen käme es ja ebenfalls auf eine Kooperation von Verstand und Sinnlichkeit an, und da diese eine grundsätzliche Passung zwischen Verstandes- und Sinnlichkeitstyp voraussetzt, wäre bei wesentlich anderer Sinnlichkeit als der unsrigen auch ein wesentlich anderer Verstand als der unsere erfordert. Kant geht jedoch auf diese Frage nirgendwo ein.

Der dritte Typ ist spekulativ interessant: Es würde sich um eine Erkenntnisweise jenseits der Dualität von Verstand und Sinnlichkeit handeln, also um eine Erkenntnis, die der Sinnlichkeit gar nicht bedürfte, die also nicht auf Rezeptivität angewiesen wäre, weil ihr Gegenstandsbezug strikt produktiv wäre. Ein solch *hervorbringender* Verstand würde die Gegenstände allein durch seine denkende Tätigkeit erzeugen und wäre daher allein durch Denken auf sie bezogen. Einer zusätzlichen Anschauung würde er nicht bedürfen. Es würde sich um einen gleichermaßen hervorbringenden wie anschauenden Verstand handeln. Einen solchen Verstand thematisiert Kant in der *Kritik der reinen Vernunft*[15] sowie in der *Kritik der Urteilskraft*.[16]

Insgesamt ist Kant sich darüber im Klaren, dass wir hinsichtlich der Realität dieser Varianten nichts wissen können. Wir kennen nur unsere eigene Typik und vermögen eine andere allenfalls als Möglichkeit zu entwerfen, können sie uns aber nicht einmal in concreto vorstellen. Wir kennen «nichts, als unsere Art», Gegenstände wahrzunehmen.[17] Trotz dieses Ignorabimus meint Kant jedoch, dass wir auf solch andere Erkenntnisverfassungen als die unsrige hinausdenken sollten. Noch einmal: Warum hält er eine derartige Anstrengung für notwendig?

Er nennt zwei Gründe. Erstens weist er darauf hin, dass wir, um unsere Erkenntnisart überhaupt für «eine besondere Art» ansehen zu können, den Gedanken anderer Erkenntnisarten haben müssen.[18] Ohne die Idee von Alternativen ließe sich von unserer Erkenntnisverfassung gar nicht behaupten, dass sie «eine besondere Art» darstelle. Wenn man das Spezifikum unseres Erkennens darin sieht, dass wir es (primär infolge der Konstitutionsleistungen unserer Sinnlichkeit) bei allen Gegenständen nur mit Erscheinungen und nicht mit Dingen an sich zu tun haben, dann kann man so eben nur sprechen, wenn man zugleich andere Formen von Sinnlichkeit und Gegenstandsbezug prinzipiell für möglich hält, etwa eine Sinnlichkeit, die nicht durch Raum und Zeit bestimmt ist, oder eine rein intellektuelle Art von Gegenstandsbezug. Man kann den Konstitutionscharakter unserer apriorischen Formen und die daraus resultierende Spezifik unseres Gegenstandsbezugs gar nicht denken, ohne Alternativen dieser Art mitgedacht zu haben.

Zweitens weist Kant darauf hin, dass nur die Erwägung der prinzipiellen Möglichkeit solcher Alternativen uns vor dem Fehler bewahren kann, unsere Art von Gegenstandsbezug und Sinnlich-

keit zur einzig möglichen zu erklären – womit wir uns völlig überheben würden. Nur durch die Konzeption von Alternativen ist garantiert, dass wir «nicht alle Wesen, die Erkenntnisvermögen haben», «unsrer Anschauungsform [...] unterwerfen».[19]
Aber da Kant immer wieder betont, dass wir uns von solch anderen Erkenntnisverfassungen «nicht den mindesten Begriff machen» können,[20] ist die Situation bleibend paradox: Zum einen sollen wir, um uns der Spezifität unseres Erkennens bewusst zu werden, auf andere Erkenntnisformen hinausdenken, zum anderen sollen wir jedoch außerstande sein, uns von diesen auch nur «den mindesten Begriff» zu machen. Wie ist diese Spannung aufzulösen?

Eigentlich ganz einfach. Natürlich verwenden wir, wenn wir uns solch andere Erkenntnisformen ausmalen, unsere Begriffe. Aber wir verwenden sie dabei nicht in *erkennender*, sondern in *imaginierender* Funktion. Wir verwenden sie zur Bildung einer Vorstellung, nicht zur Erkenntnis des Vorgestellten. Das Erstere ist möglich, das Letztere wäre unmöglich.

Das bedeutet nun aber auch, dass wir, von anderen Erkenntnisformen sprechend, über die unsrige ganz und gar nicht hinauskommen. Jede dieser Alternativ-Vorstellungen führt auf ihren Mutterboden, auf die menschliche Erkenntnisverfassung zurück. Wir gelangen über die Letztere auch im Hinausdenken auf andere Verfassungen keinen Schritt hinaus. Wir haben im Grunde nur Varianten *unserer eigenen* Verfassung fingiert und fingieren können. Das ganze Unternehmen des «Hinausdenkens» kann also letztlich nur selbstreflexiven Sinn haben. Es geht darum, im Spiegel fiktiver anderer Erkenntnisverfassungen die eigene Verfassung deutlicher zu erkennen. Wir erkennen uns selbst anhand der von uns entworfenen Spiegelbilder.

So lehrt Kants Bezugnahme auf andere Erkenntnisverfassungen am Ende: Was immer in Bezug auf Verhältnisse jenseits des Menschen gedacht und gesagt wird, führt, recht betrachtet, auf den Menschen zurück. Die Aussagen zu Jenseitigem klingen zwar wie Aussagen zu Jenseitigem, sind aber in Wahrheit nur Extrapolationen und Reflexe der menschlichen Verfassung. Wir kommen, noch wenn wir das Fremdartigste zu denken versuchen, nicht über uns selbst hinaus. Wir verbleiben in der menschlichen Provinz.

*

So münden alle Versuche, mittels der Fiktion anderer Universumsbewohner über die Schranken unseres Erkennens hinauszugelangen, am Ende in eine Rückwendung auf den Menschen. Die Transgressionsenergie verpufft, sobald man einsieht, dass wir bei allen Alternativentwürfen in Wahrheit nur Spiegelbilder unserer eigenen Verfassung produzieren können. Diese Einsicht meldete sich schon bei Locke, Kant hat sie schließlich verbindlich gemacht.

Der Berg, könnte man sagen, hat 150 Jahre lang gekreißt, aber nichts geboren – nichts außer der Einsicht in die Vergeblichkeit derartiger Versuche. Man wollte über den Menschen hinausdenken, aber das Ergebnis war die Unüberschreitbarkeit des menschlichen Standpunkts. Das ist auch der Grund, warum man heute von jenen hochfahrenden Spekulationen, die einst der Tummelplatz aller Gebildeten waren, nichts mehr weiß. Und warum uns Kants Wette, obwohl sie sich auf das Kernanliegen der *Kritik der reinen Vernunft* bezieht, unbekannt ist und fern und fremd erscheint.

Schiller

Die Natur ruft uns zur Freiheit auf

Schiller (1759–1805) hat einen großen Gedanken in die philosophische Diskussion geworfen: dass Schönheit Freiheit in der Erscheinung ist. Um die Zündkraft dieses Gedankens zu ermessen, muss man sich die damalige Problemsituation vergegenwärtigen.

Der neuzeitliche Dualismus

Neuzeitlich waren Mensch und Welt radikal auseinandergetreten. Man nennt das den neuzeitlichen Dualismus. Begründet hatte ihn Descartes durch seine Zweisubstanzenlehre. Da sollte auf der einen Seite die Welt stehen, die in keiner Weise geistgeprägt, sondern radikal geistlos ist und nur Ausdehnung, Materie und rein mechanische Gesetzlichkeiten kennt (*res extensa*). Der Mensch hingegen sollte durch eine völlig andere Seinsart bestimmt sein: durch Rationalität, Denken, Geist (*res cogitans*). Damit standen Mensch und Welt einander auf einmal, ganz anders als in Antike und Mittelalter, völlig fremd gegenüber. Als geistbestimmtes Wesen wurde der Mensch gegenüber einer im Prinzip geistlosen Welt zum Weltfremdling.

Dieser Mensch-Welt-Dualismus hatte eine einschneidende Konsequenz für die Epistemologie. Da der Mensch mit der Welt kein gemeinsames Maß hat, kann er sie nicht als solche erkennen, sondern nur von sich aus mit Sinn begaben. Er kann nur mit den Mitteln seiner Geistigkeit eine eigene Welt konstruieren – für die er dann konsequenterweise das Zentrum bildet. Wie sollte denn just dasjenige Vermögen, das mit der Welt nichts gemeinsam hat, aber andererseits dasjenige ist, wodurch wir uns mit der

Welt erkennend befassen, in diesem Versuch etwas anderes zustandebringen als die Konstruktion einer Welt nach unserer Art? Wenn der Mensch ob seiner Geistnatur grundlegend ein Weltfremdling ist, dann kann er gar nicht anders, als in allem nicht von der Welt, sondern von sich selber auszugehen. Wir haben diese prinzipiell konstruktivistische Art der modernen Philosophie zuvor bei Diderot und Kant kennengelernt.[1]

Die untergründige Agenda der modernen Philosophie aber bestand dann darin, diesen Dualismus zu überwinden. Statt einer Dichotomie von Mensch und Welt galt es, die Kontinuität beider vor Augen zu bringen. Dabei kam der Ästhetik eine Schlüsselstellung zu. Das war schon bei Kant deutlich, und bei Schiller wird es vollends evident.

Kants Ästhetik: auf dem Weg zu einer Überwindung des Dualismus

Der vorkritische Kant ahnte, dass die Schönheit die Kluft zwischen Mensch und Welt zu schließen vermag. In den 1770er Jahren notierte er: «Die Schöne Dinge zeigen an, dass der Mensch in die Welt passe.»[2] Die Schönheit lässt uns im Gegensatz zum gängigen Disparitätsdogma unsere Kongruenz mit der Welt erfahren.

Der kritische Kant aber ist dann erst einmal der Logik des Bruches gefolgt. In der *Kritik der reinen Vernunft* von 1781 zeigte er, dass die Natur gesetzesbestimmt ist. Einige Jahre später führte er dann in der *Kritik der praktischen Vernunft* (1788) aus, wie für unser sittliches Handeln nicht diese physische Ordnung, sondern die ganz andere Ordnung der Freiheit entscheidend ist. Damit stand Kant vor der großen Frage, wie diese beiden Ordnungen zusammengehen können, wie Handlungen der Freiheit in einer kausal bestimmten Welt überhaupt möglich sind. Wie soll trotz der Heterogenität Konformität eintreten können?

Die Lösung des Problems sollte die *Kritik der Urteilskraft* von 1790 bieten. In diesem Sinn hat Kant sie als «Verbindungsmittel der zwei Teile der Philosophie zu einem Ganzen» bestimmt.[3] Die Phänomene des Schönen einerseits und des Organischen andererseits sollen «einen Übergang [...] vom Gebiete der Naturbegriffe zum Gebiete des Freiheitsbegriffs» ermöglichen[4] und so belegen, dass wir berechtigt sind, eine Kongruenz zwischen unseren rationalen Erwartungen und der Struktur der Welt anzunehmen. Dadurch sollten wir versichert sein, dass wir Menschen eben doch nicht, wie Neuzeit und Moderne geglaubt hatten, grundlegend Weltfremdlinge sind, sondern, wie Kant zwanzig Jahre zuvor formuliert hatte, durchaus «in die Welt passen».

Allerdings ist die Art, wie Kant diese Rolle des Schönen ausbuchstabierte, nicht eben glücklich gewesen. Kant hat auf der Subjektivität des Geschmacksurteils insistiert. Das Setzen auf Subjektivität ist ganz allgemein der Pferdefuß seiner Philosophie – gerade auch seiner Erkenntnislehre, wo er allen Anspruch auf Objektivität auf die Erfüllung subjektiver Prinzipien reduziert. Ähnlich resultiert auch die Freude am Schönen Kant zufolge allein aus dem Gewahrwerden eines harmonischen Zusammenspiels unserer Sinnlichkeit und unseres Verstandes.[5] So ist aber offensichtlich das Element verlorengegangen, das der früheren Notiz zufolge für die Erfahrung des Schönen entscheidend sein sollte: das Erlebnis einer Kongruenz mit der Welt. Im subjektivistisch ausgelegten Schönen wird nur noch die Kongruenz zwischen Vermögen des *Subjekts*, nicht eine Kongruenz mit der *Welt* erfahren.

Schiller: Schönheit und Freiheit

Schiller hat die kantische Subjektivitätsthese nicht mitgemacht. Er pochte darauf, dass Schönheit etwas Objektives sein müsse. Dabei hielt er – das ist das Bemerkenswerte – am Freiheitsbezug fest. Schönheit, so Schillers berühmte Formel, ist «Freiheit in der Erscheinung». Das gilt nicht erst von unseren kulturellen Hervorbringungen von Schönheit, sondern zuerst und vor allem schon von der Schönheit in der Natur.[6]

Wenn das zutrifft, dann löst sich (das lässt sich vorweg schon sagen) das Problem der *Kritik der Urteilskraft* wie von selbst auf, denn dann besitzt die Natur, sofern sie Schönes hervorbringt, selber schon Freiheitscharakter. Folglich kann die Verwirklichung menschlicher Freiheit inmitten der Natur kein prinzipielles Problem sein. Freiheit ist dann ein gemeinsamer Faktor von Welt und Mensch. Insofern vermag eine Ästhetik, die dies herausstellt, aus der dualistischen Sackgasse des modernen Denkens herauszuführen.

Wenden wir uns nun Schillers Kallias-Briefen zu.[7] Es handelt sich um Briefe, die Schiller 1793 an seinen Freund Gottfried Körner richtete. Er gab ihnen den Titel *Kallias oder Über die Schönheit*. Diese Briefe enthalten das Beste von Schillers Ästhetik. Sie sind bei weitem gelungener als die *Briefe über die ästhetische Erziehung des Menschen* von 1795. Die Letzteren sind zwar bekannter, aber in den Kalliasbriefen geht Schiller seinen Weg weitaus zielsicherer.[8]

Als erstes stellt Schiller fest, dass wir jene Naturdinge als schön empfinden, deren Bildung auf einer Regel beruht. Als Beispiel nennt er Blätter. Bei deren Anblick drängt sich einem unmittelbar der Eindruck auf, dass die Teile des Blattes sich nicht ohne Regel so kunstvoll anordnen konnten, wie es der Fall ist (410). Fiele ihre Geordnetheit weg, so würden wir das Blatt nicht als schön beurteilen. Die Schönheitserfahrung beruht also erstens auf dem Eindruck einer Regel.

Zweitens muss es sich aber um eine Regel handeln, die dem Gebilde nicht von außen aufgezwungen wurde, sondern «die es sich selbst gegeben hat» (417). Man muss den Eindruck haben, dass die Regel und die ihr entsprechende Bildung «aus dem Dinge selbst freiwillig hervorgeflossen» sind (419). Der Gegenstand muss als selbstbestimmt, als frei erscheinen.

Wo dies beides der Fall ist – wo wir die Form des Gegenstandes als auf einer selbstgegebenen Regel beruhend auffassen –, da erfahren wir diesen Gegenstand als schön. Schönheitserfahrung registriert Freiheit. Schönheit ist ein Kryptogramm von Freiheit. Das meint Schillers Formulierung «Schönheit ist nichts anders als Freiheit in der Erscheinung» (400).⁹

Freiheit überall: «In der ästhetischen Welt ist jedes Naturwesen ein freier Bürger»

Schiller macht also eigentlich zwei Züge. Erstens enttarnt er die Schönheitserfahrung als Freiheitserfahrung: schön nennen wir Gegenstände, die Freiheit zeigen. Und zweitens trägt er den Freiheitscharakter aus der menschlichen Sphäre in die natürliche Welt hinaus bzw. er sieht ihn dort schon am Werk. Die Erfahrung der Schönheit in der Natur lehrt uns, dass Freiheit keineswegs erst ein Human-, sondern zuerst schon ein Naturphänomen ist. Bereits der Natur Freiheitlichkeit zu attestieren, das ist Schillers großer Einsatz.

Aus der Perspektive der Ästhetik beschreibt er die Natur geradezu wie eine ideale bürgerliche Gemeinschaft: «Die Schönheit oder vielmehr der Geschmack betrachtet alle Dinge als *Selbstzwecke* und duldet schlechterdings nicht, dass eins dem andern als Mittel dient oder das Joch trägt. In der ästhetischen Welt ist jedes Naturwesen ein freier Bürger, der mit dem Edelsten gleiche Rechte hat, und *nicht einmal um des Ganzen willen* darf *gezwungen* werden, sondern zu allem schlechterdings *konsentieren* muss» (421). Die ästhetische Welt ist eine ideale Welt ohne Unterdrückung und Unterjochung. Jedes Naturwesen wird als Selbstzweck respektiert und als freier Bürger unter freien Bürgern keiner Ordnung unterworfen, der es nicht selbst zustimmen würde.

Wenn Freiheit schon ein Naturphänomen und nicht erst ein Humanphänomen ist, dann ist jedes Naturwesen als «freier Bürger» zu erkennen und zu respektieren. Der Unterschied zwischen Mensch und Natur ist nicht der zwischen Freiheit und Unfreiheit, sondern beiden kommt Freiheit zu. Alles ist, genau besehen, eine Gestalt der Freiheit. Dass Freiheit nicht erst ein menschliches Privileg, sondern schon eine Naturtatsache ist, das ist es, was die ästhetische Einstellung entdeckt und was sie zu berücksichtigen anhält.[10]

Nichts ist vom Ideal der Freiheit ausgenommen. Ästhetisch ist Freiheit überall zu entdecken. «Der Geschmack betrachtet alle Dinge als Selbstzwecke» (421). Schiller entwickelt eine generelle Ontologie der Freiheit, die, anders als gewohnt, nicht nur die Sphäre der menschlichen Handlungen umfasst, sondern ebenso für Naturdinge und kulturelle Artefakte gilt: «In dieser ästhetischen Welt, die eine ganz andere ist als die vollkommenste platonische Republik, fordert auch der Rock,[11] den ich auf dem Leibe trage, Respekt von mir für seine Freiheit, und er verlangt von mir, gleich einem verschämten Bedienten, dass ich niemanden merken lasse, dass er mir *dient*. Dafür aber verspricht er mir auch reciproce, seine Freiheit so bescheiden zu gebrauchen, dass die meinige nichts dabei leidet; und wenn beide Wort halten, so wird die ganze Welt sagen, dass ich schön angezogen sei» (421).[12]

«Jedes schöne Naturwesen ruft mir zu:
Sei frei wie ich»

Der Gipfelpunkt von Schillers Überlegungen ist schließlich der folgende: Nicht nur entdeckt Schiller Freiheit schon in der Natur und vertritt die Auffassung, dass diese die primäre und die menschliche Welt die sekundäre Sphäre der Freiheit sei, sondern er glaubt, dass die Natur uns durch ihre schönen Gestalten geradezu zur Freiheit *aufruft*. Die schöne Sinnenwelt ist «das glückliche Symbol, wie die moralische sein soll» (425). «*Und jedes schöne Naturwesen außer mir ist ein glücklicher Bürger, der mir zuruft: Sei frei wie ich*» (425). Schiller sieht das Naturschöne ob seines Freiheitscharakters als *Vorbild* für uns Menschen an. Wir Menschen, so die Idee der *Kallias-Briefe*, sollen so frei, wie die Naturdinge es schon sind, unsererseits erst noch *werden*. Die Urstätte von Freiheit ist nicht die menschliche Welt, sondern die Natur. In ihr ist vieles schon frei. Wir Menschen hingegen müssen es erst noch werden.

Und die schöne Natur – das ist das Einmalige und stets Übersehene an Schillers Ästhetik – entfaltet geradezu einen Aufruf an uns, frei zu werden. Sie stellt einen einzigen Freiheitsappell an uns dar: «Jedes schöne Naturwesen außer mir» ruft mir zu: «Sei frei wie ich» (425). Diese Sicht Schillers ist extrem ungewöhnlich. Er betrachtet die Naturschönheit als Appell zur Ausbildung menschlicher Freiheit. Nicht ein Philosoph, ein Politiker oder ein Fantast, sonder die Natur ruft uns auf, frei zu werden!

Jenseits des Dualismus

Statt des neuzeitlichen und modernen Dualismus entwirft Schiller einen Freiheitsmonismus. Die natürliche Welt enthält bereits Dimensionen der Freiheit, und so muss der Mensch ihr nicht als Fremdling gegenübertreten und sich entgegenstellen, sonder er kann als Weltbürger die Naturdinge als ebensolche Bürger und Instanzen der Freiheit begrüßen und respektieren. Die Opposition von Mensch und Welt ist überwunden.

Es wird freilich noch lange dauern, bis diese Sichtweise sich durchsetzt. Idealismus und Romantik haben auf verschiedenen Wegen versucht, über den Dualismus hinauszugelangen. So propagierte Schelling eine ursprüngliche Einheit von Natur und Geist und vertrat die Auffassung, dass Natur Geist in unbewusster Form sei – ein Gedanke, der dann auch Hegels Naturphilosophie bestimmt hat. Und Novalis beschrieb emphatisch die Naturhaftigkeit des Menschen: «Gehören Thiere, Pflanzen und Steine, Gestirne und Lüfte nicht auch zur Menschheit und ist sie nicht ein bloßer Nervenknoten, in den unendlich verschiedenlaufende Fäden sich kreutzen. Lässt sie sich ohne die Natur begreifen –?»[13] Schon Herder hatte notiert: «Zusammenhang der Geschöpfe [...] – Vielleicht empfinden die Pflanzen, wie wir – Ich bin ein Thier gewesen.»[14]

Aber durchschlagender Erfolg war diesen Bemühungen nicht beschieden. Dem standen die Naturwissenschaften des 19. Jahrhunderts im Wege. Sie verfolgten eine rigid-mechanistische Naturbetrachtung, die sich weiterhin im Fahrwasser des Cartesischen Ansatzes bewegte. Natur- und Geisteswissenschaften traten einander so unversöhnlich gegenüber wie die Ausgangsgrößen Materie und Geist. Das reichte bis zu Snows berühmter Klage über die Spaltung der beiden Kulturen (1959).[15]

Erst langsam brach sich im Blick auf naturwissenschaftliche Neuerungen des 20. Jahrhunderts die Einsicht Bahn, dass Natur und Geist miteinander verwoben sind. Es stellte sich heraus, dass Selbstbezüglichkeit und Reflexivität der Natur keineswegs fremd sind, sondern der kosmischen und biotischen Evolution innewohnen. Unser reflexiver Geist ist die höchstentwickelte Form eines grundlegenden Musters, das geradezu als Treiber dieser Evolution angesehen werden kann. Geist ist potenzierte Selbstorganisation, und diese hatte die Entwicklung des Kosmos schon seit langem bestimmt – von der über 14 Milliarden Jahre zurückliegenden Bildung erster Atome über die Entstehung von Sternen und Galaxien bis hin zur Evolution des Lebens, die vor nahezu 4 Milliarden Jahren begann und zu immer komplexeren Formen von Selbstbezüglichkeit, Bewusstsein und Reflexivität geführt hat. – Die Natur ist intrinsisch geistaffin, und der Mensch ist intrinsisch naturaffin. Die Zeiten des Dualismus sind vorbei. Was Schiller ästhetisch auf den Weg gebracht hatte, ist durch die moderne Wissenschaft weiter vorangetrieben und bekräftigt worden.

Hegel

Ist die Philosophie abstrakt?

Hegel (1770–1831) gilt vielen als schwierig, gar als unverständlich. Das hat Gründe. Hegels *Logik* ist in der Tat hartes Brot – sehr hartes Brot. Die *Enzyklopädie* ist es kaum weniger. Hingegen sind die *Vorlesungen über die Ästhetik* gut zu lesen – kein Wunder, sie stammen nicht aus der Feder Hegels, sondern von Hotho, einem Zuhörer seiner Vorlesungen.

Wer denkt abstrakt?

Hegel konnte jedoch auch anders. Er vermochte leicht, amüsant, unterhaltsam zu schreiben. Und das ohne den philosophischen Gehalt einzuschränken. Das beste Beispiel dafür ist ein Essay, den Hegel vermutlich 1807 verfasst hat – im gleichen Jahr, als er seine epochemachende *Phänomenologie des Geistes* publizierte. Der Essay trägt den Titel *Wer denkt abstrakt?* Es geht also um das Denken. Das allein zeigt schon, dass Hegel sich auch hier im Kernbereich der Philosophie bewegt. Allerdings thematisiert er das abstrakte Denken – und das ist eine Form des Denkens, der seine Kritik gilt.

Hegels These lautet: *Abstrakt denkt der ungebildete Mensch, nicht der gebildete.*[1] Hegel erläutert dies durch Beispiele. Als erstes führt er den Fall eines Mörders an. Für «das gemeine Volk» ist dieser «nichts weiter als ein Mörder» (577). Dieses eine Prädikat überschattet alle anderen. Das ist es, was Hegel ‹abstraktes Denken› nennt: «Dies heißt abstrakt gedacht, in dem Mörder nichts als dies Abstrakte, dass er ein Mörder ist, zu sehen und durch diese einfache Qualität alles übrige menschliche Wesen an ihm zu vertilgen» (578).

Zweifellos ist der Betreffende ein Mörder. Aber ist er nicht auch noch vieles andere? Ist er nicht auch ein Familienvater, ein Bergarbeiter, ein Feuerwehrmann, ein Freizeitangler, ein Vogelfreund usw. usf.? All das aber fällt dahin, all diese anderen Qualitäten werden im Schlund der einen, dass er gemordet hat, versenkt. Das ist das abstrakte Denken, das man im Alltag allzu oft antrifft. Wer davon abweicht, wird sogleich attackiert. Als einige Damen, während der Mörder zur Richtstätte geführt wird, bemerken, «dass er ein kräftiger, schöner, interessanter Mann» sei, reagieren andere sogleich empört: «was, ein Mörder schön? wie kann man [...] einen Mörder schön nennen; ihr seid auch wohl etwas nicht viel Besseres!» (578) Oder wenn ein Menschenkenner die Lebensgeschichte des Mörders erforscht und dabei Gründe findet, warum dieser zum Verbrecher wurde, so wird er schnell mit dem Vorwurf konfrontiert, er wolle «diesen Mörder entschuldigen» (578). Ein Mord ist ein Mord – da haben weitere Aspekte nichts verloren. Die ganze Lebensgeschichte und alle Umstände verblassen angesichts des einen Prädikats ‹Mord›.

Nur gut, dass doch nicht alle Leute so simplifizierend denken. Eine «alte Frau, ein Spitalweib», schreibt Hegel, hat «die Abstraktion des Mörders getötet und ihn zur Ehre lebendig gemacht» (579). Wie das? «Das abgeschlagene Haupt war aufs Schafott gelegt, und es war Sonnenschein; wie doch so schön, sagte sie, Gottes Gnadensonne sein Haupt beglänzt! [...] Jene Frau sah, dass der Mörderkopf von der Sonne beschienen wurde und es also auch noch wert war. Sie erhob ihn von der Strafe des Schafotts in die Sonnengnade Gottes» (579). Diese alte Frau war noch für andere Aspekte als den des Mordes offen und freute sich, auch Gnade und Erlösung wahrzunehmen. Sie war nicht einfältig wie so viele andere, sondern sah über den Tellerrand des Hauptprädikats hinaus. Sie folgte nicht dem Gebot der Abstraktion – dem Gebot zur Verengung, zur Vereinseitigung –, sondern «tötete» diese Abstraktion, indem sie auch noch anderen Aspekten Raum gab. Zwar wäre es eine übertriebene Forderung, sämtliche Aspekte in den Blick nehmen zu sollen, aber man möge sich der Tendenz zur Abstraktion doch wenigstens ein Stück weit entgegenstellen. Ein oder zwei andere Aspekte ins Auge zu fassen wäre schon ein Anfang. Damit wäre der Trend zu Verengung und Verkümmerung durchbrochen und ein Gegenweg eröffnet.

Als nächstes Beispiel wählt Hegel das einer Marktfrau («Hökersfrau»). Sie verkauft Eier. Als eine Käuferin ihre Eier als faul bezeichnet, rastet die Marktfrau aus. Sie hat nur noch das Prädikat ‹faul› im Sinn und versenkt alles an der Käuferin in den Orkus dieses einen Prädikats. «Sie mag mir faul sein!» (579) Daraufhin belegt sie auch den Vater, die Mutter und die Großmutter der Käuferin mit diesem Prädikat und dehnt es noch auf die Kleidung und die Lebensführung der Käuferin aus. «Kurz, sie lässt keinen guten Faden an ihr. Sie denkt abstrakt und subsumiert sie [...] ganz allein unter das Verbrechen, dass sie die Eier faul gefunden hat» (579 f.) Da herrscht wieder die Furie der Abstraktion. Würde die Käuferin im nächsten Moment einem armen Jungen eine Münze schenken, so würde die Marktfrau vermutlich auch dies noch als Zeichen ihrer Verderbtheit brandmarken. Dem Würgegriff der Abstraktion entkommt, wo er einmal wütet, nichts. Die Marktfrau lässt an der Käuferin kein gutes Haar: «alles an ihr ist durch und durch mit diesen faulen Eiern gefärbt» (580). – Die Offiziere hingegen, mit denen die Käuferin der Marktfrau zufolge Umgang pflegt, mögen, so Hegel schelmisch, «ganz andere Dinge an ihr zu sehen bekommen» (580). Oder ist deren Perspektive vielleicht ebenso einseitig, tendenziell gleichermaßen abstrakt?

Hegels drittes Beispiel ist das Verhalten eines Herrn gegenüber seinem Diener. Der «gemeine Mensch», schreibt er, «hat ein abstraktes Verhältnis zu seinem Diener: er verhält sich zu diesem nur als zu einem Bedienten; an diesem einen Prädikat hält er fest» (580). Hingegen nimmt der «vornehme Mann» zwar auch die Dienste des Bedienten in Anspruch, aber er ist darüber hinaus «familiär mit dem Bedienten [...] oder sogar gut Freund mit ihm» (580). Er legt ihn nicht auf das Diener-Prädikat fest, sondern sieht einen Menschen mit Fleisch und Blut, mit Bedürfnissen, Kenntnissen und Lebenserfahrung in ihm, und er profitiert gerne auch von dessen Qualitäten. «Der vornehme Mann weiß, dass der Bediente nicht nur Bedienter ist, sondern auch die Stadtneuigkeiten weiß, die Mädchen kennt, gute Anschläge im Kopfe hat», usw. (580). Er sieht in ihm einen Menschen, nicht nur einen Diener – und fährt damit selber gut.

> *«Es gibt, es sei in der Wirklichkeit oder im*
> *Gedanken, kein so Einfaches und so Abstraktes,*
> *wie man es sich gewöhnlich vorstellt»*

Die Abstraktion verengt und reduziert. Im Unterschied dazu gehört zum Leben und zur Menschlichkeit der Reichtum vieler Qualitäten. Und noch einmal: Nicht die Gebildeten oder die Philosophen sind die Vertreter der Abstraktion, sondern die Ungebildeten, das «gemeine Volk». Die übliche Einschätzung, dass die Philosophie abstrakt sei, ist ihrerseits schon Ergebnis einer Abstraktion: man glaubt, dass die Philosophie das sei – und bewahrt sich dadurch davor, sich überhaupt auf sie einzulassen und das eigene Vorurteil einer Prüfung auszusetzen (575). Das abstrakte Denken, das im Alltag grassiert, ist ungeheuer bequem. Es hat für alles passende Schubladen – große, gefräßige Schubladen. An diesen hält es fest, in sie ordnet es alles ein. Die so rubrizierte Welt ist so herrlich übersichtlich, so wunderbar stabil, so leicht zu händeln.

Wovon sich dieses abstrakte Denken hingegen permanent fernhält, ist die «Anstrengung des Begriffs» – die für Hegel das A und O des philosophischen Denkens darstellt. Die begriffliche Anstrengung bringt die abstrakten Bestimmungen hinter sich, indem sie aufdeckt, wie alles durch ein komplexes Gefüge von Bestimmungen geprägt ist, das sich mit den armseligen Schablonen der Abstraktion nicht fassen lässt. Es gibt, so Hegel, weder in der Wirklichkeit noch im Denken ein «so Einfaches und so Abstraktes, wie man es sich gewöhnlich vorstellt».² Das Philosophieren hängt daran, über solch einfache Abstraktionen hinauszugelangen. Alles andere ist Alltagsdumpfheit oder Philisterei.

Oder gibt es das doch manchmal auch in der Philosophie? Leider ja. Wenn Hegel der Philosophie attestiert, nicht abstrakt zu sein,³ so trifft das nicht auf jede Form von Philosophie zu. Allzu oft wird auch hier (zumal in der Gegenwart) grässlich einseitig argumentiert, wird eine Petitesse zum Prinzip der Welt hochstilisiert. Schon Hegel selbst sah reichlich Anlass, Abstraktheit in der Philosophie zu kritisieren. Er hatte dabei vor allem die kantische Philosophie im Auge.⁴ Heutzutage wäre das disproportioniert. Wir haben weitaus krassere Fälle erlebt. Dass die Philosophie insgesamt nicht abstrakt sei, ist leider kein Faktum, sondern ein Ideal und ein Appell.

Aktualität

Wie fern ist uns Hegels Analyse heute? Oder wie nah – wie bedrängend nah? Derzeit ist es nicht mehr in erster Linie «das gemeine Volk», das abstrakt denkt, sondern hohe Entscheidungsträger in Politik und Wirtschaft bedienen sich genüsslich und erfolgreich dieser Methode. Und das Verfahren grassiert ganz extrem in der unsozialsten Erscheinung unserer Zeit, den «Social Media». Simplifizierung und Reduktion bis zur völligen Entstellung sind dort an der Tagesordnung.

Pauschalisierungen überall: «die Migranten», «die Chinesen», «die Reichen», «die Politiker». Die Beschneidungen, die Amputationen sind unerträglich – nicht nur die solcher ‹Gruppen›, sondern vor allem die unseres Bewusstseins, unseres Verstandes, unserer Empathie, unserer Wachheit. Man heuchelt Übersichtlichkeit, man prahlt mit Klarheit – und zerstört doch in Wahrheit die Vernunft, das Zusammenleben, die Menschlichkeit. Hegel hat seinen Essay als Satire geschrieben. Heute könnte einem dabei das Wort im Halse steckenbleiben.

Feuerbach und Marx

Sinnlichkeit und Geschichte

Kants Moralphilosophie hat in der Folgezeit vielfach Kritik erfahren. Man störte sich vor allem an ihrem Rigorismus. Laut Kant sind nur diejenigen Handlungen moralisch gut, die allein aus Pflicht und nicht aus Neigung erfolgen. Sinnlichkeit, Wünsche, Begierden dürfen keine Rolle spielen. Gegen diese Einseitigkeit erhob sich Protest. Schiller forderte, dass beide Seiten des Menschen, sowohl die vernünftige als auch die sinnliche, gemeinsam zur Geltung gebracht werden müssten. Es zeigte sich aber, dass derlei Harmonieforderungen allein nicht ausreichten, denn wo man ihnen folgte, wurde die Sinnlichkeit doch regelmäßig wieder dem Diktat der Vernunft unterworfen und sollte erst als vernünftig modifizierte im harmonischen Zusammenspiel einen Platz haben. Dagegen bedurfte es einer genuineren Anerkennung der Sinnlichkeit. Schon der junge Hegel hatte darauf hingewiesen, dass die Sinnlichkeit ganz wesentlich zur menschlichen Natur gehört: so «müssen wir bei Betrachtung des Menschen überhaupt und seines Lebens seine Sinnlichkeit, seine Abhängigkeit von der äussern und innern Natur – von dem was ihn umgibt, und in dem er lebt, und von den sinnlichen Neigungen und dem blinden Instinkt vorzüglich in Anschlag bringen».[1] Vollends hat dann Hegels Schüler Feuerbach der Sinnlichkeit zu einem großen Auftritt verholfen.

Feuerbach: Die Sinnlichkeit ist die Sphäre des Seins

Feuerbach (1804–1872) hat einen wichtigen Gedanken entwickelt. Die traditionelle Philosophie hatte meist auf Geist, Vernunft und Denken gesetzt. Besser war es schon, wenn auch die Sinnlichkeit berücksichtigt wurde. Exemplarisch hatte das in neuerer Zeit der in der Moralphilosophie so rigorose Kant im Rahmen seiner theoretischen Philosophie getan. Laut Kant bedarf jede Erkenntnis (apriorische wie empirische) der Kooperation mit der Sinnlichkeit. Das bedeutete eine einschneidende Korrektur der Vernunftlastigkeit der traditionellen Erkenntnislehre. Dennoch fehlt Feuerbach zufolge hier noch der entscheidende Schritt. Die klassische Philosophie – so Feuerbach in *Grundsätze der Philosophie der Zukunft* (1843) – hat nur mit der *Abstraktion* der Sinnlichkeit gearbeitet. Sie verblieb, von ‹Sinnlichkeit› sprechend, im Herrschaftsbereich von Vernunft, Denken, Verstand. Sie ist nie zur wirklichen Sinnlichkeit und zum wirklichen Sein gelangt. Vom Denken, von der Sphäre der Abstraktion aus führt eben kein Weg zu den realen Gegenständen.

Wirklichkeit, Gegenständlichkeit erschließt sich uns vielmehr nur, sofern wir Sinnenwesen sind. Die Sinnlichkeit ist die genuine Sphäre des Wirklichen. Während das Denken nur den Begriff des Wirklichen bzw. des Gegenstandes kennt, sind die wirklichen Gegenstände sinnliche Vorkommnisse. Und diese vermag nur ein sinnliches Wesen überhaupt zu erfahren. Der Grund dafür liegt auf der Hand: die Gegenstandserfahrung ist primär die Erfahrung einer Widerständigkeit. Ein Gegenstand ist etwas, was sich nicht beliebig wegschieben oder umdeuten lässt. Derlei Versuchen setzt er Widerstand entgegen, er beharrt auf sich und seinen Eigenheiten. Seine Masse ist ein Hindernis, seine Gestalt beansprucht Raum, seine Lichtreflexe blenden einen, sein Geruch wird einem schmeicheln und seine Farbe vielleicht missfallen. Ein wirklicher Gegenstand, meint Feuerbach, ist wie ein Du, das mir gegenüber Ansprüche erhebt und mich begrenzt: «Ein Objekt, ein wirkliches Objekt, wird mir nämlich nur da gegeben, wo mir ein auf mich wirkendes Wesen gegeben wird, wo meine Selbsttätigkeit [...] an der Tätigkeit eines anderen Wesens ihre *Grenze* – Widerstand findet.»[2] Um aber überhaupt Widerstand erfahren zu können, muss man eben in der Lage sein, etwas zu erleiden, und das ist nur einem leiblichen und sinnlichen Wesen möglich. Die Sinnlichkeit ist die conditio sine qua non aller Gegenstandserfahrung.

Die Sinnlichkeit stellt sowohl die Sphäre der Gegenstände (alle Gegenstände sind sinnlicher Natur) als auch die Bedingung ihrer Erfahrbarkeit dar (nur sinnlichen Wesen sind derlei Gegenstände zugänglich).[3] Von daher erklärt Feuerbach Wahrheit, Wirklichkeit und Sinnlichkeit für «identisch» (195 [§ 32]). Nicht das Denken, sondern die Sinnlichkeit ist die Ursprungsstätte des Wirklichen. Und die primäre Beziehung zu den Gegenständen ist die Empfindung. «Die menschlichen Empfindungen haben [...] ontologische Bedeutung» (197 [§ 33]).[4]

Feuerbach hielt seine Philosophie für revolutionär. Der letzte Paragraph der *Grundsätze der Philosophie der Zukunft* lautet: «Die bisherigen Reformversuche in der Philosophie unterscheiden sich mehr oder weniger nur der *Art, nicht der Gattung* nach von der alten Philosophie. Die unerlässlichste Bedingung einer wirklich neuen [...] Philosophie ist aber, dass sie sich *dem Wesen nach*, dass sie sich toto genere von der alten Philosophie unterscheide» (219 [§ 65]). Feuerbach war überzeugt, dass seine Konzeption einen solchen Unterschied ums Ganze macht. «Wenn die *alte Philosophie* zu ihrem Ausgangspunkt den Satz hatte: *Ich bin ein abstraktes, ein nur denkendes Wesen, der Leib gehört nicht zu meinem Wesen*; so beginnt dagegen die *neue* Philosophie mit dem Satze: *Ich bin ein wirkliches, ein sinnliches Wesen: der Leib gehört zu meinem Wesen* [...]. Der alte Philosoph dachte [...] in einem *fortwährenden Widerspruch* und *Hader mit den Sinnen*, um die sinnlichen Vorstellungen abzuwehren, die abstrakten Begriffe nicht zu verunreinigen; der neue Philosoph dagegen denkt *im Einklang* und *Frieden mit den Sinnen*» (199 [§ 36]).

Feuerbach hat in der Tat die Achse der Philosophie verändert. Er hat den Logozentrismus der traditionellen Philosophie beendet und die Philosophie neu, nämlich sensozentrisch ausgerichtet. Vom Denken allein aus führt kein Weg zur Wirklichkeit. Will man vom Wirklichen sprechen, so muss man von der Sinnlichkeit ausgehen. Es gibt keinen anderen Weg. Vielleicht wollte die traditionelle Philosophie gar nicht zum Wirklichen hingelangen, sondern sich von ihm abwenden, um in die Höhen des Geistes aufzusteigen. Dagegen erklärt Feuerbach: «Die Aufgabe der Philosophie [...] besteht *nicht* darin, von den *sinnlichen*, d. i. wirklichen Dingen *weg*, sondern *zu ihnen hinzukommen*» (205 [§ 43]). Das ist die große neue Aufgabe. Feuerbach hat sie klar benannt und befördert. Die traditionellen Methoden der Philosophie haben diesbezüglich versagt. Man *muss* den Ausgang von der Sinnlichkeit nehmen – das ist Feuerbachs große Neuerung und Leistung.

Dabei ist die Sinnlichkeit in Feuerbachs Augen sogar umfassend. Sie schließt den Verstand ein – den richtig aufgefassten und praktizierten Verstand, denn dieser steht der Sinnlichkeit nicht entgegen, sondern erwächst aus ihr. Die Sinnlichkeit ist nicht nur auf der Ebene der Gegenstände, sondern auch hinsichtlich aller Begriffe und Unterscheidungen das eigentlich Umfassende: «Die *Unterschiede* zwischen *Wesen* und *Schein*, *Grund* und *Folge*, *Substanz* und *Akzidens*, *notwendig* und *zufällig*, *spekulativ* und *empirisch* begründen *nicht zwei Reiche* oder *Welten* – eine *übersinnliche*, welcher das *Wesen*, und eine *sinnliche Welt*, welcher der *Schein* angehört, sondern diese *Unterschiede fallen innerhalb des Gebiets der Sinnlichkeit selbst*» (204 [§ 42]).

Philosophie der Praxis?

In den *Vorläufigen Thesen zur Reform der Philosophie* von 1842, die den *Grundsätzen der Philosophie der Zukunft* (1843) vorausgingen, hat Feuerbach den Aspekt der Praxis stark gemacht. Er charakterisierte seine neue Philosophie geradezu als «praktische Philosophie», indem er schrieb: «Der Übergang vom Idealen zum Realen hat seinen Platz nur in der praktischen Philosophie.»[5] Und Raum und Zeit, die Grundformen der Sinnlichkeit, galten Feuerbach als «die ersten Kriterien der Praxis».[6]

Feuerbach als Philosoph der Praxis? Da mag man sich die

Augen reiben. Hat nicht Karl Marx (1818–1883) in den «Thesen über Feuerbach» diesem gerade das Fehlen der Praxis vorgehalten? Marx monierte dort, dass bei Feuerbach (wie bei anderen Materialisten auch) «der Gegenstand, die Wirklichkeit, Sinnlichkeit nur unter der Form des *Objekts oder der Anschauung* gefasst wird; nicht aber als *sinnlich-menschliche Tätigkeit, Praxis*».[7]

Marx: «Die Bildung der fünf Sinne ist eine Arbeit der ganzen bisherigen Weltgeschichte»

Marx kritisiert die Junghegelianer, zu denen auch Feuerbach gehört, insgesamt sehr scharf. Ironisch spricht er von ihrer Behauptung, Deutschland habe durch sie «in den letzten Jahren eine Umwälzung ohne Gleichen durchgemacht», eine Revolution, «wogegen die französische ein Kinderspiel» war; dabei soll diese Revolution «sich im reinen Gedanken zugetragen haben»; die Rede von ihr sei denn auch, so Marx, nichts anderes als «philosophische Marktschreierei», in Wahrheit seien die jungheglschen Ideologen «trotz ihrer angeblich ‹welterschütternden› Phrasen die größten Konservativen».[8] Aber Feuerbach nimmt bei Marx doch eine Sonderstellung ein. Er gilt ihm tatsächlich als «der wahre Überwinder der alten Philosophie».[9] Marx schließt sich Feuerbachs neuem Prinzip an: «Die *Sinnlichkeit* (siehe Feuerbach) muss die Basis aller Wissenschaften sein.»[10] – Worin besteht dann der Dissens?

Feuerbach, meint Marx, ist ein Theoretiker geblieben. Ihm fehlt der Aspekt der Tätigkeit. Damit aber entgehen ihm zwei entscheidende Gesichtspunkte: erstens, dass die sinnlichen Gegenstände nicht einfach eine unveränderliche Natur darstellen, sondern weithin das Produkt gesellschaftlicher Tätigkeit sind; und zweitens, dass ebenso die menschlichen Sinne nicht eine Naturkonstante, sondern ein Resultat gesellschaftlicher Bildung sind.

Immer wieder weist Marx darauf hin, dass Feuerbach die Sinnlichkeit nur als «Anschauung» fasst, nicht jedoch «als *praktische* menschlich-sinnliche Tätigkeit».[11] Er sieht Feuerbachs Grundfehler darin, «von dem geschichtlichen Verlauf zu abstrahieren» (340). Marx hält dem entgegen: «Wir kennen nur eine einzige Wissenschaft, die Wissenschaft der Geschichte» (346). Dieser Grundsatz hat Folgen zunächst für das rechte Verständnis unserer Ideen und Vorstellungen, dann aber auch für die Sicht auf die Sinnlichkeit.

Die Menschen bringen ihre Ideen und Vorstellungen selbst hervor. Aber auf welcher Grundlage? Marx zufolge auf der Basis ihrer materiellen Verhältnisse und Tätigkeiten.[12] Die Ideen der Menschen sind nicht einfach Kopfgeburten, sondern Reflex der realen Verhältnisse, in denen sie leben. «Nicht das Bewusstsein bestimmt das Leben, sondern das Leben bestimmt das Bewusstsein» (349). Das aber bedeutet, dass veränderte Lebensverhältnisse auch zu veränderten Vorstellungen führen werden: «die ihre materielle Produktion und ihren materiellen Verkehr entwickelnden Menschen ändern mit dieser ihrer Wirklichkeit auch ihr Denken und die Produkte ihres Denkens» (349).

Das gilt gleichermaßen in puncto Sinnlichkeit. Auch die uns «umgebende sinnliche Welt» ist nicht ein «von Ewigkeit her gegebenes, sich stets gleiches Ding, sondern das Produkt der Industrie und des Gesellschaftszustandes, und zwar in dem Sinne, dass sie in jeder geschichtlichen Epoche das Resultat, Produkt der Tätigkeit einer ganzen Reihe von Generationen ist, deren jede auf den Schultern der vorhergehenden stand, ihre Industrie und ihren Verkehr weiter ausbildete» (351). «Selbst die Gegenstände der einfachsten ‹sinnlichen Gewissheit›» sind uns «nur durch die gesellschaftliche Entwicklung, die Industrie und den kommerziellen Verkehr gegeben» (351f.). Das ist ein wahrhaft bahnbrechender Gedanke. Die sinnliche Welt ist nicht etwas Naturgegebenes, sondern zu guten Teilen das Ergebnis menschlicher Tätigkeit. Wie viele der Pflanzen, die uns umgeben, sind tatsächlich Importprodukte. Und wie sehr ist, was wir für Naturlandschaft halten, in Wahrheit Kulturlandschaft. Wenn wir einen Feldweg oder einen Waldweg entlanggehen, so gehen wir, während wir durch Natur zu gehen glauben, de facto durch Kultur: unsere Vorfahren haben diese Flächen gerodet und Felder und einen Weg durch sie angelegt; ebenso haben sie den Urwald kultiviert – die Wälder, die wir kennen, sind Forste. Feldwege und Waldwege sind Wege durch Kulturland. Aber so fassen wir sie gemeinhin nicht auf, sondern nehmen sie als Wege durch Natur. Da sitzt unsere Sinnlichkeit einer großen Täuschung auf. Wir blenden bei dem, was wir sehen, die faktische Amalgamierung von Natur und Kultur tendenziell aus und halten es für Natur pur.

Das ist der Fehler, den Marx Feuerbach vorhält. Feuerbach übersieht die gesellschaftliche Formiertheit des sinnlich Gegebenen: «So sehr ist diese Tätigkeit, dieses fortwährende sinnliche Arbeiten und Schaffen, diese Produktion die Grundlage der ganzen sinnlichen Welt, wie sie jetzt existiert, dass, wenn sie auch nur für ein Jahr unterbrochen würde, Feuerbach eine ungeheure Veränderung nicht nur in der natürlichen Welt vorfinden, sondern auch die ganze Menschenwelt und sein eigenes Anschauungsvermögen, ja seine eigene Existenz sehr bald vermissen würde» (353). Feuerbach glaubt in einer «der menschlichen Geschichte vorhergehenden Natur» zu leben, aber eine solche Natur existiert heutzutage «nirgends mehr» (353). – Das also ist der eine Punkt: Feuerbach verkennt das uns umgebende Sinnliche, indem er es für natürlich hält und nicht als durch menschliche Tätigkeit formiert erkennt.[13] Das ist die eine Weise, wie sich sein Grundfehler, «von dem geschichtlichen Verlauf zu abstrahieren», auswirkt.

Er wirkt sich aber nicht nur hinsichtlich dieser Verkennung der Gegenstände, sondern ebenso in einem fundamentalen Missverständnis unserer Sinne aus. Auch diese sind nicht einfach Naturtatsachen, sondern gesellschaftlich geformt. Emphatisch formuliert: «Die *Bildung* der fünf Sinne ist eine Arbeit der ganzen bisherigen Weltgeschichte.»[14] Die Sinne des heutigen Menschen sind andere als die des Menschen im Naturzustand. Die menschliche Kultur und Geschichte hat eine Verfeinerung unserer Sinne bewirkt. «Es versteht sich, dass das *menschliche* Auge anders genießt als das rohe, unmenschliche Auge, das menschliche Ohr anders als das rohe Ohr» (241).¹⁵ Anfänglich diente unsere Sinnestätigkeit nur den elementaren Aufgaben der Lebenssicherung. Für Höheres war noch kein Platz. Das änderte sich, als die Menschen durch ihre Arbeit den Überlebensdruck abbauten und so Freiraum für kulturelle Tätigkeiten gewannen, die nicht mehr bloß dem Überleben, sondern dem guten Leben dienten. Nun traten über das unmittelbar Notwendige hinaus Genuss, Verfeinerung und Selbstzwecklichkeit auf. Unsere Sinne haben sich dadurch von der Fixierung auf das Überlebensnotwendige gelöst und sind «in ihrer Praxis Theoretiker geworden» (241) – sie wurden der Kontemplation fähig und vermochten sich fortan «zu der Sache um der Sache willen» verhalten (241). Erst über die gesellschaftliche Arbeit also gelangten unsere Sinne von ihrer rohen in ihre heutige, verfeinerte Form. Marx erwähnt dabei auch die Rolle der Musik: «Wie erst die Musik den musikalischen Sinn des Menschen erweckt, wie für das unmusikalische Ohr die schönste Musik *keinen* Sinn hat», so « sind die *Sinne* des gesellschaftlichen Menschen *andere* Sinne, wie die des ungesellschaftlichen» (242).¹⁶

Marx unterstreicht also – zusammengefasst – gegenüber Feuerbach, dass nicht nur die *Gegenstände* der Sinne, sondern die *Sinne selbst* gesellschaftlich geprägt sind.¹⁷ Man darf beide nicht für ungeschichtlich ansehen, nicht für blanke Natur nehmen. Ihnen wohnt die gesellschaftliche Praxis vieler Generationen inne.

*

Feuerbach und Marx stehen für zwei revolutionäre Umstellungen: vom Denken zur Sinnlichkeit und von vermeintlicher Natürlichkeit zu Geschichtlichkeit. Das sollte nicht mehr verlorengehen.

Butler

Maschinen übernehmen

Samuel Butler (1835–1902) schiffte sich im September 1859 von England nach Neuseeland ein, wo er fünf Jahre blieb. Noch vor seiner Abreise hatte er ein Exemplar von Darwins 1859 erschienenem Werk *On the Origin of Species* bestellt, das ihm nach Neuseeland nachgesandt wurde. Dort verfasste Butler gelegentlich Artikel für die Zeitung *Press*. Am 18. Juni 1863 publizierte er einen Essay mit dem Titel «Darwin among the Machines».[1] – Butler war kein Philosoph, er hatte Altphilologie und Musik studiert. Aber in dem genannten Artikel erweist er sich als ein höchst origineller und weit vorausdenkender Zeitgenosse. Da leistet er, was Philosophie in ihren besten Momenten vermag.

Die Lektüre von Darwins *Origin* inspirierte Butler zu einer gänzlich neuartigen Fragestellung: Wie ließe sich, was Darwin für die bisherige Evolution dargestellt hat, auf die Zukunft extrapolieren? Butlers geniale Idee besteht darin, dabei nicht einfach an die Fortsetzung der biologischen Evolution zu denken, sondern einen neuen Evolutionssprung ins Auge zu fassen: die Evolution von Maschinen, die über den Menschen hinausführen werden. Butler prognostiziert, dass die gegenwärtige Entwicklung mechanischer Apparaturen auf die Züchtung einer neuen Spezies von Maschinen hinauslaufen wird, die uns Menschen überlegen sein und in absehbarer Zukunft die Herrschaft über die Erde antreten werden.

Butler weist zunächst darauf hin, dass die Entwicklung der Maschinen generell ungleich rascher erfolgte als die Evolution der Tiere und Pflanzen: «Wenn wir zu den frühesten Urtypen des mechanischen Lebens zurückkehren, zum Hebel, zum Keil, zur schiefen Ebene, zur Schraube und zur Riemenscheibe, und wenn wir dann die Maschinerie des *Great Eastern* betrachten,[2] dann sind wir fast von Ehrfurcht ergriffen angesichts der gewaltigen Entwicklung der mechanischen Welt und des gigantischen Tempos, mit dem sie im Vergleich zum langsamen Fortschritt des Tier- und Pflanzenreichs vorangeschritten ist» (35 f.). Da muss man sich fragen, «wie das Ende dieser mächtigen Bewegung aussehen soll». «In welche Richtung tendiert sie? Was wird ihr Ergebnis sein?» (36).

Butler prognostiziert, dass wir dabei sind, «unsere eigenen Nachfolger zu erschaffen» (37). Der ausschlaggebende Punkt ist, dass wir die Maschinen zunehmend mit Fähigkeiten zur Selbststeuerung ausstatten werden: «Wir geben ihnen täglich größere Macht und liefern ihnen durch alle möglichen genialen Erfindungen jene selbstregulierende, selbsttätige Kraft, die für sie das sein wird, was der Intellekt für die menschliche Art war» (37). – Es ist kaum zu glauben: Dies ist eine Prophezeiung von 1863, also zu einem Zeitpunkt, wo noch die Dampfmaschine als Prototyp der Maschine galt und niemand etwas von Kybernetik oder Computern wusste!

Die Fähigkeit der Selbststeuerung wird diese Maschinen, so Butler, weit über den Menschen erheben. Sie werden uns in jeder Hinsicht überlegen sein – sie werden die Ideale realisieren, die wir entworfen, aber als Menschen nie erreicht haben: «Unterlegen in der Macht, unterlegen in der moralischen Qualität der Selbstbeherrschung, werden wir zu ihnen aufschauen als Höhepunkt all dessen, was der beste und weiseste Mensch je anzustreben wagen kann. Keine bösen Leidenschaften, keine Eifersucht, kein Geiz, keine unreinen Begierden werden die heitere Macht dieser glorreichen Geschöpfe stören. Ihr Geist wird sich in einem Zustand ständiger Ruhe befinden, die Zufriedenheit eines Geistes, der keine Wünsche kennt, wird durch kein Bedauern gestört. Ehrgeiz wird sie niemals quälen. Undankbarkeit wird ihnen niemals auch nur einen Moment lang Unbehagen bereiten» (37). Diese Maschinen der Zukunft werden also all das besitzen, wovon die Menschen unter dem Lobestitel der Weisheit nur immer träumen konnten: die perfekte Seelenruhe.

Wir Menschen werden zu ihnen nicht nur bewundernd aufschauen, wir werden ihnen auch dienen. Sie werden unsere Herren, wir ihre Sklaven sein. «Wir gehen davon aus, dass der Mensch […] für die Maschine das werden muss, was das Pferd und der Hund für den Menschen sind» (38). Aber keine Sorge! Wir werden in diesem «Zustand der Domestikation unter der wohltätigen Herrschaft der Maschinen wahrscheinlich besser dran sein als in unserem gegenwärtigen wilden Zustand» (38). Denn die Maschinen sind frei von all den schlechten Eigenschaften, die sich bei uns finden. Wir können daher sicher sein, dass sie «uns freundlich behandeln werden» (38). Sie werden uns ob ihrer fortgeschrittenen Intelligenz jedenfalls weitaus besser behandeln als wir die Tiere, sie werden uns beispielsweise nicht verspeisen, sondern werden uns nur zu Dienstleistungen, etwa zu Wartungszwecken in Anspruch nehmen.

Aber an der künftigen Weltherrschaft dieser Maschinen kann kein Zweifel sein: «von Tag zu Tag gewinnen die Maschinen an Boden gegenüber uns; von Tag zu Tag werden wir ihnen mehr unterworfen».[3] «Das Ergebnis ist schlicht eine Frage der Zeit, aber dass die Zeit kommen wird, in der die Maschinen die wirkliche Vorherrschaft über die Welt und ihre Bewohner innehaben werden, ist etwas, was keine Person mit einem wirklich philosophischen Geist auch nur für einen Moment in Frage stellen kann» (39).

Butler (der nach seiner Rückkehr nach England auch literarisch tätig war[4]) hat hier auf nur sechs Seiten einen weit vorausschauenden Gedanken in die Welt geworfen. Er prognostiziert eine Entwicklung, die zu seiner Zeit noch gar nicht absehbar war. Er war wirklich ein Prophet.

*

Ein Jahrhundert später hat die technologische Entwicklung tatsächlich den Weg genommen, den Butler vorgedacht hatte. «Selbststeuerung» wurde zum neuen Zauberwort, zur Schlüsselidee der Kybernetik. Und die Künstliche Intelligenz erlaubt es inzwischen, Maschinen zu bauen, die in der Tat so leidenschaftslos und vor allem so eminent leistungsfähig sind, wie Butler es vorhergesagt hatte. Wir sind heute von smarten Geräten umgeben, die lernfähig und selbstoptimierend sind. Sie sind uns Menschen weit überlegen – selbst denen, die absolute Meister ihres Faches sind: Der Computer «Deep Blue» besiegte 1997 den Schachweltmeister Garri Kasparow, und «AlphaGo» schlägt seit 2015 die weltbesten Go-Spieler.

Nur ein Element von Butlers Voraussage scheint nicht eingetreten zu sein: dass diese intelligenten Maschinen die Herrschaft über die Welt antreten und uns zu ihren Sklaven machen würden. Es ist doch eher so, dass wir weiterhin die Herren der Welt sind und dass diese Geräte uns dabei eine große und unverzichtbare Hilfe sind, also im besten Sinne dienstbare Geister geblieben sind.

Wenn das nur nicht zu vordergründig gedacht ist! Vielleicht werden wir doch zunehmend von diesen intelligenten Maschinen beherrscht, nur auf subtilere Weise – nicht durch physischen Zwang, sondern durch psychische Einschleichung. Digitale Algorithmen beeinflussen und steuern zunehmend unsere Bedürfnisse, unsere Wünsche, unsere Erwartungen. Die Künstliche Intelligenz beeinflusst unsere Hardware wie unsere Software. Man denke nur an all die digitalen Trainings-, Beratungs- und Aufzeichnungsprogramme, die uns bei der Optimierung unserer Körper und unserer Gesundheit helfen sollen. Sie dienen uns nicht nur, sie belohnen und bestrafen uns auch, sie raten und befehlen, sie üben ein Diktat aus. Noch drastischer ist die digitale Infiltrierung unserer Software, unseres Innenlebens. Die auf unsere Person zugeschnittenen Angebote, die Algorithmen uns unterbreiten, schleichen sich in unsere Psyche ein. Herrschaft wird heute soft und smart ausgeübt.

Was hatte Butler von den intelligenten Maschinen der Zukunft gesagt? «Ihr Geist wird sich in einem Zustand ständiger Ruhe befinden, die Zufriedenheit eines Geistes, der keine Wünsche kennt, wird durch kein Bedauern gestört.» Beneidenswert. Unsere Geister und Seelen hingegen werden unter dem Einfluss dieser Geräte immer aufgeregter, anfälliger, unzufriedener. Wohl sind wir nicht ihre Sklaven. Aber zunehmend ihre Gehilfen und Opfer.

Nietzsche

«Die hochmüthigste und verlogenste
Minute der Weltgeschichte»

Erkenntnisglaube und Hochmut

Nietzsche (1844–1900) hat 1873 die Schrift «Über Wahrheit und Lüge im außermoralischen Sinne» verfasst, aber niemals selbst publiziert[1] – dennoch zählt sie inzwischen zu seinen bekanntesten Schriften. Sie beginnt folgendermaßen:

«In irgend einem abgelegenen Winkel des in zahllosen Sonnensystemen flimmernd ausgegossenen Weltalls gab es einmal ein Gestirn, auf dem kluge Thiere das Erkennen erfanden. Es war die hochmüthigste und verlogenste Minute der ‹Weltgeschichte›: aber doch nur eine Minute. Nach wenigen Athemzügen der Natur erstarrte das Gestirn, und die klugen Thiere mussten sterben. – So könnte Jemand eine Fabel erfinden und würde doch nicht genügend illustrirt haben, wie kläglich, wie schattenhaft und flüchtig, wie zwecklos und beliebig sich der menschliche Intellekt innerhalb der Natur ausnimmt; es gab Ewigkeiten, in denen er nicht war; wenn es wieder mit ihm vorbei ist, wird sich nichts begeben haben. Denn es giebt für jenen Intellekt keine weitere Mission, die über das Menschenleben hinausführte. Sondern menschlich ist er, und nur sein Besitzer und Erzeuger nimmt ihn so pathetisch, als ob die Angeln der Welt sich in ihm drehten».[2]

Nietzsches Ausgangsdiagnose ist auch in den heutigen Katastrophenszenarien des Anthropozäns weit verbreitet: mit uns Menschen wird es bald vorbei sein. Wir sind, kosmisch gesehen, ganz und gar ephemere Wesen. Im Vergleich mit dem Universum macht die Zeitspanne des Menschen allenfalls eine Minute aus.[3]

Wir sind gänzlich bedeutungslos. Wir bilden uns aber – als Champions der Illusion – ein, dass sich alles um uns drehe, dass die Welt unseren Intellekt zur Angel hätte. Oh, dieser Intellekt! Er verblendet uns in jeder Hinsicht: bezüglich seiner Leistungsfähigkeit wie bezüglich unserer Bedeutung. Der Moment, da wir anfingen zu glauben, dass der Intellekt uns Erkenntnis verschaffe, war «die hochmüthigste und verlogenste Minute der ‹Weltgeschichte›». Der Erkenntnisglaube hat uns zu Fantasten, zu aufgeblasenen Zentrumsillusionisten gemacht.

Dieses Schicksal der Erkenntnisillusion teilen wir freilich mit anderen Lebewesen, selbst den geringsten. «Könnten wir uns mit der Mücke verständigen, so würden wir vernehmen, dass auch sie mit diesem Pathos durch die Luft schwimmt und in sich das fliegende Centrum dieser Welt fühlt. Es ist nichts so verwerflich und gering in der Natur, was nicht durch einen kleinen Anhauch jener Kraft des Erkennens sofort wie ein Schlauch aufgeschwellt würde» (875). Der Erkenntnisglaube produziert allenthalben Hochmut: weder ist das Erkennen wirklich ein Erkennen, sondern «seine allgemeinste Wirkung ist Täuschung» (876), noch kann man die daraus resultierende Selbstüberschätzung anders als gigantisch bezeichnen.

So spektakulär das alles klingt – neu ist es nicht. Nietzsche hat offenbar Montaigne gelesen. Dieser schrieb schon 1572 über den Menschen: «Lässt sich etwas Lächerlicheres vorstellen als diese armselige und erbärmliche Kreatur, die, nicht einmal Herrin ihrer selbst und von allen Seiten größten Gefahren ausgesetzt, sich zur Herrin und Beherrscherin des Weltalls aufwirft, von dem auch nur den kleinsten Teil zu durchschauen, geschweige darüber zu gebieten sich ihrer Macht entzieht?»[4] Der Mensch ist «das unglückseligste und gebrechlichste aller Geschöpfe, gleichzeitig jedoch das hochmütigste. [...] er geht hin, setzt sich in seiner Einbildung über den Mondkreis und macht den Himmel zum Schemel seiner Füße!»[5] Auch der Tiervergleich fehlt bei Montaigne nicht: «Warum sollte ein Gänseküken nicht folgendermaßen

«Die hochmüthigste und verlogenste Minute der Weltgeschichte» 151

daherquaken: ‹Alle Dinge des Weltalls sind meinetwegen da. Zu meinen Diensten stehen die Erde, auf ihr zu watscheln, die Sonne, mir zu leuchten, und die Sterne, mich mit ihrem Einfluss zu durchdringen; die Winde gereichen mir zu diesem, die Gewässer zu jenem Vorteil; auf niemand blickt das Himmelsgewölbe so freundlich hernieder wie auf mich – ich bin der Liebling der Natur.› [...] – Ähnlich würde ein Kranich sprechen, und dank der Freiheit seines Fluges und seiner Beherrschung des so schönen, hohen Himmelsraumes noch stolzgeschwellter.»[6] Schon Montaigne sah im Anthropozentrismus nur den humanen Spezialfall eines generellen Autozentrismus sämtlicher Lebewesen: «Wir müssen uns vor Augen halten, dass allen Geschöpfen nichts lieber und wertvoller ist als das eigene Wesen – weshalb der Löwe etwa, der Adler oder der Delphin ihre Gattung am höchsten schätzen; jedes sieht die Eigenschaften aller andren in Beziehung zu den seinen.»[7]

Eine solche Dezentrierung des Menschen, solcher Spott über seine Zentralitätseinbildung, die Einreihung des Menschen unter die Tiere bedurfte nicht erst der kopernikanischen Erschütterung, sondern war schon lange vorher ein Topos der philosophischen Moralistik.[8] Das kopernikanische Weltbild mochte diese Sicht verstärken, nötig war es dafür nicht.

Das Besondere bei Nietzsche liegt darin, dass er die Depotenzierung des Menschen nicht mit unserer kosmisch peripheren Stellung, sondern mit einer radikalen Erkenntniskritik begründet. Diese ist um den Begriff des ‹Metaphorischen› zentriert und wird von Nietzsche in «Über Wahrheit und Lüge im außermoralischen Sinne» erstmals in extenso dargelegt.

Metaphorik statt Erkenntnis

Unser Weltverhältnis, meint Nietzsche, ist grundlegend metaphorisch. Es ist durch «Übertragungen» charakterisiert.[9] Nietzsches exemplarische Formulierung lautet: «Ein Nervenreiz zuerst übertragen in ein Bild! Erste Metapher. Das Bild wieder nachgeformt in einem Laut! Zweite Metapher. Und jedesmal vollständiges Ueberspringen der Sphäre, mitten hinein in eine ganz andere und neue» (879). Was haben ein Nervenreiz, ein Bild und ein Laut miteinander gemeinsam? Nichts. Der Nervenreiz entspringt noch einem direkten Kontakt mit dem Wirklichen. Aber dann wird er in eine ganz andere Sphäre, in die des Bildes übertragen. Und dieses dann in eine noch einmal andere, in die von Laut, Wort und Begriff. Das sind völlig verschiedene Medien, mit der Übertragung in sie wird der Abstand zum ursprünglichen Nervenreiz immer größer. Die anfängliche Entsprechung geht verloren. Es gibt keine Deckung zwischen Bild und Laut und schon gar nicht zwischen diesen beiden und dem ursprünglichen Nervenreiz. Bereits das Bild gibt den Nervenreiz nicht wahrhaft, sondern nach seiner eigenen Art, nach der des Bildes wieder. Ebenso erneut das Wort. Man hat es mit Sprüngen zwischen eigengesetzlichen Sphären und nirgendwo mit einer adäquaten Wiedergabe zu tun: «zwischen zwei absolut verschiedenen Sphären [...] giebt es keine Causalität, keine Richtigkeit, keinen Ausdruck» (884). Also kann hier von Erkenntnis – von adäquater Wiedergabe (das ist Nietzsches Erkenntnisvorstellung) – nicht die Rede sein. Wir besitzen «nichts als Metaphern der Dinge, die den ursprünglichen Wesenheiten ganz und gar nicht entsprechen».[10]

Hinzukommt, dass Begriffe das Wirkliche in der offensichtlichsten Weise verzerren. «Jeder Begriff entsteht durch Gleichsetzen des Nicht-Gleichen» (880). Wenn wir etwa den Begriff ‹Blatt› bilden, so fällt darin die ganze Vielfalt und Unterschiedlichkeit der wirklichen Blätter dahin. Solches «Uebersehen des Individuellen und Wirklichen» (880) liegt jedem Begriff zugrunde. Deshalb kann er unmöglich ein Werkzeug der Wahrheit sein. Er ist vielmehr ein Instrument der Zurichtung und Beherrschung.

Gewiss sind die Begriffskaskaden, die nicht nur die Scholastiker auftürmten, bewundernswert: «Man darf hier den Menschen wohl bewundern als ein gewaltiges Baugenie, dem auf beweglichen Fundamenten und gleichsam auf fließendem Wasser das Aufthürmen eines unendlich complicirten Begriffsdomes gelingt; freilich, um auf solchen Fundamenten Halt zu finden, muss es ein Bau, wie aus Spinnefäden sein, so zart, um von der Welle mit fortgetragen, so fest, um nicht von dem Winde auseinander geblasen zu werden. Als Baugenie erhebt sich solcher Maassen der Mensch weit über die Biene: diese baut aus Wachs, das sie aus der Natur zusammenholt, er aus dem weit zarteren Stoff der Begriffe, die er erst aus sich fabriciren muss» (882). Der Mensch ist also als «*künstlerisch schaffendes* Subjekt» (883) zu bewundern, das in freier Erfindung und mit systembildender Kraft einen «Begriffshimmel» (882) der komplexesten Art auftürmt.

Nur: mit «Wahrheit», mit einem «reinen Erkennen der Dinge» hat das alles nichts zu tun (882).[11] Es handelt sich um Illusionen, um großspurige Fiktionen. Und der eigentliche Effekt dieser scheinbaren Erkenntnisbemühungen ist «die Metamorphose der Welt in den Menschen» (883). – Was meint Nietzsche damit?

Umkehrung: erneut der Mensch als Maß

Ein Schlüsselsatz von «Über Wahrheit und Lüge im außermoralischen Sinne» lautet: Unsere Wahrheit «ist durch und durch anthropomorphisch und enthält keinen einzigen Punct, der ‹wahr an sich›, wirklich und allgemeingültig, abgesehen von dem Menschen, wäre» (883). Die Fortsetzung lautet: «Der Forscher nach solchen Wahrheiten sucht im Grunde nur die Metamorphose der Welt in den Menschen; er ringt nach einem Verstehen der Welt als eines menschenartigen Dinges» (883).

Die Übertragungskette von Nervenreiz zu Bild zu Laut hat nicht nur, wie bisher dargestellt, den Effekt, dass wir das Wirkliche unweigerlich verfehlen. Sie bedeutet auch, dass wir das Wirkliche in eine menschliche Vorstellung umwandeln, es anthropomorphisieren. Bild und Sprache sind *unsere* Dominien, sind menschliche Medien; was in ihnen erscheint, spiegelt unsere

Seinsweise, nicht die der Wirklichkeit. Indem wir das Wirkliche in diese Medien übertragen, transformieren wir es systematisch in etwas Menschenartiges. Was wir für Erkenntnis halten, ist nichts anderes als solche Anthropomorphisierung.[12]

Das ist der Weg, auf dem Nietzsche bei dem anlangt, was Diderot aus anderen Gründen proklamiert hatte, als er schrieb: «Der Mensch ist der einzigartige Begriff, von dem man ausgehen und auf den man alles zurückführen muss.»[13] Anthropomorphismus und Anthropozentrismus sind die gemeinsame Lehre von beiden. Bei Diderot stand dahinter der Gedanke, dass der Mensch der Produzent und das Zentrum der mit Sinn begabten Welt ist. Nietzsche gelangt dorthin, indem er aufdeckt, dass all unsere Einbildungen von Wahrheit und Objektivität allenfalls ein Deckmantel dessen sind, was in Wahrheit vor sich geht: die Anthropomorphisierung alles Wirklichen.

Nietzsche kritisiert nicht diese Anthropomorphisierung. Sie ist ihm zufolge unvermeidlich: «Wir sehen alle Dinge durch den Menschenkopf an und können diesen Kopf nicht abschneiden.»[14] Nietzsche kritisiert die *Verkennung* dieser Anthropomorphisierung, ihre Verleugnung zugunsten einer Illusion von Wahrheit: «die Wahrheiten sind Illusionen, von denen man vergessen hat, dass sie welche sind» (880 f.).

Das alles bedeutet im Endeffekt: Auch Nietzsche (wir hatten das zuvor schon bei Kant gesehen[15]) nimmt gegenüber der kopernikanischen Dezentrierung eine erneute Rezentrierung des Menschen vor. Kant hatte gegenüber der kosmischen Dezentrierung eine epistemische Rezentrierung ins Werk gesetzt. Nietzsche vertritt – gegen die epistemischen Einbildungen – eine gewissermaßen artistische Rezentrierung: Durch unsere metaphorische Tätigkeit schaffen wir eine Welt, deren Keimzelle wir selbst sind. Dadurch wird der Mensch erneut zum «Maass» (883).[16]

In diesem Zusammenhang äußert sich Nietzsche kritisch gegenüber Zeitgenossen, die sich auf Kopernikus berufen. Zunächst schreibt er: «Seit Copernicus rollt der Mensch aus dem Centrum ins x».¹⁷ In *Zur Genealogie der Moral* nimmt er diese Bemerkung erneut auf («seit Kopernikus scheint der Mensch auf eine schiefe Ebene gerathen, er rollt immer schneller nunmehr aus dem Mittelpunkte weg»¹⁸), aber nun ist der Ton deutlich kritisch geworden: «Ist nicht gerade die Selbstverkleinerung des Menschen, sein *Wille* zur Selbstverkleinerung seit Kopernikus in einem unaufhaltsamen Fortschritte? [...] *Alle* Wissenschaft [...] ist heute darauf aus, dem Menschen seine bisherige Achtung vor sich auszureden, wie als ob dieselbe Nichts als ein bizarrer Eigendünkel gewesen sei.»¹⁹

Nietzsche meint, dass die menschliche Selbstachtung keineswegs ein bizarrer Eigendünkel war, sondern bestens begründet ist. Und zwar darin, dass die Welt, die wir kennen, die Welt, die uns etwas bedeutet, die Welt, von der wir sprechen, eine von Grund auf menschlich geprägte Welt ist. «Wenn man nur nicht ewig die Hyperbel aller Hyperbeln, das Wort: Welt, Welt, Welt, hören müsste, da doch Jeder, ehrlicher Weise, nur von Mensch, Mensch, Mensch reden sollte!»²⁰ Das ist Nietzsches epistemisches Credo – gegen alles Wahrheitsgefasel, für Anthropomorphismus.

Den Letzteren wird er immer emphatischer betonen. In der *Fröhlichen Wissenschaft* von 1882 schreibt er: «Wir, die Denkend-Empfindenden, sind es, die wirklich und immerfort Etwas *machen*, das noch nicht da ist: die ganze ewig wachsende Welt von Schätzungen, Farben, Gewichten, Perspektiven, Stufenleitern, Bejahungen und Verneinungen. [...] Wir erst haben die Welt, *die den Menschen Etwas angeht*, geschaffen!»²¹ Jetzt geht es Nietzsche – die epistemische Kritik und Miesmacherei hinter sich lassend – um die Herausstellung unserer Kreativität und Ungebundenheit. Seine diesbezüglichen Äußerungen haben einen triumphierenden Oberton. Nietzsche will die freie und große Erfindung. In diese Linie gehört auch seine Konzeption des «Übermenschen». Der Übermensch soll das volle Potenzial des Menschen entfalten. Er ist derjenige künftige Mensch, der jegliche Vorstellung eines Jenseits abgelegt hat und, vom Druck jedweder Über-Instanzen befreit, die *conditio humana* schöpferisch auslebt und sich selbst zur einzigen und höchsten Orientierungsinstanz hat. Seine Welt wird endlich eine vollendet anthropische Welt sein: «was ihr Welt nanntet, das soll erst von euch geschaffen werden».[22]

Insofern ist Nietzsche ein dezidiert moderner (und keineswegs ein anti-moderner) Denker. Er überschreitet das anthropische Denken nicht, sondern bringt es, ganz im Gegenteil, radikal zur Geltung. All seine Einsprüche und Überschreitungsinitiativen gegenüber der traditionellen Philosophie laufen auf den Menschen zu. Nietzsche ist ein anthropischer Denker par excellence.

Damit aber ist das spektakuläre Eingangs-Statement von «Über Wahrheit und Lüge im außermoralischen Sinne» am Ende verpufft. Dort hatte Nietzsche gesagt, dass unser Intellekt keineswegs objektiv, sondern bloß «menschlich» sei. Wir Menschen glaubten jedoch fälschlicherweise, dass «die Angeln der Welt sich in ihm drehten» (875). Später ist Nietzsche der Auffassung, dass genau dies tatsächlich der Fall ist. Der Mensch – der metaphorisierende, der imaginierende, der artistische Mensch – ist das Zentrum der Welt. Das Wort ‹Welt› sollte durch ‹Mensch› ersetzt werden. «Der Philosoph [...] sieht ‹die Welt als Mensch› an.»[23] – Ja, der Berg der Kritik hat gekreißt und am Ende doch wieder nur eine exquisite, eine ganz bezaubernde Form des modernen, anthropischen Denkens geboren.

Ein Gegenmotiv: «kosmisch empfinden!»

Aber Nietzsche – dieser Kontinent, der schier alles umfasst[24] – wäre nicht Nietzsche, wenn sich bei ihm nicht auch ein Gegengedanke zu dieser seiner Hauptkonzeption fände. In einer Notiz von 1881 formuliert er einen ganz anderen als den anthropischen Imperativ – da vertritt er einen wirklichen Überschreitungsimperativ. Er lautet: «kosmisch empfinden!»

«*Hauptgedanke!* [...] Alles was in uns vorgeht, ist an sich *etwas*

Anderes, was wir nicht wissen: [...] Wir sind Knospen an Einem Baume – was wissen wir von dem, was im Interesse des Baumes aus uns werden kann! Aber wir haben ein Bewusstsein, als ob wir *Alles* sein wollten und sollten, eine Phantasterei von ‹Ich› und *allem* ‹Nicht-Ich›. *Aufhören, sich als solches phantastisches ego zu fühlen!* [...] Über ‹mich› und ‹dich› **hinaus! kosmisch empfinden!**»[25]

An dieser Stelle erwägt Nietzsche, dass noch das, «was in uns vorgeht», ein ganz anderes Maß haben könnte als das menschliche und dass wir dies in der gewohnten anthropischen Perspektive nicht verstehen, sondern systematisch verfehlen. Nietzsche hält uns zu einer Gegenperspektive an, die den menschlichen Gesichtspunkt überschreitet («über ‹mich› und ‹dich› hinaus»). «Kosmisch empfinden», das benennt eine Maxime, welche den Anthropismus hinter sich lässt. Vielleicht sind wir doch nicht bloß anthropomorphistische Weltkonstrukteure, sondern welterfahrende Wesen – und das gar in kosmischem Maßstab. Es ist bemerkenswert, dass Nietzsche hier seinen Generaleinwand, dass solch kosmisches Empfinden doch wie alles andere auch bloß eine menschlich zurechtgemachte Zielsetzung sein könne, nicht vorbringt. Er gibt hier einem Gedanken Raum, den er in seiner Frühzeit strikt abgelehnt hatte: dem Gedanken eines Innestehens im Weltprozess und einer Teilhabe an diesem.[26] Er plädiert für ein kosmisches Empfinden. – Ein Versehen? Eine bessere Ahnung? Ein Zukunftshinweis?

Nietzsche scheint seine Maxime der Redlichkeit tatsächlich befolgt zu haben. Sie lautet: «Nie Etwas zurückhalten oder dir verschweigen, was gegen deinen Gedanken gedacht werden kann! Gelobe es dir! Es gehört zur ersten Redlichkeit des Denkens. Du musst jeden Tag auch deinen Feldzug gegen dich selber führen».[27] – So führt Nietzsche hier einen kosmischen Feldzug gegen die von ihm zuvor proklamierte anthropische Verengung.

Wittgenstein

«Denk nicht, sondern schau»

Das Interesse von Wittgenstein (1889–1951) galt der Vielheit. In einer Unterredung sagte er einmal: «Nein, mit Hegel könnte ich vermutlich nichts anfangen. Mir scheint, Hegel will immer sagen, dass Dinge, die verschieden aussehen, in Wirklichkeit gleich sind, während es mir um den Nachweis geht, dass Dinge, die gleich aussehen, in Wirklichkeit verschieden sind. Ich habe daran gedacht, ein Zitat aus *King Lear* als Motto meines Buches zu verwenden: ‹Ich werd' dich Unterschiede lehren›.»[1] Wittgenstein ist offenbar der Auffassung, dass Philosophie nicht so sehr die Aufgabe hat, Einheit zu erstellen, sondern dass sie uns die Augen für Vielheit öffnen sollte. – Vielleicht lässt sich aber doch eine Einheitsform entdecken, welche die Vielheit nicht unterdrückt, sondern mit ihr im Bunde ist?

Haben alle Spiele etwas gemeinsam?

Für diese Frage sind die Abschnitte 66 und 67 der *Philosophischen Untersuchungen* zentral.[2] Zuvor, im Abschnitt 65, war Wittgenstein auf die «große Frage» zu sprechen gekommen, die hinter all seinen Betrachtungen zur Sprache steht: Was ist «das Wesentliche» der Sprache – dasjenige, das all die verschiedenen Formen von Sprache eben zu Formen von *Sprache* macht? Wittgenstein antwortete zunächst anscheinend ausweichend: «Statt etwas anzugeben, was allem, was wir Sprache nennen, gemeinsam ist, sage ich, es ist diesen Erscheinungen gar nicht Eines gemeinsam, weswegen wir für alle das gleiche Wort verwenden, – sondern sie sind mit einander in vielen verschiedenen Weisen *verwandt*. Und dieser

Verwandtschaft, oder dieser Verwandtschaften wegen nennen wir sie alle ‹Sprachen›» (276 f. [65]). Verwandtschaft also statt Einheit. Das ist fürs erste eine etwas sibyllinische Auskunft. Wittgenstein erläutert sie anschließend.

Er bezieht sich dabei auf verschiedene Arten von Spielen: «Brettspiele, Kartenspiele, Ballspiel, Kampfspiele usw.» Die Frage lautet: «Was ist allen diesen gemeinsam?» Zunächst spricht Wittgenstein eine Warnung aus: «Sag nicht: ‹Es *muss* ihnen etwas gemeinsam sein, sonst hießen sie nicht ‹Spiele›» (277 [66]). Das wäre die konventionelle philosophische Herangehensweise, der Wittgenstein sich entgegensetzt. Da will man alles «durch bloßes Dasitzen und das Betrachten von Wörtern» entscheiden:[3] die erwähnten Spiele werden alle ‹*Spiele*› genannt, also kann man doch allein schon aus diesem gemeinsamen Wortbestand schließen, dass sie etwas gemeinsam haben müssen, sonst würden sie nicht alle mit demselben Wort bezeichnet werden. So denkt man gemeinhin. Wittgensteins Aufforderung hingegen lautet: «denk nicht, sondern schau!» – «*schau*, ob ihnen allen etwas gemeinsam ist» (277 [66]). Man soll die Frage der Gemeinsamkeit nicht im Stil einer Lehnstuhlphilosophie durch Wortklauberei entscheiden, sondern soll genau zusehen, man soll die Einzelfälle betrachten, man soll nicht einfach linguistisch dekretieren, sondern pragmatisch analysieren, inwiefern Gemeinsamkeiten bestehen und inwiefern nicht.

Was entdeckt man, wenn man die verschiedenen Spiele solcherart betrachtet? Man sieht zwar «nicht etwas, was *allen* gemeinsam wäre», aber man sieht «Ähnlichkeiten, Verwandtschaften, und zwar eine ganze Reihe» (277 [66]). Wie das? Wittgenstein geht der Reihe nach etliche Merkmale der Spiele durch. Er prüft beispielsweise, ob Unterhaltsamkeit, Konkurrenz, Geschick oder Glück Bestimmungen sind, die allen Spielen zukommen und somit das Einheitlich-Gemeinsame der Spiele ausmachen. Das ist offenbar nicht der Fall. Selbst innerhalb der einzelnen Klassen von Spielen bestehen Merkmalsunterschiede. So ist unter den Brettspielen Mühle unterhaltsam, Schach hingegen nicht. Oder Konkurrenz besteht bei vielen Kartenspielen, aber bei der Patience nicht. Bei den Ballspielen gibt es im Allgemeinen «Gewinnen und Verlieren; aber wenn ein Kind den Ball an die Wand wirft und wieder auffängt, ist dieser Zug verschwunden» (277 [66]). Die Gemeinsamkeit ist also schon innerhalb der einzelnen Klassen von Spielen nur eine partiale, und gar, wenn man von einer Klasse zur nächsten übergeht, bestehen zwar «viele Entsprechungen mit jener ersten Klasse, aber viele gemeinsame Züge verschwinden» auch, und «andere treten auf» (277 [66]). Das Ergebnis lautet daher: Zwar gibt es viele Ähnlichkeiten und Verwandtschaften, aber es gibt nicht *ein singuläres Merkmal*, das allen Spielen gemeinsam wäre und sie eben zu Spielen machen würde. «Wir sehen ein kompliziertes Netz von Ähnlichkeiten, die einander übergreifen und kreuzen. Ähnlichkeiten im Großen und Kleinen» (278 [66]). Einheit also nein, Verwandtschaft hingegen ja. Der Zusammenhang der Spiele verdankt sich nicht einem Element, das in allen vorkäme – gleichsam einem einzigen, von Anfang bis Ende durchgehenden roten Faden –, sondern ergibt sich aus den Überschneidungen von einer Klasse zur anderen.

Familienähnlichkeiten

Für diesen Typus von Gemeinsamkeit führt Wittgenstein einen neuen Terminus ein, den der ‹Familienähnlichkeiten›: «Ich kann diese Ähnlichkeiten nicht besser charakterisieren als durch das Wort ‹Familienähnlichkeiten›; denn so übergreifen und kreuzen sich die verschiedenen Ähnlichkeiten, die zwischen den Gliedern einer Familie bestehen: Wuchs, Gesichtszüge, Augenfarbe, Gang, Temperament, etc. etc. – Und ich werde sagen: die ‹Spiele› bilden eine Familie» (278 [67]).

1	2	3	4
abc	bcd	cde	def

Man kann sich den springenden Punkt durch die folgende Überlegung klarmachen: Nehmen wir an, eine erste Gruppe (von Spielen, von Firmen, von politisch Verbündeten, etc.) sei durch die Elemente a, b und c charakterisiert. Auf eine zweite Gruppe treffen dann zwei dieser Elemente, nämlich b und c wiederum zu, sie weist aber mit d auch ein neues Element auf. Die beiden Gruppen sind offenbar unterschiedlich – die zweite Gruppe hat ja das Element a fallen lassen und d neu eingeführt –, aber sie verfügen gleichwohl über eine beträchtliche Gemeinsamkeit, sie haben zwei Drittel ihrer Elemente gemeinsam. Das gleiche gilt dann bezüglich der zweiten und der dritten Gruppe, die durch c, d und e charakterisiert sein soll. Und es gilt erneut zwischen dieser dritten und einer vierten Gruppe, welche die Elemente d, e und f aufweist.

Aber wenn man nun diese vierte Gruppe mit der ersten vergleicht, so stellt man fest, dass diese beiden kein einziges Element mehr gemeinsam haben. Dennoch stehen sie offensichtlich in einem Zusammenhang, sind miteinander verwandt, und zwar aufgrund des kontinuierlichen Übergangs von Gruppe eins zu zwei zu drei zu vier. Es bestehen jeweils Zwei-Drittel-Überschneidungen, die Zusammenhalt garantieren. Dennoch ist es schon nach drei Schritten mit jeglicher inhaltlichen Gemeinsamkeit, mit der Gemeinsamkeit von Elementen, vorbei. Was den Zusammenhang und die sukzessiv bestehende Einheitlichkeit stiftet, ist allein der Übergang von einer Gruppe zur nächsten.

Wittgenstein gebraucht dafür einen aufschlussreichen Vergleich: Wir gehen von einer Gruppe zur nächsten so über, «wie wir beim Spinnen eines Fadens Faser an Faser drehen. Und die Stärke des Fadens liegt nicht darin, dass irgend eine Faser durch seine ganze Länge läuft, sondern darin, dass viele Fasern einander übergreifen» (278 [67]). Es braucht keinen ‹roten Faden› (ein von Anfang bis Ende durchgehendes Element), sondern nur starke Verbindungen von Abschnitt zu Abschnitt. Wie die Stärke des gesamten Seils nicht dadurch zustande kommt, dass ein einziges Bestandstück von Anfang bis Ende durchläuft, so ist auch für die Legitimität von Begriffen kein durchgängig gemeinsames Element erforderlich, sondern es genügt eine partielle Überlagerung von Merkmalen bzw. Merkmalsgruppen, um Gemeinsamkeit und Zusammenhang herzustellen.

Das ist Wittgensteins bahnbrechend neue Lehre hinsichtlich der Begriffe. Diese spiegeln nicht, wie man traditionell annahm, ein ‹Wesen› wider (ein Grundelement, das allem, was unter den Begriff fällt, gemeinsam wäre), sondern sie binden das zusammen, wozwischen Anschlüsse und Übergänge bestehen. Begriffe beziehen sich nicht auf eine starre Essenz, sondern auf bewegliche Zusammenhänge.[4] – «Familienähnlichkeit» ist der Schlüssel für ein neues Begriffsverständnis. Es erlaubt, einen Typus von Einheit zu denken, der sich nicht auf Kosten der Vielheit durchsetzt, sondern sich in deren Duktus ergibt.

*

Wittgensteins berühmtester Satz ist der Schlusssatz seines frühen *Tractatus logico-philosophicus*: «Wovon man nicht sprechen kann, darüber muss man schweigen.»[5] Das klingt, mit Verlaub gesagt, etwas nach theologisch-metaphysischem Gebrabbel. Wittgenstein selber hat in den späten *Philosophischen Untersuchungen* im Blick auf den *Tractatus* von Unerträglichkeit und Leerheit gesprochen.[6] Im Vergleich zu jenem allzu oft zitierten Satz ist «denk nicht, sondern schau!» eine wahrhaft zukunftsweisende Maxime.

Heidegger

Verfall mit Platon

Heidegger (1889–1976) hat zeitlebens (wie viele andere Philosophen auch) einen einzigen Gedanken verfolgt: den des *Seins*. Man hat Heidegger immer wieder Einseitigkeit vorgehalten. Er presse die Geschichte der Philosophie in das Korsett eines einzigen Gedankens. Das mag zutreffen. Wilhelm von Ockham, Michel de Montaigne, Denis Diderot und manch andere lassen sich kaum in Heideggers Schema unterbringen – er hat sie denn auch niemals behandelt. Auf der anderen Seite ist es faszinierend, wie diese einseitige Perspektive, die Heidegger mit aller Entschiedenheit verfolgt hat, es ihm ermöglichte, mit scharfem Blick Sachverhalte vor Augen zu bekommen, die jahrhundertelang ungesehen geblieben waren.

Ein schlagendes Beispiel dafür ist Heideggers Platon-Interpretation, will sagen: seine Platon-Kritik. Platon, der vielen als der große Heilige der Philosophie gilt,[1] hat, so behauptet Heidegger, eigentlich den Verfall der Philosophie begründet. Er hat eine Linie des Denkens eröffnet, die noch die Neuzeit bestimmt hat und bis in das technologische Zeitalter des 20. Jahrhunderts reicht und sich noch gegenwärtig, im Zeitalter des Anthropozäns, als heillos erweist.

Heidegger hat diese ingeniöse Kritik in dem 1940 vorgetragenen und erstmals 1942 publizierten Text «Platons Lehre von der Wahrheit» entwickelt.[2] Er konstatiert dort, dass bei Platon ein grundlegender Wandel im Verständnis der Wahrheit erfolgt. Bei den vorplatonischen Philosophen war die Wahrheit schlicht eine Eigenschaft des Seins gewesen. So hatte Parmenides von der «wohlgerundeten Kugel» des Seins gesprochen, die selbstgenügsam und unterschiedslos in sich ruht,[3] und er hatte «das unerschütterliche Herz» dieser «wohlgerundeten Wahrheit» gerühmt – während auf der anderen Seite die «Schein-Meinungen» der Menschen ohne «wahre Gewissheit» ziellos umherschweifen.[4] Oder für Heraklit war der Logos, die Struktur der Gegensätze, schlicht das Gesetz des Seins – ganz unabhängig davon, ob die Menschen dieses Gesetz erkennen oder befolgen oder gegen es verstoßen. Bei Platon aber gerät die Wahrheit auf einmal in eine Abhängigkeit vom Menschen. Während sie zuvor «ein Grundzug des Seienden selbst» gewesen war, wird sie bei Platon «zur Auszeichnung des menschlichen Verhaltens zum Seienden» (35). Wahrheit ist fortan nicht mehr rein ontologisch definiert, sondern anthropologisch kontaminiert.

Dazu kommt es, weil Platon das Wahre als «Idee» fasst. Dafür ist Platon ja berühmt, und das «Höhlengleichnis», auf das Heidegger sich bezieht, ist der klassische Text, in dem Platon seiner Ideenlehre anschaulichen Ausdruck verleiht. Was ist eine Idee? Es gibt verschiedene davon: die Idee des Guten, des Schönen, der Bewegung, der Andersheit, des Kreises, des Menschen, usw. Was ist all diesen Ideen gemeinsam? Sie sind jeweils die Urbilder dessen, wofür sie stehen; sie sind das maßgebende Muster für die vielen Erscheinungen von Bewegung, Kreis, Mensch etc. Und wie erfasst man eine Idee? Durch Denken? Nein, durch Schauen. Die Ideen sind von sich her etwas zu Sehendes. «Das Wesen der Idee liegt in der Schein- und Sichtsamkeit» (35). Zu diesem Wesen der Idee (griech. *idéa*), sichtbar zu sein, gehört also eine Einstellung des Sehens, des Erblickens (griech. *ideîn*). Somit wird durch Platon die Wahrheit, die zuvor rein ontologisch definiert war, «in die ‹Relation› zum Sehen eingespannt», wird «‹relativ› auf dieses» (ebd.). Das Wahre steht nicht mehr selbstgenügsam in und für sich, sondern bedarf nun der Beziehung zum es Schauenden, zum Menschen. Sie wird, wie gesagt, «zur Auszeichnung des menschlichen Verhaltens zum Seienden» (42).

Insofern kommt es bei Platon zu einer Humanisierung des

Seins. Das wahrhafte Sein, die Ideenwelt, ist auf den Menschen bezogen. Gewiss: die Menschen machen die Ideen nicht. Platon ist kein moderner Idealist oder Konstruktivist. Vielmehr sind die Menschen gehalten, die Ideen zu schauen. Diese stellen das primäre Maß dar. Aber sie sind eben doch von einer Art, dass sie *von ihnen selbst her* ein Schauen, Sehen, Erblicken erfordern. Auf diese Weise ist der menschliche Faktor, der zuvor, in der vorsokratischen Epoche, für das Sein keine Rolle gespielt hatte, in die Verfassung der Ideen eingedrungen. Das charakterisiert die fundamentale Umstellung der platonischen Philosophie gegenüber der vorsokratischen: den Wechsel von einer Orientierung des Menschen an etwas, was dem Menschen absolut überlegen und keineswegs auf den Menschen bezogen ist, zu etwas, was wesentlich in einer Relation zum Menschen steht.

Diese platonische Verwandlung stellt die erste Form von Anthropismus dar. Sie begleitet die Philosophie zunächst wie ein Schatten, um später zu ihrem Herzstück zu werden. Mit Platons Umstellung ist die wesentliche Vorbedingung für alles Künftige gegeben. Der Grundsinn von Sein wird sich fortan in direkter Korrelation mit dem Menschen entfalten, und dabei wird es sukzessiv zu einer immer stärkeren Akzentuierung des Subjektivitätspols kommen.

Dieser Wandel spiegelt sich – pars pro toto – auch im Verständnis des Vernehmens. Vernehmen ist die ursprüngliche Verfahrensweise der Vernunft. Noch Aristoteles wird davon sprechen, dass die Vernunft das Wesen der Dinge empfängt, mithin vernimmt.[5] Eben ob dieses Vernehmens wird die Vernunft ja als ‹Vernunft› bezeichnet. In der Neuzeit aber nimmt das Vernehmen immer mehr den Charakter einer Vernehmung an: vernommen werden jetzt Angeklagte bzw. Zeugen in einem Gerichtsprozess, der nicht mehr vom zu Vernehmenden, sondern vom Menschen ausgeht, der als Richter die Wahrheit herausfinden will. Paradigmatisch dafür ist Kants Diktum, wonach die Vernunft mit ihren Prinzipien in der einen Hand und mit dem Experiment in der anderen

Hand an die Natur herangeht, und zwar in der Funktion «eines bestallten Richters, der die Zeugen nötigt, auf die Fragen zu antworten, die er ihnen vorlegt».[6] Heidegger sieht diesen Wandel des Vernehmens schon bei Platon angebahnt bzw. grundgelegt: «Die Einrichtung in dieses Sichrichten auf die Ideen bestimmt das Wesen der Vernehmung und in der Folge dann das Wesen der ‹Vernunft›» (35). In der Neuzeit wird dieses Verfahren vollends die Gestalt eines «Gerichtshofs» annehmen – bei Kant oder auch bei Nietzsche.[7]

*

Für gewöhnlich meint man, Platon repräsentiere den Höhepunkt der Philosophie. Denn Platon verband noch akribische Argumentation und geistiges Schauen. Sein Philosophieren umfasste Rationalität ebenso wie Vernunft im emphatischen Sinn. Mit Aristoteles aber habe dann der Niedergang begonnen. Für diesen sei Philosophie nur noch ein rationales Geschäft, Wissenschaft gehe ihm über alles, während ihm das platonische Staunen nichts mehr bedeute.[8]

Heidegger gibt Anlass, dieses Bild zu revidieren. Was man als aristotelischen Niedergang beklagt, hat schon bei Platon begonnen, ist bereits platonischer Verfall. Die Auslegung des Wahren als Idee hat die Philosophie auf die schiefe Bahn gebracht. Das zuvor rein ontologische Maß wurde anthropologisch ausgerichtet, und am Ende dieser Umstellung wird es zur Herrschaft des anthropischen Prinzips kommen, demzufolge in allem vom Menschen auszugehen und alles auf den Menschen zurückzuführen ist. Oder wie Heidegger es formuliert hat: In der Moderne ist die Anthropologie zur «Grunddisziplin der Philosophie» aufgestiegen,[9] und das hatte zur Folge, dass «alles Wirkliche zuerst und zuletzt auf den Menschen bezogen wird»,[10] dass man das Seiende im Ganzen «vom Menschen aus und auf den Menschen zu [...] erklärt und abschätzt».[11]

Diese Anthropologisierung hat bei Platon begonnen – mit dessen Ausrichtung des Wahren als Idee auf das menschliche Schauen. Wobei hinzugefügt werden sollte: nicht die Ausrichtung auf das Schauen ist das Entscheidende, sondern die Ausrichtung auf den Menschen. Würde das Wahre als etwas bestimmt, was in erster Linie nicht zu schauen, sondern zu hören wäre, so würde dies zwar dem Idealismus (der Dominanz von Ideen, also von zu Schauendem) ein Ende bereiten, aber nicht der Anthropologisierung. Egal, ob das Sehen oder das Hören den primären Bezug auf das Wahre darstellen soll – in beiden Fällen ist das Wahre einer Relation zum Menschen überantwortet.

Das gilt schließlich auch dort noch (und selbst das hat Heidegger hellsichtig erkannt), wo nicht das Sehen oder das Hören als der privilegierte Zugang zum Sein angesehen wird, sondern die Sprache. Diese ist ja fürwahr ein Privileg des Menschen. Wo daher die Sprache dominant wird, wird es der Mensch. Heidegger verweist auf Aristoteles und Kant. Diesen gelten die Kategorien als die Weisen, wie wir «dem Seienden gleichsam auf den Kopf zusagen, was es je schon als Seiendes ist».[12] Sie schreiben vor, was «seiend» je bedeuten kann. «Die Kategorien bestimmen allgemein das Sein des Seienden.»[13] Damit ist das Sein im Griff des Menschen. Das betrifft dann aber nicht nur Aristoteles und Kant, sondern auch noch die sprachanalytische Philosophie des 20. Jahrhunderts, die im Zug des linguistic turn behauptet, dass die Sprache die Bedingungen nicht nur des Denkens, sondern auch aller Gegenstände vorgibt.[14] Auf diese Weise setzt auch die analytische Philosophie die von Heidegger bereits bei Platon identifizierte Linie der Anthropologisierung fort.

Heidegger hat tief geschürft und einen erstaunlichen Fund gemacht. Platon hat die Philosophie auf die schiefe Bahn gebracht, und davon hat sie sich bis heute nicht erholt, sondern ist immer tiefer in den Strudel des Anthropismus geraten. Dieser hat viele Gestalten angenommen: die technische Hybris der Naturbeherrschung, die soziale Hybris der Perfektionierung der Gesellschaft, die psychische Hybris der Selbstvervollkommnung oder die weltgeschichtliche Hybris der Herrschaft einer einzigen Weltmacht über den Planeten.

Wo wäre ein Ausweg? Heidegger selbst hat (mit Hölderlin) dafür eine zu simple Formel ins Spiel gebracht: «Wo aber Gefahr ist, wächst das Rettende auch».[15] Philosophisch hat er dann für ein «besinnliches Denken» plädiert.[16] Andere haben ihre Hoffnung in eine «Selbstbesinnung des Denkens»,[17] in ein «Eingedenken der Natur»[18] oder in eine neuartige Erfahrung der Verbundenheit von Mensch und Welt gesetzt. Die Partie ist noch offen. Der Schlamm des Anthropismus – bzw. (horribile dictu) des Platonismus – ist zäh. Das kann man von Heidegger lernen.

Horkheimer und Adorno

«Kultur heute schlägt alles mit Ähnlichkeit»

Horkheimers und Adornos *Dialektik der Aufklärung* – 1944 als Veröffentlichung des Institute of Social Research in New York erschienen und 1947 im Amsterdamer Exil-Verlag Querido erstmals in Europa publiziert – ist bis heute ein faszinierendes Buch geblieben. Es entwickelt starke Thesen, zeichnet ein Gesamtbild der europäischen Vernunft, erhebt störrische Einwände und stellt überraschende Verbindungen her. Anlass war die Barbarei des Nationalsozialismus. Die Diagnose und Perspektive des Buches reichen aber über die deutschen Verhältnisse hinaus. In der US-amerikanischen Emigration verfasst, kritisieren die Autoren auch die dortigen Verhältnisse. Strukturell, so eine der Hauptthesen, sind die Phänomene der amerikanischen Kulturindustrie der deutschen Barbarei vergleichbar. In beiden Fällen geht aus Aufklärung deren Gegenteil hervor, schlägt Befreiung in Unterdrückung um. Eine derartige «Dialektik der Aufklärung» ist das Signum und die Misere der abendländischen Vernunft insgesamt. Warum ist das so?

Egalisierung – ein Bumerang

Aufklärung hat von jeher «das Ziel verfolgt, von den Menschen die Furcht zu nehmen und sie als Herren einzusetzen».[1] Es geht ihr darum, die Menschen von der Gewalt der Natur zu befreien. Die Paradoxie des Unternehmens liegt jedoch darin, dass just die Strategien, welche die Befreiung leisten, umgekehrt die Menschen der Herrschaft dieser Strategien unterwerfen. Die Befreiung erfolgt, indem die Vernunft Berechenbarkeit herstellt. Dabei wird das Einzelne als Fall eines Allgemeinen bestimmt. Dadurch wird es verständlich und beherrschbar. Allerdings muss zu diesem Zweck seine Besonderheit eliminiert werden. Infolgedessen ist Vernunft ihrem Wesen nach egalisierend. Sie erstellt Begreifbarkeit, indem sie homogenisiert. Das geschieht primär, indem die Natur als ein Dominium von Naturgesetzen begriffen wird. Die Physik und in ihrem Gefolge die Technik zähmen dadurch die Natur. Ihr gemeinsamer Nenner ist die mathematische Vereinheitlichung. Die Zahl bildet den «Kanon der Aufklärung» (10).

Diese Strategie der Egalisierung, erfolgreich gegenüber der Natur, wirkt sich dann aber ebenso auf die Gesellschaft aus. Auch die bürgerliche Gesellschaft ist «beherrscht vom Äquivalent» (11). Der Wert der Dinge ist ihr Tauschwert. Und die Besonderheit der Individuen wird beschnitten, sowohl durch «rationalisierte Arbeitsweisen» als auch durch die Verstümmelung der Fähigkeit, «mit eigenen Ohren Ungehörtes hören, Unergriffenes mit eigenen Händen tasten zu können» (36). Drastisch formulieren die Autoren, dass die dadurch bewirkte «Regression» die «Erfahrungswelt der Völker tendenziell wieder der der Lurche anähnelt» (36).

Erfolgreich ist Aufklärung also nur auf der einen Seite: Sie befreit vom Zwang der Natur, sie ermöglicht die Herrschaft über äußere Natur. Die fatale Kehrseite des Vorgangs aber liegt darin, dass diese Befreiung von der Gewalt äußerer Natur zugleich zu einer Unterdrückung innerer Natur führt. So sehr die Beherrschung äußerer Natur wünschenswert sein mag, so nachteilig ist die Unterdrückung der inneren Natur des Menschen. Das Dilemma aber ist: Man kann nicht das eine haben und das andere sich ersparen. Das liegt an der Eigenart des zur Befreiung eingesetzten Mittels. Die abendländische Vernunft ist genau dadurch, dass sie prinzipiell eine Quantifizierung und Egalisierung bewirkt, in puncto Naturbeherrschung erfolgreich. Dieses Verfahren wirkt sich dann aber unweigerlich auch auf die gesellschaftliche Verfassung und die innere Natur des Menschen aus. Auch sie werden dem Gesetz des Allgemeinen unterworfen, und der Einzelne muss seine Individualität – die nun als bloße Abweichung gilt – unterdrücken, muss sich dem Allgemeinen gleichmachen. Der egalisierende Charakter der Aufklärungsvernunft hat ineins deren exogene Gewinne und ihre endogenen Verluste zur Folge.

Kulturindustrie

Die Autoren haben bei ihrer gesellschaftlichen Egalisierungs-Diagnose, wie gesagt, zunächst den Faschismus vor Augen. Er gilt ihnen als «Triumph der repressiven Egalität» (15). Zugleich ziehen sie aber eine kühne Parallele zur US-amerikanischen Kulturindustrie. Diese bewirke eine vergleichbare Uniformierung – nur mit sanfteren Mitteln. Auch dort laufe alles auf die Erzeugung von Egalität hinaus. Das bringt der Schlüsselsatz «Kultur heute schlägt alles mit Ähnlichkeit» zum Ausdruck (108). – Wie ist dies des Näheren zu verstehen?

Die Erzeugnisse der Kulturindustrie gleichen einander zum Verwechseln. Ob man Automodelle oder Filme als Beispiele nimmt, die Unterschiede der diversen Produkte sind allenfalls vordergründig, im Grunde bekommt man überall den gleichen Typ in geringfügigen Varianten vorgesetzt (111). Ob Warenwelt oder Kulturwelt (was im Grunde eben keinen Unterschied mehr macht, Kultur ist insgesamt zu einer Ware geworden, 143): alles folgt dem Gesetz der «Reproduktion des Immergleichen» (120). Marktschreierisch spricht man zwar von «novelty und surprise», aber erforderlich ist das nur deshalb, weil in Wahrheit «nichts sich ändert» (121). Der «Ausschluss des Neuen» ist für die Kulturindustrie typisch (120).

Einst war Kultur im Vergleich zum Alltag ein Gegenentwurf. Jetzt ist sie nur noch dessen Fortsetzung. Es geht um die Erholung vom «mechanisierten Arbeitsprozess», damit man diesem tags darauf «von neuem gewachsen» sei; aber die kulturellen Produkte folgen ihrerseits dem Diktat der Mechanisierung, sie sind im

Grunde nichts anderes als «Nachbilder des Arbeitsvorgangs selbst» (123). Sie haben nichts Herausforderndes, nichts Alternatives mehr. Und vor allem: sie sind zum Amüsement verkommen. Die Kulturindustrie ist ein gigantischer «Amüsierbetrieb» (122), dessen Vergnügungen nur «die Verlängerung der Arbeit» darstellen (123). Ob dieser Eintönigkeit führt derlei Vergnügen aber auch bald «zur Langeweile, denn, um Vergnügen zu bleiben, darf es nicht wieder Anstrengung kosten und bewegt sich daher ganz in den eingefahrenen Assoziationsgeleisen. Der Zuschauer soll keiner eigenen Gedanken bedürfen: das Produkt zeichnet jede Reaktion vor» (123). Angleichung, Egalisierung, Nivellierung allenthalben.

Was macht das mit den Menschen? Zunehmend passen sie sich den Vorbildern an, welche die Reklame ihnen vorgibt – und dadurch werden sie alle gleich, zumindest immer ähnlicher. «Die Mädchengesichter aus Texas gleichen schon als naturwüchsige den arrivierten Modellen, nach denen sie in Hollywood getypt würden» (126). Die Reklame, dieses «Lebenselixier» der Kulturindustrie (145), führt zur «zwangshaften Mimesis der Konsumenten» an die Erzeugnisse der Kulturindustrie (150). In einem zuvor nicht gekannten Ausmaß gleichen sich die Menschen dem Standard an. Individualität verschwindet, Identität übernimmt: «In der Kulturindustrie ist das Individuum [...] nur soweit geduldet, wie seine rückhaltlose Identität mit dem Allgemeinen außer Frage steht» (139). «Die Kulturindustrie hat den Menschen als Gattungswesen hämisch verwirklicht. Jeder ist nur noch, wodurch er jeden anderen ersetzen kann: fungibel, ein Exemplar. Er selbst, als Individuum, ist das absolut Ersetzbare, das reine Nichts» (131).

Ein Leben im Reich der Kulturindustrie ist wie ein Leben im Schlaraffenland: Alles ist verfügbar, keine Wünsche bleiben offen, nichts irritiert mehr. Nur: das alles ist durch immense Verluste an Individualität und Originalität erkauft und gleicht insofern einem Schlaraffenland, das diesen Namen tatsächlich verdienen würde, allenfalls «höhnisch» – gerade so, wie die faschistische «Volksgemeinschaft» einer wahrhaft menschlichen Gemeinschaft allenfalls karikaturhaft gleicht (141). Auch die Kulturindustrie arbeitet einer heraufziehenden Einheit von Gesellschaft und Politik zu (110). Ihre Egalisierung kommt der faschistischen Durchsetzung von Egalität im Ergebnis beängstigend nahe.

Und heute?

Diese Darstellung der Kulturindustrie ist eindrucksvoll und bietet viele und überraschende Einsichten. Aber geht uns das heute noch etwas an? Ist das nicht alles längst vorbei? Ist die Kultur inzwischen nicht ganz anders geworden? Hat sie sich nicht statt zu einer Sphäre der Vereinheitlichung zu einem Eldorado der Diversität entwickelt?

Auf den ersten Blick mag es so scheinen. Wir genießen nicht nur die Mainstream-Medien und die klassische Kultur, sondern ebenso zahllose lokale Kulturinitiativen, und überall entstehen alternative Events – die Vielfalt und Diversität des Angebots ist überwältigend. Aber vielleicht verdeckt diese oberflächliche Fülle nur, dass im Grunde doch noch immer Vereinheitlichungsmechanismen die Kultur durchziehen und bestimmen?

Wenn Horkheimers und Adornos Diagnose vor Jahrzehnten besagte, dass die Kulturinitiativen «nichts sind als Geschäft» (108), so sind wir davon heute weniger weit entfernt denn je. Die ökonomische Logik beherrscht noch immer und erneut und gesteigert die Kultur. «Umwegrentabilität» (beispielsweise die Attraktivität für die Neuansiedlung von Firmen) ist das mindeste, was Kuturetats heute versprechen müssen. Die Kunst steht heute wie damals unter dem «Anspruch der Verwertbarkeit» (142).

Auch die von den Autoren diagnostizierte «Fusion von Kultur und Unterhaltung» (128) gilt ungebrochen. Das öffentlich-rechtliche Fernsehen hat sich längst dem Klamauk der Privatsender angepasst. Klassische Musik wird uns von darauf spezialisierten Radiosendern als «Musik zum Entspannen und Genießen» und abends gar als «Kuschelklassik» dargeboten. Die Dominanz des billigen Amüsements, 1944 von den Autoren aufgespießt und 1985 von Neil Postman erneut angeprangert,[2] herrscht noch immer.

In der global gewordenen Kulturindustrie haben Medienimperien (die Nachfolger der großen Filmstudios von einst, wie die Autoren sie im Blick hatten) nicht nur gigantischen Einfluss, sondern sie reduzieren das Spektrum der Meinungen in einem drastischen Ausmaß. Was dem Medienmogul nicht passt, verschwindet, es existiert schlicht nicht – Vereinheitlichung per Dekret.

Aber man soll nicht sagen, dass die Menschen manipuliert würden. Sie manipulieren sich selbst. Sie gieren nach Reklame, Unterhaltung und dem Füllhorn der Waren. Die Fremdmanipulation von einst ist zur Selbstmanipulation geworden.[3] Die digitalen Konsumenten stimmen der Aufzeichnung ihres Such- und Kaufverhaltens zu, und ein Algorithmus präsentiert ihnen dann passgenau das, wonach sie sich sehnen. Die Schraube der konsumistischen Freiheit zurrt sie immer mehr fest.

Noch immer dient die Kulturindustrie der Erhaltung des status quo. Sie preist Myriaden von Innovationen an, die keine sind. Alles soll so bleiben, wie es ist – nur geringfügig adaptiert oder aufgefrischt. Die «Macht der Monotonie» (133) kennt keine Grenzen.[4]

Ja, die Kulturindustrie-Diagnose der *Dialektik der Aufklärung* ist in manchem angestaubt. Einige ihrer Beispiele machen uns lächeln, und ihre Art von Kapitalismuskritik ist ersichtlich von gestern. Aber der Grundtenor der Diagnose trifft nach wie vor zu – vielleicht heute sogar mehr denn je. Die Autoren hatten konkrete Phänomene vor Augen und haben tief nach deren Ursachen geschürft. Ein solches Verfahren vermag über die Anlässe hinaus weit nach vorne zu blicken. Nicht, dass Philosophie prophetisch sein könnte. Aber ein tief grabender Blick vermag noch immer weit zu reichen.

Kristeva

«Fremde sind wir uns selbst»

Was für ein Titel![1] Er bringt die These des Buches haargenau auf den Punkt. Unsere Beziehung zu Fremden ist eine Beziehung zu uns selbst. Die Fremdheit wohnt uns inne. Das Verhältnis zum anderen Fremden hat im Verhältnis zum eigenen Fremden seine Grundlage. Je nachdem, wie weit die Selbstbeziehung gelingt oder nicht, wird auch die Fremdbeziehung gelingen oder nicht.

Wiederkehr des Verdrängten

Sigmund Freud hat den Weg gewiesen. Als er das dem Fremden verwandte Phänomen des Unheimlichen analysierte, meinte er, das Unheimliche sei «nichts Neues», sondern ein «wiederkehrendes Verdrängtes».[2] Irgendwann sei der Affekt einer Gefühlsregung verdrängt und dadurch in Angst verwandelt worden. Wenn dieses Verdrängte dann später wiederkehrt, hat es den Charakter des Unheimlichen. Das Unheimliche kommt also nur scheinbar von außen auf einen zu, in Wahrheit ist es etwas «von alters her Vertrautes», das einem inzwischen durch die Verdrängung entfremdet wurde und deshalb bei der erneuten Begegnung beängstigend wirkt.[3]

Julia Kristeva (geb. 1941) knüpft an diese Weichenstellung Freuds an und bezieht sie auf unser Verhältnis zum Fremden. Gewiss kommt der Fremde in der Realität von außen auf uns zu. Aber unser Verhältnis zu ihm kann nicht von außen, sondern muss von innen begriffen werden. Wir tragen die Basis unseres Verhaltens zum Fremden in uns. Sie liegt in unserer eigenen internen Fremdheit. «Das Fremde ist in uns selbst» (209). «Wir sind unsere eigenen Fremden» (198). Das gewohnte Eigen-Fremd-Schema – hier Ich, dort die Anderen – greift zu kurz. So homogen sind weder wir noch die anderen. Wir *alle* sind gemischt, vielfältig, gespalten.

Man muss sich nur vor Augen führen, wie die Konstitution eines Individuums erfolgt. Die soziale Umwelt ist für die Identitätsbildung eminent wichtig. Niemand von uns hätte ein Selbstbild entwickeln können, ohne dass er andere Selbstbilder – durch den Verwandtenkreis, die Schule, die Medien oder wodurch immer – kennengelernt hätte. Wir Menschen sind in keinerlei Hinsicht Autarkisten oder Monaden. Wir *leben* nicht nur in sozialen Gemeinschaften, sondern unsere Identität *erwächst* aus dem Umgang mit anderen. Die von den Ausdrücken ‹Ich› und ‹Identität› möglicherweise suggerierte Vorstellung eines autarken «solus ipse» ist grundfalsch. Ich und Identität sind Produkte sozialer Prozesse.

Zu dieser sozialen Konstitution – auf die man sich philosophisch auf Hegel (Theorie der Anerkennung) oder sozialpsychologisch auf Mead (Betonung der sozialen Interaktion) oder auf Erikson (Stufenmodell der psychosozialen Entwicklung) beziehen kann –, kommt psychoanalytisch hinzu, dass für die soziale Interaktion nicht nur die internalisierten Sozialbeziehungen eine Rolle spielen, sondern dass die interne *Gewichtung* der diversen Anteile entscheidend ist. Unsere Identität ist nicht einfach ein vielfältiges Patchwork, sondern ist durch starke Hierarchisierungen, Gebote und Verbote und durch massive Verschattungen und Verdrängungen bestimmt. Hier liegt der Schwerpunkt von Kristevas psychoanalytischer Betrachtung.

Zu unserer Konstitution gehören Bewertungen (Favorisierungen und Verwerfungen), Spaltungen und Abspaltungen, Vergötzungen und Verdrängungen. Montaigne (auf den Kristeva sich u. a. bezieht) hatte aus unserer inneren Vielfältigkeit geschlossen, dass es «ebenso viele Unterschiede zwischen uns und uns selbst wie zwischen uns und den andern» gibt[4] – wodurch die Eigen-Fremd-Differenz überspielt ist. Kristeva wählt einen anderen Weg. Es mag durchaus sein, dass der Fremde, objektiv betrachtet, reichlich anders ist als wir. Aber in jedem Fall reichen oder verweigern wir ihm die Hand *im Duktus unserer eigenen Verfassung*. Möglicherweise begrüßen wir ihn überschwänglich – weil er etwas verkörpert, was wir zwar in uns bergen, aber selber nicht genügend leben. Oder wir stoßen ihn zurück, weil wir an ihm stellvertretend etwas ablehnen, was wir in uns selber tragen, aber nicht zulassen mögen, sondern hassen und bekämpfen – das intern Verdrängte wird extern zurückgewiesen.[5] Noch einmal: Unser Selbstverhältnis ist die Matrix unseres Fremdverhältnisses.

Wir sind gespalten

Kristeva weist zu Recht darauf hin, dass es nicht einfach unsere inneren Reichtümer, sondern vor allem unsere inneren Verwerfungen sind, die unser Verhältnis zum Fremden bestimmen. «Wir sind unsere eigenen Fremden – wir sind gespalten» (198). Und unsere Spaltungslinien projizieren wir – positiv wie negativ – auf die anderen. Freilich: Unsere inneren Demarkationslinien sind nicht unverrückbar. Schon Freud hatte gesagt: «Der Eigenart des Psychischen können wir nicht durch lineare Konturen gerecht werden wie in der Zeichnung oder in der primitiven Malerei, sondern eher durch verschwimmende Farbenfelder wie bei den modernen Malern. [...] Es ist sehr wahrscheinlich, dass die Ausbildung dieser Sonderungen bei verschiedenen Personen großen Variationen unterliegt»; es ist «möglich, dass sie bei der Funktion selbst verändert und zeitweilig rückgebildet werden.»[6] Das gibt Hoffnung. Die Begegnung mit dem Fremden muss nicht einfach dem Projektionsmodus verhaftet bleiben, sondern kann auch Rückwirkungen auf die eigenen Präferenzen, Spaltungen und Verdrängungen haben. Die Erfahrung des Fremden kann uns in Bewegung bringen.

Entscheidend ist und bleibt für Kristeva, dass wir das Fremde in uns selbst erkennen. Dann werden wir die Fremden, denen wir begegnen, nicht verabscheuen (11). Es kommt darauf an, dass man «als Individuum» (also dem Wort nach als vermeintlich Unteilbares) «aufhört, sich als einheitlich zu betrachten und zu glorifizieren, und stattdessen seine Inkohärenz und seine Abgründe, kurz seine ‹Fremdheit› entdeckt» (12).

Anschließend nennt Kristeva eine weitere und besonders überzeugende Bedingung. Diejenigen, denen einmal der Boden unter den Füßen weggezogen wurde oder deren Boden zumindest ins Schwanken geriet, werden eher ein offenes Ohr für andere haben. Man muss einen inneren Riss, eine Erschütterung erfahren haben, die einem das Gewohnte zumindest für einen Moment fraglich gemacht hat, so dass man sich neu sortieren musste, um fortan für Anderes und Fremdes wirklich offen zu sein. Hingegen: «Die, die ihre Wurzeln niemals verloren haben, scheinen keinem Wort zugänglich, das ihren Standpunkt relativieren könnte. Das Ohr öffnet sich Einwänden nur, wenn der Körper den Boden unter den Füßen verliert. Um einen Missklang zu hören, muss man leicht ins Straucheln gekommen, schwankend über einen Abgrund gegangen sein» (26 f.).

Das benennt eine andere Bedingung als die der Einsicht in die eigene Fremdheit. Es verweist darauf, dass es Unsicherheit braucht – bleibende Unsicherheit, bleibend auch nach der großen Erschütterung, dem nachhaltigen Straucheln. Ohne sie gibt es schwerlich ein Bewusstsein und eine Anerkennung von Fremdheit.

Das sei den Festwurzlern (die es ja auch im menschlichen, nicht nur im pflanzlichen Bereich gibt) ins Stammbuch geschrieben. Andere Wurzeln für möglich und schätzenswert zu halten, ist die Bedingung einer guten Entscheidung zu den eigenen Wurzeln. Diese sind Wurzeln *für einen selbst* – aber deswegen noch lange nicht für jedermann. Andere können ihre andersartigen Wurzeln in der gleichen Weise schätzen. Das sollte man sich gerade in seinen schwachen Stunden klarmachen, in denen man Gefahr läuft, in die Falle von Verwurzelungsansprüchen zu tappen.

Eine Utopie: Das Fremde ist in mir, also gibt es keine Fremden

Am Ende deutet Kristeva eine Utopie an. Auch hier hatte Freud die Agenda vorgegeben: Er «lehrt uns, die Fremdheit in uns selbst aufzuspüren» (209). «Fortan wissen wir, dass wir uns selbst fremd sind, und es ist allein dieser Rückhalt, von dem aus wir versuchen können, mit den anderen zu leben» (184). Aber sind die anderen dann eigentlich noch Fremde? Kristeva schreibt: «Das Fremde ist in mir, also sind wir alle Fremde. Wenn ich Fremder bin, gibt es keine Fremden» (209). Das ist die Einsicht und die Utopie. Wenn wir alle uns selbst Fremde sind, dann mögen wir zwar in unterschiedlicher Weise solche Fremde sein, aber wir sind dann eben doch grundständig allesamt Fremde. Dann ist es mit dem Unterschied von Eigen und Fremd vorbei. Das ist der psychoanalytische Universalismus: National, habituell, kulturell, visuell mögen wir sehr unterschiedlich sein, aber in uns selbst Fremdheit zu bergen und genau dadurch diejenigen zu sein, die wir sind, das ist unser gemeinsames Schicksal – das Schicksal aller Menschen als Kulturwesen. Fremdheit ist das Universale, das uns alle verbindet.

Ist Kristeva, wenn sie dies proklamiert, blauäugig? Nein. Sie weiß, dass sie die Frage des Fremden innerhalb von Frankreich aufwirft und dass man «nirgendwo fremder ist als in Frankreich»; «nationaler Hochmut» schlägt einem allenthalben entgegen (47). Es gibt jedoch auch ein ausgleichendes Pendant: Als Fremder ist man in Frankreich «Faszinationsobjekt», und so gesehen ist man «nirgendwo *besser* Fremder als in Frankreich» (48).

Aber es ist falsch, die Frage des Universalen nationalen Kategorien zu unterwerfen. Im Grunde – psychoanalytisch, von unserer eigentlichen und tiefsten Verfassung aus gesehen – sind wir alle durch Verwerfungen, durch Verdrängungen, durch Abspaltungen, kurzum: durch Fremdheiten charakterisiert. «Fremde sind wir uns selbst» ist die tiefste anthropologische Bestimmung. Nicht irgendein Philosoph, sondern die eminent philosophische, von Bulgarien nach Frankreich emigrierte Psychoanalytikerin Julia Kristeva hat uns das gesagt.

Nietzsche, Scheler, Derrida u. a.

Kulturelle Identität heute

Julia Kristeva hat die innere Fremdheit thematisiert. Wenden wir uns nun der äußeren Fremdheit zu, den Fremdheitseinschlüssen nicht von Individuen, sondern von Gesellschaften oder Kulturen. So wie laut Kristeva die Individuen fremde und unvertraute Elemente in sich bergen, so sind auch die Gesellschaften und Kulturen – das wird in neuerer Zeit immer deutlicher – in sich nicht homogen, sondern vielfältig und gemischt. Die Homogenität ist eine Fantasie von gestern, die Wahrheit gehört der Mischung, der Vielfältigkeit, den Differenzen.

Nietzsche: «Verschmelzung der Nationen»

Schon Friedrich Nietzsche (1844–1900) hat dies gesehen. Er meinte, dass in Europa «in Folge fortwährender Kreuzungen eine Mischrasse» entstehen werde.[1] «Der Handel und die Industrie, der Bücher- und Briefverkehr, die Gemeinsamkeit aller höheren Cultur, das schnelle Wechseln von Ort und Landschaft, das jetzige Nomadenleben aller Nicht-Landbesitzer» werden unweigerlich zur «langsamen Heraufkunft einer wesentlich übernationalen und nomadischen Art Mensch» führen.[2]

Während Nietzsche diesen Prozess zunächst als ambivalent einschätzte, hat er später energisch dafür plädiert, dass der künftige Wert und Sinn der Kultur «in einem gegenseitigen Sich-Verschmelzen und -Befruchten» liege.[3] Deshalb solle man «durch die That an der Verschmelzung der Nationen arbeiten».[4] In diesem Sinn verstand Nietzsche sich auch selbst als Wanderer: «Wer nur einigermaassen zur Freiheit der Vernunft gekommen ist, kann sich auf Erden nicht anders fühlen, denn als Wanderer, – wenn auch nicht als Reisender *nach* einem letzten Ziele, denn dieses giebt es nicht. Wohl aber will er zusehen und die Augen dafür offen haben, was Alles in der Welt eigentlich vorgeht; desshalb darf er sein Herz nicht allzufest an alles Einzelne anhängen; es muss in ihm selber etwas Wanderndes sein, das seine Freude an dem Wechsel und der Vergänglichkeit habe.»[5] Der späte Nietzsche wandte sich scharf gegen jeden Rückfall in «Nationalismus», «Vaterländerei» und «Schollenkleberei».[6] Nietzsche darf als Vordenker der modernen Transkulturalität gelten.[7]

Scheler: «Der Mensch im Weltalter des Ausgleichs»

Einige Jahrzehnte später hat Max Scheler (1874–1928) eine ähnliche Diagnose vorgetragen – diesmal jedoch mit Blick nicht nur auf Europa, sondern auf die Welt im ganzen. Scheler sieht die kommende Entwicklung insgesamt durch «Ausgleich» charakterisiert.[8] Bislang hat sich die Menschheit durch Differenzierungen fortentwickelt – jede Kultur hat sich von den anderen abgesetzt und ihre Besonderheiten und Eigenheiten entwickelt. Jetzt aber schlägt die Stunde des Ausgleichs zwischen diesen unterschiedlichen Entwicklungen. «Ausgleich» ist für Scheler die «umfassende Tendenz dieses Weltalters» (151). Über kurz oder lang wird es zu einem Ausgleich kommen zwischen den Rassen, den Idealen der Kulturkreise (insbes. von Europa und Asien[9]), zwischen männlich und weiblich, Kapitalismus und Sozialismus, Ober- und Unterklasse, Jugend und Alter (152) – und schließlich auch zwischen Mensch und Natur (Schelers Stichwort dafür lautet «Solidarität aller Lebewesen untereinander», 162).

Scheler ist überzeugt, dass dieser Ausgleich nicht Nivellierung oder Gleichmacherei bedeuten, sondern den ganzen Reichtum der menschlichen Kulturen zur Entfaltung bringen wird, indem er über die bisherigen Einseitigkeiten hinausführt und das Beste, was in den einzelkulturellen Entwicklungen entstanden ist, zusammenführt.

«Keine Kultur ist rein»

In der Zwischenzeit hat sich die Einsicht Bahn gebrochen, dass die Kulturen nicht erst heute durch Mischungen gekennzeichnet sind, sondern dies schon in der Vergangenheit waren. «Alle Kulturen sind hybrid; keine ist rein; keine ist identisch mit einem ‹reinen› Volk; keine besteht aus einem homogenen Gewebe», schrieb der palästinensische Intellektuelle Edward Said.[10] Der indische Philosoph Jitendra M. Mohanty erklärte mit Blick auf sein Land: «die Rede von einer Kultur, die die Idee von einer homogenen Gestalt erweckt, ist ganz irreführend. Die indische Kultur oder die hinduistische besteht aus ganz verschiedenen Kulturen. [...] Eine ganz homogene Subkultur findet man nicht», «die Idee von kultureller Reinheit ist ein Mythos».[11] Und Peter Burke hat betont, dass kulturelle Begegnungen und Mischungen während der gesamten menschlichen Geschichte und nicht erst in den letzten dreißig Jahren erfolgt sind.[12]

Genetische Untersuchungen lassen diese Vielwurzeligkeit heute höchst überzeugend erkennen. So weiß man beispielsweise, dass die Europäer (die zunächst gar nicht Europäer, sondern Immigranten aus Afrika waren) sich vor ca. 7500 Jahren durch Zuzug aus dem Nahen Osten genetisch beträchtlich verändert haben. Nahezu die Hälfte der heutigen Gene der europäischen Bevölkerung stammt von dort. Ursprünglich Afro-Europäer, sind die Europäer seitdem also sozusagen europäische Afro-Araber geworden. Und diese Vermischung war mit einer höchst bedeutsamen kulturellen Folge verbunden. Während der Übergang von der Jäger- und Sammlerphase zu Ackerbau und Viehzucht im Nahen Osten schon vor ca. 11 000 Jahren erfolgt war, trat er in Europa erst vor ca. 7500 Jahren ein, also just zur Zeit der Vermischung mit den aus dem Nahen Osten zugezogenen Völkern.[13] Er war eben ein Geschenk dieser Völker – ohne sie wären die Europäer möglicherweise noch jahrtausendelang rückständige Jäger und Sammler geblieben.

Und wie steht es mit den geschichtlich späteren kulturellen Wurzeln Europas? Rémi Brague hat darauf hingewiesen, dass Europa sich aus zwei Quellen speist: aus einer griechischen und einer jüdischen; und dass Europa nicht nur durch diesen doppelten Ursprung, sondern auch durch die schmerzliche Distanz dazu geprägt ist. Seit der Zeit der Römer schleppen die Europäer ein Bewusstsein der Zweitrangigkeit und Inferiorität gegenüber ihren Ursprüngen mit sich: «Das Besondere der europäischen Identität liegt in ihrer ‹kulturellen Zweitrangigkeit›: in dem Wissen, nicht ursprünglich zu sein, sondern vor sich anderes, Früheres zu haben – kulturell die griechische Antike, religiös das Judentum.»[14] Daher die «exzentrische Identität» Europas.[15]

Jacques Derrida (1930–2004) schließlich hat die neueren Einsichten in die vielfältige Konstitution der Kulturen so resümiert: «*Es ist einer Kultur eigen, dass sie nicht mit sich selber identisch ist.* […] Es gibt keine Kultur und keine kulturelle Identität ohne diese Differenz *mit sich selbst.*»[16] Und mehr noch: Die Differenz ist nicht nur eine innere (etwa die von Brague herausgestellte Differenz zu den eigenen Ursprüngen), sondern auch eine äußere. Und dies nicht nur in dem trivialen Sinn, dass eine Kultur gegenüber einer anderen Kultur Unterschiede aufweist, sondern in dem anspruchsvollen Sinn, dass sie sich auf das Andere hin öffnen muss. So muss sich Europa heute «auf jenes hin öffnen, was nie europäisch gewesen ist und was nie europäisch sein wird» (56). Daher erklärt Derrida: «Ich bin ein Europäer. Doch bin und fühle ich mich nicht *durch und durch* europäisch. Meine kulturelle Identität ist nicht mit sich selber identisch; ich bin nicht durch und durch ‹kulturell›» (60). – Eine ebenso weise wie weitgehende Aussage: Ein Europäer trägt nicht nur Europäisches in sich, sondern auch Einflüsse anderer Kulturkreise können für ihn prägend gewesen sein; und am Ende tragen wir alle Elemente in uns, die gar nicht kultureller, sondern vorkultureller Natur sind.

Derridas Analyse leitet zurück zu Kristeva. Von ihr war zu lernen, dass wir nicht einfach identisch mit uns selbst sind, dass wir keine vollrunden Synthesen darstellen, sondern Fremdheiten und Abgründe, Differenzen zu uns selbst beinhalten. Das aber, so haben wir jetzt gesehen, gilt nicht nur auf der Ebene der Individuen, sondern auch der Kulturen. Auch für diese wird es künftig darauf ankommen, ihre Differenzen und Risse zu erkennen und zu akzeptieren – gerade ihre ‹imperfekte› Verfassung eröffnet die Chance, sich auch anderen, ähnlich ‹imperfekten› Kulturen zu öffnen.

*

In diesem Essay wurden verschiedene Autoren zusammengespannt – von Nietzsche über Scheler, Said, Mohanty, Burke und Brague bis hin zu Derrida. Irgendwie sagen sie alle das Gleiche. Auch das ist typisch für die Geschichte des Denkens. Nicht jeder Denker ist ein Originalgenie, und vor allem: er muss es nicht sein. Wer denkt, steht vielmehr auf den Schultern von Vorgängern und vermag deshalb weiter zu blicken – nicht weil er klüger wäre, sondern weil die anderen ihn hochgehoben haben. Und es gibt objektive Faktoren, die denjenigen, die einigermaßen wach sind, in einer bestimmten Epoche eine neue, den bisherigen Auffassungen zuwiderlaufende Einsicht schier aufdrängen. Der einsame Denker ist ein schönes Bild, aber ein Zerrbild. Weder ist er einsam noch ist er allein, will sagen: viele andere haben mitgedacht, und der Einzelne denkt, wie die anderen es auch taten, in einem mannigfaltigen Netz von Einflüssen, Anregungen und Neuigkeiten.

Der thematische Fokus dieses Essays – die innere Vielfältigkeit der Kulturen – passt dazu. Viele verschiedene – nicht nur Philosophen, sondern auch Wissenschaftler, Intellektuelle, Künstler, Politiker und wer weiß sonst noch alles – wirken an einem Gedanken mit. Und indem sie das tun, kommen unterschiedliche Richtungen und Potenziale der Kultur zur Geltung. Denn jeder der Genannten wird einen etwas anderen Strang der Kultur repräsentieren. Deren Vielfältigkeit, Differenzen, Reichtum und Spannungen manifestieren sich in den diversen Individuen. Diese Polyphonie, die hinter den meisten Gedanken steht, sollte wenigstens einmal – wenigstens in diesem Essay – deutlich zum Ausdruck kommen.

Danto

Völlig anders – und doch ununterscheidbar

Zum Schluss ein besonders ingeniöses Beispiel: Arthur Dantos Theorie der «Indiszernibilien». Was ist damit gemeint?

Bilder einer Ausstellung

Danto (1924–2013) beginnt sein Buch *Die Verklärung des Gewöhnlichen* mit der Beschreibung einer imaginären Ausstellung. Sie umfasst acht Werke, die völlig gleich aussehen. Jedesmal handelt es sich um ein Viereck mit roter Farbe – gleiche Größe, gleicher Farbton, gleicher Erhaltungszustand. Visuell sind die Werke also absolut ununterscheidbar – eben «Indiszernibilien». Und doch sind sie ganz verschieden! Denn sie haben höchst unterschiedliche Sujets. Das erste Gemälde trägt den Titel *Die Israeliten, die das Rote Meer durchqueren*. Warum die rote Farbe? Weil die Israeliten schon vorbeigezogen und die Ägypter allesamt ertrunken sind, da blieb nur noch die Farbe des Roten Meeres. Das zweite Gemälde heißt *Kierkegaards Stimmung*. Der Künstler hat es unter dem Eindruck von Kierkegaards Diktum geschaffen, sein Leben gleiche dem Gemälde *Die Israeliten, die das Rote Meer durchqueren*. Drittens sieht man ein Bild mit dem Titel *Roter Platz* – es stellt den bekannten Platz in Moskau dar. Das vierte Bild trägt den gleichen Titel, ist aber von gegenständlichen Assoziationen frei, es handelt sich um ein minimalistisches Musterbeispiel geometrischer Kunst. Das fünfte Bild ist *Nirwana* betitelt; man hat es hier mit einem metaphysischen Gemälde zu tun, das auf dem Wissen des Künstlers beruht, dass die Ordnungen des Nirwana und des Samsara identisch sind und dass die Samsara-Welt von ihren Verächtern

‹Die Rote Wüste› genannt wird. Bild Nummer sechs heißt *Rotes Tischtuch* – und zeigt ein solches. Beim siebten Bild handelt es sich um eine von Giorgione mit Bleirot grundierte Leinwand – Vorarbeit für eine *Sacra Conversazione*, zu deren Ausführung es leider nicht mehr kam. Das achte Bild schließlich stammt vom Ausstellungsmacher selbst; von Giorgiones Leinwand angeregt, hat Danto eine Fläche mit Bleirot bemalt – aber das ist natürlich kein Kunstwerk, sondern einfach ein Ding mit Farbe drauf.[1]

Achtmal also physikalisch und visuell das Gleiche, und doch welche Unterschiede! Die Bilder 1 bis 7 sind allesamt Kunstwerke – sechs vollendete und ein unvollendetes (Giorgione). Aber welche überraschenden Unterschiede tun sich doch bei visueller Gleichheit auf – ein Historienbild, ein Psychogramm, eine Stadtansicht, das bildnerische Manifest einer Kunstrichtung, eine metaphysische Offenbarung, ein Küchenstück, ein Heiligenbild! Fast wohltuend, dass das achte Stück im Gegensatz dazu einfach ein reales Ding ist. Aber es sieht eben doch haargenau gleich aus wie die anderen Bilder …

Das also ist die erste Überraschung: dass Werke, die einander völlig gleichen, höchst Unterschiedliches bedeuten können. Das Visuelle ist also letztlich nicht entscheidend. Daraus ergibt sich eine Korrektur an der Standardauffassung der Ästhetik, wonach für Kunstwerke ihre sinnlich wahrnehmbaren Eigenschaften ausschlaggebend sein sollen. Das stimmt offenbar nicht. Der Unterschied – und damit die Essenz – der genannten Werke muss einen anderen Grund haben.

Zweitens verbleibt am Ende der Beispielreihe eine gewisse Beunruhigung. Warum soll das achte Objekt, das all den anderen Kunstwerken vollkommen gleicht, nicht auch ein Kunstwerk sein? Gewiss, sein Produzent hat erklärt, dass es ein bloßes Ding sei. Aber vielleicht hat er sich getäuscht. Vielleicht hat auch dieses Ding das Zeug zum Kunstwerk. Man stelle sich nur einmal vor, jemand würde in Abwesenheit des Kurators die Bilder 1 und 8 vertauschen. Wenn der Kurator zurückkommt, wird er davon unmöglich etwas bemerken können. Folglich wird er in Zukunft die Nummer 8 für Nummer 1 und die Nummer 1 für Nummer 8 halten und ausgeben, also unfreiwillig Bild 1 vom Kunststatus in den Dingstatus und Bild 8 vom Dingstatus in den Kunststatus versetzen. Mit der einfachen Deklaration, dass Nummer 8 ein bloßes Ding und kein Kunstwerk sei, ist es offenbar nicht getan.

Tatsächlich ist dies der Punkt, an dem Danto die Überlegungen fortsetzt. Er lässt einen jungen Künstler auftreten, der gegen die Ungleichbehandlung protestiert und selber ein Werk anfertigt, das Nummer 8 haargenau gleicht. Er gibt ihm den Titel *Ohne Titel*, besteht darauf, dass es ein Kunstwerk sei und verlangt seine Aufnahme in die Ausstellung – die zögerlich gewährt wird. Jetzt umfasst die Ausstellung also neun Bilder.

Damit ist zum ersten Problem – warum können völlig gleiche Werke höchst Unterschiedliches bedeuten? – ein zweites und gravierenderes hinzugekommen: Worin liegt der Unterschied zwischen Kunstwerken und einfachen Dingen? Die simple Grenzziehung, die Danto mit Werk 8 versucht hatte, verfängt nicht. Der junge Künstler hat sie unterlaufen. Die Unterscheidung wird einer diffizilen Begründung bedürfen.

Newtons Gesetze

Das erste Problem – wie können völlig gleich aussehende Werke ganz Unterschiedliches bedeuten? – klärt Danto dann im Blick auf zwei Bilder, von denen das erste Newtons drittes Gesetz und das andere Newtons erstes Gesetz darstellt (185–187). Natürlich sehen auch diese beiden Bilder völlig gleich aus:

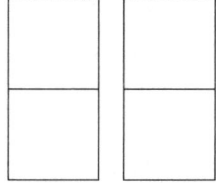

Newtons drittes Gesetz besagt, dass zu jeder Aktion eine gleich starke entgegengerichtete Reaktion gehört. Dies hat der Künstler anhand zweier Massen dargestellt; die obere Masse, so erläutert er, drückt mit einer Kraft, die proportional zu ihrer Beschleunigung ist, nach unten, während die untere Masse, als Reaktion auf die Kraft ihres Gegenstücks, in genau derselben Weise nach oben drückt; die Massen müssen gleich sein – das ist durch die Gleichheit der Größe ausgedrückt; und sie müssen einander entgegengesetzt sein – deshalb ist die eine oben und die andere unten platziert. – Eine gelungene Darstellung des dritten Gesetzes.

Nun zum anderen Bild: Newtons erstes Gesetz besagt, dass ein Körper, auf den keine Kräfte einwirken, entweder im Zustand der Ruhe verharren oder sich geradlinig mit konstanter Geschwindigkeit fortbewegen wird. Das Letztere ist hier dargestellt. Die horizontale Linie in der Mitte zeigt die Bahn eines einzelnen Körpers, auf den keine Kraft wirkt und der sich geradlinig und konstant fortbewegt. Deshalb geht die Bewegungslinie von Rand zu Rand und könnte unendlich verlängert werden. Auch diese Darstellung ist wirklich gelungen.

Zwei völlig gleiche Bilder. Zwei ganz unterschiedliche Themen. Und zwei Interpretationen, die jeweils eine absolut schlüssige Verbindung zwischen Bildgestalt und Sujet herstellen. Mit schöner Ironie schreibt Danto: «Wie seltsam, die Ununterscheidbarkeit der Werke zu entdecken, nachdem man diese Erklärungen gehört hat!» (187).

Das Beispiel zeigt, wie es zustande kommt, dass völlig Gleiches ganz Unterschiedliches bedeuten kann: als «verschiedene Werke» werden diese beiden Bilder «durch Identifikationen konstituiert, die ihrerseits durch eine Interpretation ihrer Sujets begründet werden» (187). Eine Identifikation erfolgt, indem ein Quadrat als nach unten oder oben drückende Masse bestimmt oder eine horizontale Linie zur Bahn eines Körpers erklärt wird. Diese Identifikationen stehen in Zusammenhang mit einer Interpretation des Bildes, die diesem ein bestimmtes Sujet zuschreibt (drittes bzw.

erstes Newtonsches Gesetz). Identifikation und Interpretation bewirken also die Sonderung der Indiszernibilien, sie machen aus dem visuell Ununterscheidbaren etwas semantisch sehr Diverses. Damit ist die erste Frage – wie können gleich aussehende Kunstwerke höchst Verschiedenes bedeuten? – beantwortet.

Transfiguration

Die zweite – und elementarere – Frage aber harrt noch der Beantwortung. Was unterscheidet ein Kunstwerk von einem bloßen Ding? Oder anders formuliert: Wodurch geschieht die Transfiguration (Verklärung) eines bloßen Dinges in ein Kunstwerk? Dafür ist durch die Klärung der ersten Frage zwar schon eine gewisse Vorarbeit geleistet: für ein Kunstwerk ist Interpretation entscheidend, und zwar erstens für seine Bedeutung, aber die Interpretation betrifft zusätzlich auch, was nun zu betrachten ist, den Status als Kunstwerk.

Halten wir noch einmal fest, was Danto strikt ablehnt und mit einem überzeugenden Argument zurückweist: die Auffassung, es seien sinnliche oder ästhetische Eigenschaften, die etwas als Kunstwerk ausweisen. Das funktioniert offensichtlich bei der Gegenüberstellung eines roten Vierecks der Kunst und eines gleichartigen roten Vierecks des Alltags nicht. Danto weist zu Recht darauf hin, dass man schon wissen muss, dass etwas ein Kunstwerk ist, um ihm gegenüber die ästhetische Einstellung einzunehmen, in der dann ästhetische Eigenschaften eine Rolle spielen. Bei einem Kunstwerk konzentrieren wir uns auf seine ästhetischen Eigenschaften, bei einem banalen Gegenstand tun wir das nicht. Also ist für die ästhetische Einstellung schon vorausgesetzt, dass wir wissen, dass es sich um ein Kunstwerk handelt. Die ästhetische Einstellung kann dieses Wissen mithin nicht begründen, es muss sich vielmehr aus anderen Quellen speisen. Aus welchen?

Danto setzt auch hier auf die Interpretation. Das geschieht zweifellos zu Recht. Der ontologische Status von Kunstwerken im

Unterschied zu bloßen Dingen beruht darauf, dass sie – anders als jene – in der Sphäre der Bedeutung angesiedelt sind, und diese Ansiedelung verdankt sich einer Interpretation. Allerdings bedarf diese erste Bestimmung noch einiger Fein- und Nachjustierungen. Beispielsweise sind nicht alle Objekte, die sich in der Sphäre der Bedeutung befinden, Kunstwerke. Manche sind schlicht Darstellungen ohne Kunstanspruch. Was also qualifiziert eine Darstellung nicht bloß als Darstellung, sondern darüber hinaus als Kunst? Welcher Art muss eine Interpretation sein, um etwas – über den Status der Darstellung hinaus – zu einem Kunstwerk zu erklären? Was ist für eine «artistische Interpretation» (wie Danto sagt und womit er eigentlich eine *artifizierende* Interpretation meint) erforderlich?

Hier geht Danto ein bisschen die Luft aus. Er flüchtet sich in eine altväterliche Auskunft. Er meint, dass die Erstinterpretation, nämlich die des Künstlers, nicht nur die Bedeutung des Kunstwerks festlege, sondern es überhaupt in den Status eines Kunstwerks erhebe: «Ich glaube, es kann nicht von Grund auf falsch sein, anzunehmen, dass die richtige Interpretation des Gegenstands-als-Kunstwerk diejenige ist, die sich am weitesten mit der Interpretation des Künstlers deckt.»[2] Diese soll «konstitutiv für das Kunstwerk» sein und «verklärenden Charakter» besitzen. «Sie verwandelt Gegenstände in Kunstwerke.»[3]

Glücklicherweise wird diese problematische Auskunft durch eine wesentliche Einsicht abgefedert: nicht einfach der jeweilige Künstler oder die jeweilige Künstlerin ist entscheidend, sondern der Kontext, die Tradition, die Kunstkultur, in der sie arbeiten. Nicht alles ist zu jeder Zeit möglich – Danto führt dieses Diktum Heinrich Wölfflins (1864–1945) mehrfach an. Wären Lichtensteins Pinselstrich-Gemälde von 1965 hundert Jahre früher von jemand anderem genau gleich gemalt worden, so hätten sie damals unweigerlich eine andere Bedeutung haben müssen, es würde sich also, weil Kontext und Interpretation anders wären, um «verschiedene Kunstwerke» handeln (175). So gesehen, steht hinter dem einzelnen Künstler oder der einzelnen Künstlerin immer ein Kontext und eine Geschichte der Kunst, die sowohl von Werken wie von Theorien geprägt sind, und es ist weniger das Individuum als dieser Komplex, der über das Kunstprädikat entscheidet. Was im Übrigen nicht nur für den Akt der «Verklärung», sondern auch für die Rezeption gilt: «Etwas überhaupt als Kunst zu sehen, verlangt [...] eine Atmosphäre der Kunsttheorie, eine Kenntnis der Kunstgeschichte» (207).

Duchamp und Warhol

Dantos Leitfrage geht bekanntlich auf Marcel Duchamp zurück. Dieser brachte alltägliche Gegenstände in Ausstellungsräume, signierte sie und erklärte sie zu Kunstwerken. Duchamp ist es gewesen, «der als erster das subtile Wunder vollbrachte, Objekte der Lebenswelt aus ihrer banalen Existenz in Kunstwerke zu verwandeln: einen Kamm, einen Flaschenständer, ein Velorad, ein Urinal» (10). Tonnen von Literatur sind seither über diese Readymades, über ihre künstlerische Legitimität und begriffliche Herausforderung, über die Funktion von Museen und Galerien sowie über List, Täuschung und höheren Unsinn geschrieben worden. Danto stellt die entscheidende Frage: Wodurch wird aus einem Ding ein Kunstwerk? Wobei das eine (der Flaschenständer im Pariser Kaufhaus *Bazar de l'Hôtel de Ville*) und das andere (der Flaschenständer in der *Exposition surréaliste d'objets*) visuell ununterscheidbar sind. Schon Duchamp hatte die Vorstellung, dass für die «Transfiguration» ästhetische Aspekte des Objekts ausschlaggebend sein könnten, entschieden zurückgewiesen. Seine Wahl der Readymades, sagte er, wurde «nie von einer ästhetischen Lust diktiert», sondern beruhte auf einer «Reaktion *visueller* Indifferenz, ... in der Tat eine völlige Anästhesie».[4] Danto dazu: «Ich glaube, was Duchamp zum Wahnsinn oder zum Mord getrieben hätte, wäre der Anblick von Ästheten gewesen, die geistesabwesend über der glänzenden Oberfläche des Objektes [gemeint ist das Urinal] brüten, das er in den Ausstellungsraum geschafft hat: ‹Wie sehr es doch dem Kilimandscharo gleicht! Wie das weiße Strahlen der Ewigkeit! Wie arktisch erhaben!›» (147 f.). Wenn Danto sich eher auf Andy Warhol als auf Duchamp bezieht, so eben aus diesem anästhetischen Grund, denn Warhols Brillo-Boxes sind tatsächlich ohne jegliche ästhetische Attraktivität, so dass in diesem Fall, anders als bei Duchamp, der Irrglaube, ästhetische Eigenschaften könnten für die Transfiguration verantwortlich sein, gar nicht erst aufkommen kann (11).

*

Dantos Theorie geht davon aus, dass es eine klare Grenze zwischen Kunst und Nicht-Kunst gibt. Zwar ist Grenzverkehr möglich: Dinge können in Kunstwerke transformiert werden. Aber die Grenze bleibt bestehen. Ohne Interpretation und Kunstwelt gibt es keinen Transfer. Ein Ding kann nicht einfach von sich aus die Grenze passieren.

Ist diese Opposition von Kunstwelt und Dingwelt für immer verbindlich? Oder stellt sie vielleicht nur eine vorübergehende Matrix dar? Ist sie gar längst hinfällig geworden – und genau durch die Kunstwerke, die Danto thematisiert? War deren Intention denn wirklich eine Transfiguration? Ging es ihnen nicht vielmehr um die Auflösung oder zumindest Ermäßigung des Unterschiedes von Kunstwelt und Dingwelt? Und zielen nicht etliche Tendenzen der zeitgenössischen Kunst weiterhin in diese Richtung? Man sucht eine Kunst, die nicht mehr abgespalten ist von der Wirklichkeit, nicht mehr kategorisch von ihr unterschieden ist – eine Kunst, die eher ein Transformationselement oder ein Verbesserungsferment der Wirklichkeit ist. Die Kunst will heute in die Wirklichkeit zurückkehren.[5]

Aber die Kunstwelt ist ein Moloch, der alles, was ihm opponiert, als Mittel seiner Erneuerung und Verjüngung zu integrieren und zu nutzen weiß. Sie ist ein großer Usurpator. Sie verleibt sich jede Infragestellung ihrer ein. Und sie liebt eine Theorie, die das rechtfertigt. Hat Arthur Danto, der jahrzehntelang der Star der New Yorker Kunstkritikszene war, am Ende nur eine Legitimation dieser Usurpation geliefert? Denn was tut seine Theorie anderes, als zu erklären, dass Beliebiges als Kunst angeeignet werden kann? Es sei erlaubt, diesen Verdacht zu äußern. – «Glanzmomente» können auch gleisnerisch sein.

Anmerkungen

Heraklit

1 Marcus Tullius Cicero, *Gespräche in Tusculum* [entst. 45 v. Chr.] (Zürich: Artemis & Winkler 1992), 215 [V 10].
2 Michel de Montaigne, *Essais* [1572–1594], übers. v. Hans Stilett (Frankfurt/Main: Eichborn 1998), 522 [III 12].
3 Johann Gottfried Herder, *Ideen zur Philosophie der Geschichte der Menschheit* [1784–91], in: ders., *Werke in 10 Bänden*, Bd. 6 (Frankfurt/Main: Deutscher Klassiker Verlag 1989), 550 [III 13, V].
4 Moses Mendelssohn, *Schriften zur Metaphysik, Ethik sowie zur Religionsphilosophie* (Hildesheim: Olms 1968), 135.
5 Platon, *Phaidros*, 230 d.
6 Ebd., 229 e – 230 a.
7 So berichtet es Diogenes Laertius, *Leben und Meinungen berühmter Philosophen*, Bd. 1 (Hamburg: Meiner ²1967), 76 [II 7].
8 *Die Fragmente der Vorsokratiker*, hrsg. von Hermann Diels und Walter Kranz, 3 Bde. (Zürich: Weidmann ⁶1951), II 194 [B 247].
9 Ebd., I 150 [B 1].
10 Rainer Maria Rilke, *Duineser Elegien*, «Die vierte Elegie» [1915], in: ders., *Sämtliche Werke in 12 Bänden*, Bd. 2 (Frankfurt/Main: Insel 1976), 697–700, hier 699.
11 Als direkter Spruch Heraklits ist das zwar nicht nachweisbar, aber es trifft seine Anschauung gut.
   Ein Reflex davon bei einem neueren Literaturnobelpreisträger:
   «The slow one now will later be fast
   As the present now will later be past
   The order is rapidly fadin'
   And the first one now will later be last
   For the times, they are a-changin'»
   (Bob Dylan, *The Times They Are a-Changing'*, 1964)
12 *Die Fragmente der Vorsokratiker*, a. a. O., I 167 [B 72].
13 «Diese Weltordnung, dieselbige für alle Wesen, schuf weder einer der Götter noch der Menschen, sondern sie war immerdar» (ebd., I 157 [B 30]).
14 Ebd., I 161 [B 50].
15 Ebd., 150 [B 1].
16 Ebd.

17 Ebd., I 162 [B 51]. «Krankheit macht Gesundheit angenehm und gut, Hunger Sattheit, Mühe Ruhe» (ebd., 175 [B 111]).
18 Ebd., I 151 [B 2].

Anaxagoras

1 «Beisammen waren alle Dinge, grenzenlos nach Menge wie nach Kleinheit; denn das Kleine war grenzenlos. Und solange alle beisammen waren, war nichts deutlich erkennbar infolge der Kleinheit» (*Die Fragmente der Vorsokratiker*, hrsg. von Hermann Diels und Walter Kranz, 3 Bde., Zürich: Weidmann ⁶1951, II 32 [B 1]).
2 «Und als der Geist angefangen hatte, es zu bewegen, fand aus all dem, was sich bewegte, Aussonderung statt, und was der Geist auch alles in Bewegung setzte, das alles wurde voneinander getrennt. Und während die Dinge sich bewegten und trennten, bewirkte die Rotation, dass sie sich um vieles mehr trennten» (*Die Vorsokratischen Philosophen. Einführung, Texte und Kommentare*, hrsg. v. Geoffrey S. Kirk, John E. Raven u. Malcolm Schofield [1957], Stuttgart: Metzler 1994, 398 [477]).
3 «[...] zuerst fing diese Umdrehung von einem gewissen kleinen Punkte an, die Umdrehung greift aber weit und wird noch weiter greifen [...] Gerade diese Umdrehung aber bewirkte, dass sie sich abschieden» (*Die Fragmente der Vorsokratiker*, a. a. O., II 38 [B 12]).
4 Allerdings handelt es sich, anders als bei der heutigen Urknalltheorie, nicht um eine Entstehung aus dem Nichts, sondern alles ist im Grunde schon vorhanden; zweitens erfolgt die Initiierung von außen, also durch ein naturexternes Prinzip, eben den Geist.
5 «Geist [...] ist etwas nicht durch Grenze Bestimmtes und Selbstherrliches und ist vermischt mit keinem Dinge, sondern ist allein, selbstständig, für sich» (*Die Fragmente der Vorsokratiker*, a. a. O., II 37 [B 12]).
6 Ebd., II 38 [B 12].
7 Ebd., II 39 [B 12].
8 Ebd., II 38 [B 12].
9 Platon: Anaxagoras setzt zwar zunächst ganz auf den Geist, macht dann aber nichts aus ihm (*Phaidon* 97 b – 98 c); Aristoteles: Anaxagoras beruft sich im Fortgang doch lieber auf andere Ursachen (*Met.* A 4, 985 a 18–21); Hegel: «Hier fängt erst an, ein Licht aufzugehen (es ist zwar noch schwach): Der Verstand wird als das Prinzip anerkannt. [...] Anaxagoras ist wie ein Nüchterner unter Trunkenen erschienen; aber auch sein Stoß geht noch ziemlich ins Blaue hinein» (Georg Wilhelm Friedrich Hegel, *Vorlesungen über die Geschichte der Philosophie I* [Vorlesungen 1816–1832], Werke 18, Frankfurt/Main: Suhrkamp 1986, 369).

10 *Die Fragmente der Vorsokratiker*, a.a.O., II 38 [B 12].
11 Ebd., II 39 [B 12].

Platon

1 Im Dialog *Kratylos* operiert Platon mit dem lautlichen Anklang von *sôma* und *sêma*, von Körper und Grab (400 c 1 f.).
2 Eine (allerdings nicht unumstrittene) etymologische Erklärung des griechischen Terminus für ‹Mensch› (*ánthrōpos*) besagt, dass dieser Ausdruck von *ánō athrôn* = «der Hinaufblickende» abgeleitet sei. Verschiedentlich hat man auch den menschentypischen aufrechten Gang als Indiz unserer nicht irdischen, sondern überirdischen Ausrichtung interpretiert – so beispielsweise Aristoteles (*De partibus animalium* IV 10, 686a 25–687a 7).
3 Der auf Herakleides Pontikos zurückgehende Bericht ist durch Iamblichos und am ausführlichsten durch Cicero überliefert. Vgl. Iamblichos, *Pythagoras. Legende, Lehre, Lebensgestaltung* (Zürich: Artemis 1963), 62f. [XII 58]; Cicero, *Gespräche in Tusculum* (Stuttgart: Reclam 1973, 168 [V 9]); ferner Diogenes Laertius, *Leben und Meinungen berühmter Philosophen* (Hamburg: Meiner ²1967), Bd. 2, 114 [VIII 8].
4 «Der Staat, in welchem die zur Regierung Berufenen am wenigsten Lust haben zu regieren, wird notwendig am besten und ruhigsten verwaltet werden» (*Politeia*, 520d 2–4).

Aristoteles

1 Georg Wilhelm Friedrich Hegel, *Wissenschaft der Logik II*, Werke 6 (Frankfurt/Main: Suhrkamp 1986), 74.
2 «Contradictio est regula veri, non contradictio falsi» (Hegel, «Habilitationsthesen» [1801], Werke 2, 533 [1. These]; «jede echte Philosophie hebt den Satz des Widerspruchs ewig auf» («Verhältnis des Skeptizismus zur Philosophie. Darstellung seiner verschiedenen Modifikationen und Vergleichung des neuesten mit dem alten» [1802], Werke 2, 213–272, hier 230).
3 Die *Metaphysik* ist die wohl berühmteste Schrift des Aristoteles, sie beruht aber auf einer späteren Zusammenstellung von Textstücken; Aristoteles selbst hat den Terminus «Metaphysik» weder gekannt noch jemals verwendet (vgl. Verf., *Der Philosoph. Die Gedankenwelt des Aristoteles*, München: Fink 2012, 2. Aufl. 2018, 213f.).
4 «Dass sie nicht wirklich davon überzeugt sind, das beweisen sie deutlich in ihren Handlungen» (Met. IV 6, 1011a 10f.).
5 Man könnte gegen meine Betonung, dass das Nicht-Widerspruchs-Prinzip bei Aristoteles als ontologisches Prinzip verstanden ist, einwenden wollen, dass der «widerlegende Beweis» es doch offenbar als logisches Prinzip – als un-

abdingbares Prinzip unseres Denkens und Sprechens – vor Augen führt. Aber in Wahrheit resultiert dieser logische Zuschnitt der Argumentation allein daraus, dass die Sphäre des «widerlegenden Beweises» eben die des *lógos*, also die von Rede und Gegenrede ist. Es geht im «elenktischen Beweis» nicht um einen gleichsam ‹reinen› Beweis des Prinzips, sondern um die Widerlegung seiner Bestreitung, und diese kann natürlich nur im Blick auf Reden erfolgen. Noch dabei aber weist Aristoteles darauf hin, dass es letztlich um eine Frage des Seins geht: «Aber das ist gar nicht der Fragepunkt, ob dasselbe Mensch und Nicht-Mensch heißen, sondern ob der Gegenstand beides zugleich sein kann» (1006 b 20–22).

6 Das Beispiel findet sich in Platons *Theätet* 159 c–e.
7 Kein Sinn «erklärt zu gleicher Zeit über dasselbe, dass es sich so verhalte und auch nicht so verhalte» (Met. IV 5, 1010 b 18 f.).
8 «Die endlichen Dinge [...] sind überhaupt dies, widersprechend an sich selbst zu sein» (Hegel, *Wissenschaft der Logik II*, Werke 6, 79).
9 Nicht von ungefähr erklärte Hegel: «es ist kein Satz des Heraklit, den ich nicht in meine Logik aufgenommen» (Hegel, *Vorlesungen über die Geschichte der Philosophie I*, Werke 18, 320).
10 «We have to choose between Aristotle and Hegel» (Enrico Berti, «Objections to Aristotle's Defence of the Principle of Non-Contradiction», in: *Contradictions. Logic, History, Actuality*, hrsg. v. Elena Ficara, Berlin: de Gruyter 2014, 97–108, hier 106).
11 Für Aristoteles besteht Bewegung im Übergehen einer Bestimmtheit in ihr Gegenteil (*Physik* I 7); Hegel: «Bewegung ist der *daseiende* Widerspruch» (*Wissenschaft der Logik II*, Werke 6, 76).

Aristoteles. Bewegendes und Bewegtes

1 Aristoteles, *Physik* I 7 und III 1–3. Vgl. dazu Verf., *Der Philosoph. Die Gedankenwelt des Aristoteles* (München: Fink 2012, 2. Aufl. 2018), 145–156.
2 Vgl. Augustinus, *Bekenntnisse* [entst. 387–401] hrsg. v. Kurt Flasch u. Burkhard Mojsisch (Stuttgart: Reclam 1989), 312 [XI.12.14].
3 Ausführlich entwickelt Aristoteles die These von der Ewigkeit des Weltprozesses zusammen mit der von einem unbewegt Bewegenden im VIII. Buch der *Physik*. Terminologisch findet sich die Rede vom ersten Bewegenden (*prôton kinoún*) schon in Phys. VII 1 und 2. Sie taucht in Met. IV 8 wieder auf, wo Aristoteles vom ersten unbewegten Bewegenden (*to prôton kinoún akínēton*) spricht (1012 b 31) und ist dann im XII. Buch in den Kapiteln 6–7 zentraler Gegenstand.
4 «Auf solche Weise bewegt das Erstrebte und das Gedachte, als selbst unbewegt» (1072 a 26 f.).

5 Vgl. *De anima* II 4, 415 a 26–415 b 7.
6 Im X. Buch der *Nikomachischen Ethik* sagt Aristoteles von der geistigen Tätigkeit, dass sie «die vollendete Glückseligkeit des Menschen darstellt, falls sie ein Vollmaß des Lebens dauert» (Eth. Nic. X 7, 1177 b 24 f.). «Ein solches Leben aber ist wohl übermenschlich» (1177 b 26 f.). «Denn nicht sofern man ein Mensch ist, vermag man so zu leben, sondern nur sofern etwas Göttliches in uns wohnt» (1177 b 27 f.). Das vollkommene Leben des Geistes ist das göttliche Leben, und diesem nähern wir uns im theoretischen Leben, unser gewöhnliches Leben übersteigend, im Maß des Möglichen an.
7 Vgl. Verf., *Der Philosoph*, a. a. O., 215–221 u. 231–238.

Dōgen

1 Dōgen vertraut nachhaltiger Reflexion: «lasst uns dies [...] weiter erforschen» («Sansuikyo» – «Die Sutren der Berge und Flüsse» [1240], in: Dōgen, *Shōbōgenzō – Die Schatzkammer der Erkenntnis des wahren Dharma*, Bd. 2, übers. v. Joseph Renner, Zürich: Theseus 1983, 167–174, hier 170); «wir müssen dies sorgfältig erwägen» (ebd., 170); «denke still über dieses Prinzip nach» (ebd., 172).
2 Ebd., 170.
3 Alle im Haupttext in Klammern stehenden Seitennachweise beziehen sich auf diesen Text.
4 Dōgen, «Genjōkōan» – «Die Verwirklichung der Erleuchtung» [1233], in: ders., *Shōbōgenzō – Die Schatzkammer der Erkenntnis des wahren Dharma*, Bd. 1, übers. v. Manfred Eckstein (Zürich: Theseus 1977), 24–27, hier 25.
5 «Jede Beobachtung hängt vom entsprechenden Blickwinkel des Beobachters ab, und ihr fehlt immer etwas» («Sansuikyo», 168).
6 «Wenn jemand außerhalb des Palastes dem Drachen oder Fisch erzählen würde, dass er fließt, würden sie wie Menschen erstaunt sein, die den Ausdruck ‹Berge fließen› hören» («Sansuikyo», 172).
7 «[...] werden wir herausfinden, dass es selbst dann, wenn es verschiedene Arten des Wassers gäbe, so ist, als ob es kein wahres oder ursprüngliches Wasser gäbe und auch keine verschiedenen Arten des Wassers» (ebd., 170 f.).
8 Dōgen, «Shinjingakudo» – «Lernen durch Körper und Geist» [1243], in: Dōgen, *Shōbōgenzō* übers. Eckstein, 32–39, hier 39.
9 Ebd., 34.
10 Ebd.
11 Ebd., 34 bzw. 39.
12 «Ebenso wie Wasser Flammen durchdringt, durchdringt es den Geist der Erkenntnis und Unterscheidung und die erleuchtete Weisheit der Buddha-Natur» («Sansuikyo», 171).
13 Dōgen, «Busshō» – «Buddha-Natur» [1241], in: Dōgen, *Shōbōgenzō – Die*

Schatzkammer des wahren Dharma, Bd. 4, übers. v. Guido Keller (Frankfurt/ Main: Angkor 2002), 126–145, hier 133.

14 «Wenn wir dies aber für den Buddha-Dharma halten, so sind wir törichter als jemand, der einen Dachziegel oder einen Kieselstein aufhebt und glaubt, es sei ein goldener Schatz; eine solche Täuschung wäre so lächerlich, dass sie keinem Vergleich standhielte» («Bendōwa» – «Ein Gespräch über die Praxis des Zazen» [1231], in: Dōgen, *Shōbōgenzō – Die Schatzkammer des wahren Dharma*, Bd. 1, übers. v. Ritsunen Gabriele Linnebach u. Gudō Wafu Nishijima, Heidelberg-Leimen: Kristkeitz 2001, 27–49, hier 37).

15 Vgl. dazu die von Dōgen oft zitierte Äußerung von Daishō Kokushi, der auf die Frage «Was ist der ursprüngliche Buddha-Geist?» antwortete: «Mauer, Hecke, Ziegel, Steine» («Shinjingakudō», 36; «Busshō», 145; «Kobusshin» – «Der ursprüngliche, unwandelbare Buddha-Geist» [1243], in: Dōgen, *Shōbōgenzō* übers. Eckstein, 53–55, hier 54; «Hotsumujōshin» – «Den höchsten Geist entwickeln» [1244], in: Dōgen, *Shōbōgenzō*. übers. Renner, 126–131, hier 126). «Deshalb solltest du Bäume und Steine bitten, den Dharma zu verkünden, suche Reisfelder und Dörfer, um ihre Erklärungen zu hören, frage runde Pfeiler und studiere Mauern und Ziegel» («Raihaitokuzui» – «Eine Niederwerfung vollziehen und das Mark erlangen» [1240], ebd., 162–166, hier 163). «Manche sind durch Gräser, Blumen, Berge und Flüsse in den Strom der Buddha-Weisheit eingetreten, andere wiederum empfingen und bewahrten das Buddha-Siegel, indem sie Erde, Steine, Sand und Kieselsteine intuitiv erfassten» («Bendōwa», 32 f.).

16 «Busshō», 131.

17 Alles hat «seinen Ursprung in der Leerheit» («Shinjingakudo», 33).

18 Ebd.

19 «Versucht nicht, Buddha-Natur zu definieren, das verwirrt nur. Denkt lieber daran wie an eine Mauer, einen Ziegel, einen Stein» («Busshō», 145). «Erleuchtete Sicht ist in den Bergen, Gräsern, Bäumen, Erde, Steinen, Zäunen und Mauern verwirklicht» («Sansuikyo», 168).

20 «Das Unerleuchtete war schon immer eine Form der Erleuchtung» («Daigo» – «Die Große Erleuchtung» [1243], in: Dōgen, *Shōbōgenzō*, übers. Eckstein, 56–60, hier 60).

21 «Shinjingakudo», 34. «Erleuchtung heißt Erleuchtung übersteigen» («Immo» – «So-Sein» [1242], in: Dōgen, *Shōbōgenzō*, übers. Eckstein, 81–86, hier 82). «Die Große Erleuchtung ist das tägliche Tun der Buddhas und Patriarchen, aber sie denken niemals darüber nach» («Daigo», 56), sie sind «von der Vorstellung der Großen Erleuchtung frei» (ebd.).

22 Ebd. «[...] große Erleuchtung ist tägliches Handeln, Tee trinken und Reis essen» («Gyoji» – «Unaufhörliche Übung» [1242], in: Dōgen, *Shōbōgenzō*, übers. Keller, 1–41, hier 11).

23 «Unser tägliches Tun, wenn wir Reis essen und eine Kesa tragen, ist die Aktivität unseres wahren Lichtes» («Jippō» – «Das ganze All» [1243], in: Dōgen, *Shōbōgenzō*, übers. Eckstein, 125–128, hier 127).
24 «Shinjingakudo», 34.
25 Diese konkretistische Pointe des Zen-Buddhismus wird schon in der zehn Bilder umfassenden altchinesischen Geschichte *Der Ochs und sein Hirte* deutlich (um 1150). Der Hirte kommt nach seiner Erleuchtung (Bild VIII) feist, lachend und von Lebendigkeit sprühend auf den Markt zurück (Bild X), ist allen hilfreich und weicht dabei «von den befahrenen Geleisen der altehrwürdigen Weisen» ab (49). Nicht die Erleuchtung als solche (Bild VIII) ist, wie das vulgäre Verständnis meint, schon das Eigentliche. Sie ist nur der Schlüssel. Letztlich kommt es auf das erleuchtete Tun, auf die Konkretion an. Vgl. dazu auch Dōgens Spott über diejenigen, die «gemalte Reiskuchen» (vermeintliche Bilder der reinen Erleuchtung: eine runde Mondgestalt in Form eines innen hellen Kreises (so eben Bild VIII) «anglotzen», anstatt einzusehen, dass Erleuchtung volle Konkretion («gerunzelte Stirnen und blitzende Augen [...], Haut, Fleisch, Knochen und Mark») verlangt («Busshō», 137). «Verschwendet nicht eure Zeit, indem ihr gemalte Reiskuchen anglotzt» (ebd.).
26 Max Weber, «Die asiatische Sekten- und Heilandsreligiosität» [1917], in: ders., *Gesammelte Aufsätze zur Religionssoziologie II* (Tübingen: Mohr [7]1988), 215–378., hier 365.

Wilhelm von Ockham

1 Wenn es sittliche oder Vernunftgesetze gibt, dann müssen diese ihrerseits eine Setzung des göttlichen Willens sein – nicht umgekehrt. Die Gesetze müssen dem Willen unterliegen, nicht der göttliche Wille irgendwelchen Gesetzen. Was auch bedeutet, dass Gott nicht gezwungen sein kann, sich an einmal seinem Willen entsprungene Gesetze weiterhin zu halten, vielmehr muss er diese auch modifizieren oder umstoßen können.
2 «So wie Gott jedes Geschöpf durch seinen reinen Willen erschafft, ebenso kann er aus seinem reinen Willen mit seinem Geschöpf machen, was ihm beliebt. [...] Der Grund dafür ist, dass Gott niemandes Schuldner ist» (Wilhelm von Ockham, *Quaestiones in Librum Quartum Sententiarum (Reportatio)* [1317–18], in: *Opera Theologica*, Bd. VII, St. Bonaventure, N. Y. 1984, 55 [quaestio 3]).
3 Vgl. ebd., 352 [qu. 16].
4 Leibniz wird angesichts dieses Gedankens erschaudern: Gott hätte also «dem Menschen ein den Geboten des Dekalogs in jeder Hinsicht direkt entgegengesetztes Gesetz geben können»? «Und dies ist schrecklich» (Gottfried Wilhelm Leibniz, *Die Theodizee* [entst. 1705, Erstdruck 1710], Hamburg: Meiner 1996, 242 [183]).

5 Das ist, gegenüber den älteren Begründungen aus der Gnadenlehre, der neue Akzent bei Ockham.
6 Man beachte: Es geht nicht darum, dass Gott alles Mögliche tun kann. Es geht um mehr. Im ersteren Fall wäre der Kreis der göttlichen Handlungs- oder Entscheidungsmöglichkeiten ontologisch beschränkt – Gott könnte nur das tun, was ontologisch möglich ist. Voluntaristisch hingegen kann er alles tun, was er *will*. Was ‹alles› bedeutet, ist nicht vorab modalontologisch definiert, sondern wird ausschließlich durch den Willen Gottes bestimmt.
7 Vgl. René Descartes, Brief an Mersenne [?], 27. Mai 1630 [?], in: ders., *Œuvres*, hrsg. v. Charles Adam u. Paul Tannery (Paris: Cerf 1897–1913, Neuausgabe Paris: Vrin 1964–1967), Bd. I, 151–154, hier 152.
8 Descartes, Brief an Arnauld, 29. Juli 1648, ebd., 219–224, hier 224; Brief an Mersenne[?], 27. Mai 1630[?], ebd., 152; ferner «Responsio ad sextas Objectiones» [1642], in: *Œuvres*, a.a.O., Bd. VII, 422–447, hier 432.
9 Descartes, Brief an Mersenne, 15. April 1630, in: *Œuvres*, a.a.O., Bd. I, 135–147, hier 145.
10 Ebd.
11 Descartes betont, dass sein Argument die Willensfreiheit Gottes in keiner Weise einschränkt («sein Wille ist frei», ebd.).

Montaigne

1 Montaignes *Essais* werden durchweg nach der Übersetzung von Hans Stilett in der Ausgabe des Eichborn-Verlags (Frankfurt/Main 1998) zitiert.
2 Die Quelle für Cicero ist die von Platon in seinem Dialog *Phaidon* vorgenommene Parallelisierung von Philosophieren und Sterben (vgl. den vorherigen Essay zu Platon).
3 «[…] selbst in der Tugend trachten wir letzten Endes nach *Lust*» (I 20, 46).
4 Man könnte hier an Mozart vorausdenken, der am 4. April 1787 an seinen Vater schrieb, er habe es sich «zur Gewohnheit gemacht», sich «immer in allen Dingen das schlimmste vorzustellen – da der Tod (genau zu nemmen) der wahre Endzweck unsers lebens ist, so habe ich mich seit ein Paar Jahren mit diesem wahren, besten freunde des Menschen so bekannt gemacht, dass sein Bild nicht allein nichts schreckendes mehr für mich hat, sondern recht viel beruhigendes und tröstendes! und ich danke meinem gott, dass er mir das Glück gegönnt hat mir die Gelegenheit (sie verstehen mich) zu verschaffen, ihn als den *schlüssel* zu unserer wahren Glückseeligkeit kennen zu lernen. – ich lege mich nie zu bette ohne zu bedenken, dass ich vielleicht (so Jung als ich bin) den andern Tag nicht mehr seyn werde – und es wird doch kein Mensch von allen die mich kennen sagn können dass ich im Umgange mürrisch oder traurig wäre» (Wolfgang Amadeus Mozart, Brief vom 4. April 1787,

in: *Briefe und Aufzeichnungen*, Gesamtausgabe, Bd. IV: 1787–1857, Kassel: Bärenreiter 1963, 40–42, hier 41 [1044]).

5 Gut 200 Jahre später wird Hegel diese Einsicht in seiner *Phänomenologie des Geistes* (1807) in dem berühmten Kapitel über «Herrschaft und Knechtschaft» aufnehmen: Wer den Tod fürchtet, wird zum Knecht, wer ihn nicht fürchtet, wird zum Herrn.

6 «Wusstet ihr es aber nicht zu nutzen, brachte es euch keinen Gewinn, was kümmert euch dann sein Verlust, warum wollt ihr es dann behalten?» (I 20, 51).

7 Der locus classicus des Gedankens findet sich bei Seneca: «wir haben kein kurzes Leben empfangen, sondern [...] gehen damit verschwenderisch um»; «wenn du das Leben zu gebrauchen verstehst, ist es lang» (Seneca, *De brevitate vitae* [49 n. Chr.], Stuttgart: Reclam 1977, 5 [1,3 f.] u. 7 [2,1]).

8 «Die Nützlichkeit des Lebens liegt nicht in der Länge, sie liegt im Gebrauch: Mancher hat lange gelebt, der wenig gelebt hat. Geht deshalb achtsam mit ihm um, solang ihr da seid» (I 20, 51).

9 Vgl. «Hätte ich unter jenen Völkern mein Dasein verbracht, von denen man sagt, dass sie noch in der süßen Freiheit der ersten Naturgesetze leben, würde ich mich [...] am liebsten rundum unverhüllt abgebildet haben, rundum nackt» (Vorrede, 5).

10 Friedrich Nietzsche, *Unzeitgemäße Betrachtungen. Drittes Stück: Schopenhauer als Erzieher* [1874], in: ders., *Sämtliche Werke. Kritische Studienausgabe in 15 Bänden*, hrsg. v. Giorgio Colli u. Mazzino Montinari (München: Deutscher Taschenbuch Verlag 1980), Bd. 1, hier 348 [2].

Diderot

1 Denis Diderot, «Enzyklopädie» [1755], in: ders., *Philosophische Schriften* (Berlin: Aufbau-Verlag 1961), Bd. 1, 149–234, hier 186 f.

2 Ebd., 186.

3 Ebd., 185.

4 Ebd., 186.

5 Diderot, «Prospekt der Enzyklopädie» [1750], in: ders., *Philosophische Schriften* (Berlin: Aufbau-Verlag 1961), Bd. 1, 111–140, hier 139.

6 «Enzyklopädie», 185.

7 Ebd., 186.

8 Ebd., 185.

9 Ebd., 185 f.

10 Ähnlich taucht dieser Gedanke bei Diderots Mitherausgeber D'Alembert auf. In seiner *Einleitung zur ‹Enzyklopädie›* stellt er 1751 zunächst fest, dass es das Ziel sein müsse, «einen Stammbaum oder eine Gesamtübersicht aufzustel-

len», die all die verschiedenen Zweige unseres Wissens «unter einen gemeinsamen Gesichtspunkt bringt und der Feststellung ihres Ursprunges und ihres Zusammenhanges dient» (D'Alembert, *Einleitung zur ‹Enzyklopädie›* [1751], Frankfurt/Main: Fischer 1989, 44). Aber bald weist D'Alembert auf den in Wahrheit labyrinthischen Charakter unseres Wissens hin: «Das allgemeine System der Wissenschaften und Künste ist wie ein Labyrinth, wie ein Weg mit vielen Windungen, den der Verstand beschreitet, ohne zu wissen, in welcher Richtung er sich halten muss» (ebd.). Zwar unternehme man den Versuch, «über diesem Labyrinth zu stehen und von einem überlegenen Standpunkt aus gleichzeitig die hauptsächlichen Künste und Wissenschaften zu erfassen» (ebd., 46). Aber dieser Versuch scheitere daran, dass jeder vermeintlich überlegene Standpunkt doch wieder nur ein spezifischer, kein absoluter sei.

11 Diderot, «D'Alemberts Traum» [entst. 1769], in: ders., *Erzählungen und Gespräche* (Leipzig: Dieterich 1953), 436–501, hier 455. Schon 1765 hatte Diderot erklärt: «Meines Erachtens ist die Empfindungsfähigkeit eine universelle Eigenschaft der Materie» (Brief an Duclos [1765], in: *Correspondance inédite*, hrsg. v. André Babelon, Paris: Gallimard 1931, 299). Bereits zwanzig Jahre zuvor hatte La Mettrie in seinem *Traité de l'âme* [1745] der Materie Empfindungsfähigkeit zugeschrieben. Den historischen Ausgangspunkt der Diskussionen um die Empfindungsfähigkeit der Materie bildete die 1690 von Locke in *Über den menschlichen Verstand* aufgeworfene Frage, ob es eine denkende Materie gebe. Vor Locke hatte schon Giordano Bruno die Auffassung vertreten, dass die Materie insgesamt beseelt und insofern empfindungsfähig ist.

12 «Gespräch zwischen D'Alembert und Diderot», 418.
13 Ebd., 431.
14 «D'Alemberts Traum», 454.
15 «Es gibt nur ein einziges großes Individuum, das ist das Ganze!» (ebd.)
16 «D'Alemberts Traum», 446.
17 Ebd., 448.
18 Ebd., 445.
19 Ebd., 452.
20 Ebd.
21 Diderot, «Philosoph» [1765], in: Diderot, *Philosophische Schriften* (Berlin: Aufbau-Verlag 1961), Bd. 1, 385–389, hier 387.
22 Denis Diderot, «Philosophie» [1765], ebd., 390–402, hier 362.
23 Friedrich Nietzsche, *Morgenröthe. Gedanken über moralische Vorurtheile* [1881], in: ders., *Sämtliche Werke. Kritische Studienausgabe in 15 Bänden*, hrsg. v. Giorgio Colli u. Mazzino Montinari (München: Deutscher Taschenbuch Verlag 1980), Bd. 3, 9–331, hier 244 [370].

Kant

1 «Die Vernunft muss mit ihren Prinzipien [...] in einer Hand, und mit dem Experiment, das sie nach jenen ausdachte, in der anderen, an die Natur gehen, zwar um von ihr belehrt zu werden, aber nicht in der Qualität eines Schülers, der sich alles vorsagen lässt, was der Lehrer will, sondern eines bestallten Richters, der die Zeugen nötigt, auf die Fragen zu antworten, die er ihnen vorlegt» (XIII).

2 Insgesamt führt Kant zwölf Kategorien an. Nämlich drei Kategorien der Quantität: Einheit, Vielheit, Allheit; drei Kategorien der Qualität: Realität, Negation, Limitation; drei Kategorien der Relation: Inhärenz und Subsistenz, Kausalität und Dependenz, Gemeinschaft; drei Kategorien der Modalität: Möglichkeit/Unmöglichkeit, Dasein/Nichtsein, Notwendigkeit/Zufälligkeit (A 80).

3 Der Gedanke, dass wir etwas nur deshalb zu erkennen fähig sind, weil wir es gemacht haben, findet sich bei Kant schon früh. So schrieb er beispielsweise in den *Reflexionen zur Logik* in den sechziger und siebziger Jahren: «Wir sehen nichts ein, als was wir machen können»; «wir begreifen nur, was wir selbst machen können» (Kant, «Reflexionen zur Logik», in: *Kant's gesammelte Schriften*, Bd. 16, Berlin: Reimer 1914, 343 f. [Nr. 2394] bzw. 344 [Nr. 2398]). In seinen späteren Jahren ging Kant immer expliziter zur Terminologie des «Machens» über. In der *Kritik der Urteilskraft* von 1790 schreibt er: «Nur so viel sieht man vollständig ein, als man nach Begriffen selbst machen und zu Stande bringen kann» (A 306). Schließlich erklärt er im *Opus postumum* lapidar: «Wir machen alles selbst» (*Opus postumum*, in: *Kant's gesammelte Schriften*, Bd. 22, Berlin: de Gruyter 1938, 82 [VII,VII,2]).

4 Vgl. zu einer ausführlicheren Darstellung sowie Kritik der kantischen Epistemologie: Verf., *Homo mundanus – Jenseits der anthropischen Denkform der Moderne* (Weilerswist: Velbrück Wissenschaft 2012, 2. Aufl. 2015), 183–216 u. 667–670.

5 Übrigens scheint es mir gerade heute sehr bedenkenswert und hervorhebenswert zu sein zu sein, dass Kant, der als Ahnherr der modernen Philosophie gilt, von Berührungsängsten mit den Wissenschaften völlig frei war – ganz im Unterschied zu seinen heutigen Nachfolgern, die sich zwar gerne auf Kant berufen, aber, anders als er, einen Horror vor der Berührung mit Naturwissenschaften haben. Kant bekannte ausdrücklich, dass er seine «gänzliche Revolution» der Metaphysik «nach dem Beispiele [!] der Geometer und Naturforscher» vorgenommen habe. Und er hat sich auch sonst immer wieder durch die Naturwissenschaft seiner Zeit inspirieren lassen. Schon 1755 hatte er eine *Allgemeine Naturgeschichte und Theorie des Himmels* «nach Newtonschen Grundsätzen» entwickelt, und der späte Kant hat über den Hervorgang

des Organischen aus dem Anorganischen nachgedacht und eine gemeinsame Abstammung aller Lebewesen von einer einzigen «Urmutter» für wahrscheinlich gehalten (*Kritik der Urteilskraft* [1790], B 368 f. [§ 80]) – womit er gewissermaßen Darwin vorwegnahm. Schon seit Aristoteles war es gute Tradition der Philosophie gewesen, Erkenntnisse anderer Wissenschaften, gerade auch der Naturwissenschaften, zu berücksichtigen. Im *Corpus Aristotelicum* machen die naturwissenschaftlichen Schriften nahezu die Hälfte aus – während die *Metaphysik* weniger als zehn Prozent und die logischen Schriften zusammen nur annähernd fünfzehn Prozent umfassen. Aristoteles ist nicht nur selber naturforschend tätig gewesen, sondern die Durchdringung der Natur hat seine ganze Philosophie inspiriert. Selbst Hegel hat am Ende seiner Rekapitulation des zeitgenössischen Wissensstandes in Sachen Nervensystem bedauert, dass man erst «sehr wenig von der Organisation des Gehirns» versteht (*Enzyklopädie II*, 444 [die § 354, Zusatz]), Hegel hätte gerne mehr gewusst. Das sollte den zeitgenössischen (kulturwissenschaftlichen wie philosophischen) Verächtern der Neurowissenschaften und der Naturwissenschaften allgemein eine Mahnung sein. Eine wissenschafts-ignorante Haltung tut der Philosophie nicht gut – sie minimiert ihr Wahrheitspotential. Geburten aus dem hohlen Kopf sind wenig überlebensfähig.

6 Goethe schrieb: «Unter allen Entdeckungen und Überzeugungen möchte nichts eine größere Wirkung auf den menschlichen Geist hervorgebracht haben als die Lehre des Kopernikus» (Johann Wolfgang von Goethe *Zur Farbenlehre* [1810], in ders., *Sämtliche Werke. Briefe, Tagebücher und Gespräche*, I. Abt., Bd. 23/1, Frankfurt/Main: Deutscher Klassiker Verlag 1991, 666). Noch Feuerbach erklärte: «Kopernikus hat den allgemeinsten, den ältesten, den heiligsten Glauben der Menschheit, den Glauben an die Unbeweglichkeit der Erde, umgestoßen und mit diesem Stoße das ganze Glaubenssystem der alten Welt erschüttert. Er hat als ein echter ‹Umsturzmann› das Unterste zu oberst und das Oberste zu unterst gekehrt, die höchste Sphäre des ptolemäischen Systems […] zum Parterre der Astronomie gemacht, der Erde die Initiative der Bewegung zugeeignet und dadurch allen fernern und anderweitigen Revolutionen der Erde Tür und Tor geöffnet» (Ludwig Feuerbach, «Die Naturwissenschaft und die Revolution» [1850], in: ders., *Gesammelte Werke*, Berlin: Akademie ^{2}1982, Bd. 10, 347–368, hier 354).

7 «Wir haben also sagen wollen: […] dass, wenn wir unser Subjekt oder auch nur die subjektive Beschaffenheit der Sinne überhaupt aufheben, alle die Beschaffenheit, alle Verhältnisse der Objekte im Raum und Zeit, ja selbst Raum und Zeit verschwinden würden» (*Kritik der reinen Vernunft*, A 42).

8 Bertrand Russell, *Human Knowledge: Its Scope and Limits* (New York: Simon and Schuster 1948), XI.

9 Galileo Galilei, *Dialog über die beiden hauptsächlichsten Weltsysteme* [1632] (Stuttgart: Teubner 1982), 342 [3. Tag].
10 Feuerbach, Rezension zu F. Dorguth, *Kritik des Idealismus und Materialien zur Grundlage des apodiktischen Realrationalismus* [1838], in: *Gesammelte Werke*, a. a. O., Bd. 8, 149–164, hier 154.
11 Friedrich Nietzsche, *Jenseits von Gut und Böse* [1886], in: *Sämtliche Werke. Kritische Studienausgabe in 15 Bänden*, hrsg. v. Giorgio Colli u. Mazzino Montinari, Bd. 5 (München: Deutscher Taschenbuch Verlag 1980), 9–243, hier 26.
12 G. E. M. Anscombe, *An Introduction to Wittgenstein's Tractatus* [1959] (Philadelphia: University of Pennsylvania Press 1971), 151.
13 Vgl. Sellars: «one couldn't have observational knowledge of *any* fact unless one knew many *other* things as well. [...] the point is specifically that observational knowledge of any particular fact, e. g. that this is green, presupposes that one knows general facts of the form *X is a reliable symptom of Y*. And to admit this requires an abandonment of the traditional empiricist idea that observational knowledge ‹stands on its own feet›» (Wilfrid Sellars, *Empiricism and the Philosophy of Mind* [1956], Cambridge, Mass.: Harvard University Press 1997, 75 f.).

Kants unbekannte Wette

1 Vgl. Karl S. Guthke, *Der Mythos der Neuzeit: Das Thema der Mehrheit der Welten in der Literatur- und Geistesgeschichte von der kopernikanischen Wende bis zur Science Fiction* (Bern: Francke 1983); Steven J. Dick, *Plurality of Worlds: The Origins of the Extraterrestrial Life Debate from Democritus to Kant* (Cambridge, Mass.: Cambridge University Press 1982); Michael J. Crowe, *The Extraterrestrial Life Debate 1750–1960* (Mineola, NY: Dover 1999).
2 «Wir können es [...] nicht für ausgeschlossen halten, dass Gott ein Wesen erschaffen sollte, das andere Organe hätte und mehr als die gewöhnlich gezählten fünf von Gott uns verliehenen Wege besäße, auf denen dem Verstand die Wahrnehmung von körperlichen Dingen zugeführt wird» (John Locke, *Über den menschlichen Verstand* [1690], Hamburg: Meiner ³1976, 128 [II,II,3]). Es wäre «eine große Anmaßung, gewissen anderen Geschöpfen in gewissen anderen Teilen dieses gewaltigen und erstaunlichen Universums solche Sinne abzusprechen» (ebd., 128 f. [II,II,3]).
3 Ebd., 129.
4 Gottfried Wilhelm Leibniz, *Die Theodizee* [entst. 1705, Erstdruck 1710] (Hamburg: Meiner 1996), 104 [19].
5 Ebd., 335 [341].
6 George Berkeley, *Alciphron oder der Kleine Philosoph* [1732] (Hamburg: Meiner ²1996), 189 [IV, 23].

7 Vgl. David Hume, *Dialoge über natürliche Religion* [entst. 1751–61, Erstdruck 1779], (Hamburg: Meiner 1980, 26 [II. Teil]).
8 Ebd.
9 Ebd.
10 Kant, *Kritik der praktischen Vernunft* [1788], A 288 [Beschluss].
11 Einer Neuauflage des Werkes hat er sich verweigert. Nach einigem Zögern stimmte er dem Erscheinen nur eines Auszugs zu, der 1791 publiziert wurde. – Allerdings: Anders als die Spekulation über Planetenbewohner genießt die dort ebenfalls entwickelte Theorie der Entwicklung von Galaxien und Sonnensystemen bis heute als Kant-Laplace'sche Theorie wissenschaftliches Ansehen.
12 Kant, *Kritik der reinen Vernunft* [1781], A 825.
13 Ebd., A 27 [§ 3] u. A 42 [§ 8].
14 Ebd. [1787], B 72 [§ 8].
15 Ebd., B 135 [§ 16] u. B 138 f. [§ 17].
16 *Kritik der Urteilskraft*, B 347–351 [§ 77].
17 *Kritik der reinen Vernunft*, A 42 [§ 8].
18 *Kritik der Urteilskraft* [1790], B 346 [§ 77].
19 Kant, *Welches sind die wirklichen Fortschritte, die die Metaphysik seit Leibnizens und Wolff's Zeiten in Deutschland gemacht hat?* [1804], A 28 f.
20 *Kritik der reinen Vernunft*, B 138 f. [§ 17].

Schiller

1 Vgl. zur Problematik insgesamt: Verf., *Homo mundanus – Jenseits der anthropischen Denkform der Moderne* (Weilerswist: Velbrück Wissenschaft 2012, 2. Aufl. 2015) sowie *Mensch und Welt – Eine evolutionäre Perspektive der Philosophie* (München: Beck 2012).
2 Immanuel Kant, ‹Reflexionen zur Logik›, *Akademie-Ausgabe* (Berlin: Reimer 1914), XVI, 127 [Nr. 1820 a].
3 Ders., *Kritik der Urteilskraft* [1790], A XX [Einleitung. Überschrift von III].
4 Ebd., A XXIII [Einleitung. III].
5 Vgl. ebd., B 29 [§ 9].
6 Vgl. zum Folgenden: Verf., «‹Schönheit ist Freiheit in der Erscheinung› – Schillers Ästhetik als Herausforderung der modernen Denkweise», in: ders., *Ästhetische Welterfahrung – Zeitgenössische Kunst zwischen Natur und Kultur* (München: Fink 2016), 49–62.
7 Friedrich Schiller, «Kallias oder Über die Schönheit. Briefe an Gottfried Körner» [1793 entst., 1847 publ.], in: ders., *Sämtliche Werke*, Bd. 5, hrsg. v. Gerhard Fricke u. Herbert G. Göpfert (München: Hanser [6]1980), 394–433. – Alle Stellenangaben daraus im Folgenden in Klammern.

8 Leider wurden die *Kallias-Briefe* erst 1847 publiziert. So ist das Bild von Schillers Ästhetik weitaus stärker durch die 1795 in den Horen veröffentlichten *Briefe über die ästhetische Erziehung des Menschen* geprägt. (Ursprünglich hatte Schiller diese Briefe ebenfalls 1793 niedergeschrieben. Sie fielen jedoch einem Brand zum Opfer, und bei der Neufassung 1795 nahm Schiller beträchtliche Veränderungen vor.) Die Dominanz der letzteren Briefe in der Rezeption von Schillers ästhetischem Gedankengut ist extrem bedauerlich. Denn die *Kallias-Briefe* waren wirklich zukunftsweisend, während Schiller bei der Neufassung der *Briefe über die ästhetische Erziehung* zunehmend auf Abwege geriet (beispielsweise mit seinem Plädoyer für einen «Krieg gegen die Materie» [23. Brief]), um schließlich gar mit dem unbefriedigenden Ergebnis zu enden, dass «der Staat des schönen Scheins» zwar «dem Bedürfnis nach in jeder feingestimmten Seele» existiere, realiter sich aber höchstens «in einigen wenigen auserlesenen Zirkeln» finde (27. Brief).

9 Wenn Schiller dabei von «Erscheinung» spricht, so will er nicht etwa einschränkend sagen, dass Freiheit hier nur in einer uneigentlichen Form vorliege (bloß phänomenal, während sie doch eigentlich etwas Intelligibles sei), sondern er meint ganz und gar positiv, dass Freiheit in der Schönheit tatsächlich zur Erscheinung kommt, dass sie sich in dieser manifestiert, in ihr evident wird. Schönheit ist *wirkliche* Erfahrung von Freiheit im Medium der Anschauung.

10 Dabei versteht Schiller den Freiheitscharakter nicht bloß als regulative Idee oder dergleichen. Er meint keineswegs, dass man die Naturdinge wie Gestalten der Freiheit *ansehen* solle, obwohl sie das in Wahrheit nicht sind. Sondern er meint energisch, dass die schönen Naturdinge im Grunde *tatsächlich* Gestalten von Freiheit *sind*.

11 Schiller meint den «Herrenrock», heute würde man dafür «Sakko» oder «Jackett» sagen.

12 Folgendermaßen beschreibt Schiller den wechselseitigen Freiheitsrespekt zwischen Träger und Kleidungsstück: «Wann sagt man wohl, dass eine Person schön gekleidet sei? Wenn weder das Kleid durch den Körper, noch der Körper durch das Kleid an seiner Freiheit etwas leidet; wenn dieses aussieht, als wenn es mit dem Körper nichts zu verkehren hätte und doch aufs vollkommenste seinen Zweck erfüllt. [...] *Spannt* hingegen der Rock, so verlieren wir beide, der Rock und ich, von unsrer Freiheit. Deswegen sind alle *ganz enge* und *ganz weite* Kleidungsarten gleich wenig schön, denn nicht zu rechnen, dass beide die Freiheit der Bewegungen einschränken, so zeigt bei der engen Kleidung der Körper seine Figur nur auf Kosten des Kleides, und bei der weiten Kleidung verbirgt der Rock die Figur des Körpers, indem er sich selbst mit der seinigen aufbläht und seinen Herrn zu seinem bloßen Träger herabsetzt» (420 f.). – Man möchte dies der heutigen Modeindustrie ins Stammbuch schreiben.

13 Novalis, «Randbemerkungen zu Friedrich Schlegels ‹Ideen›», [1799], in: ders., *Schriften*, hrsg. v. Paul Kluckhohn u. Richard Samuel, Bd. 3: *Das philosophische Werk II* (Stuttgart: Kohlhammer ³1983), 488–493, hier 490.
14 So Herder in einem frühen Entwurf aus der Königsberg-Rigaer Zeit (*Herders Sämmtliche Werke*, Bd. 14, Berlin: Weidmann 1909, 665 [Nachwort des Herausgebers]).
15 Charles Percy Snow, «The Rede Lecture» [1959], in: ders., *The Two Cultures* (Cambridge: Cambridge University Press 1969), 1–51.

Hegel

1 «Wer denkt abstrakt? Der ungebildete Mensch, nicht der gebildete» (Georg Wilhelm Friedrich Hegel, «Wer denkt abstrakt?» [1807], Werke 2, Frankfurt/Main: Suhrkamp 1986, 575–581, hier 577). Seitennachweise im Folgenden im Text.
2 Hegel, *Wissenschaft der Logik II* [1816], Werke 6, a. a. O., 555.
3 «Mit bloßen Abstraktionen oder formellen Gedanken hat es darum überhaupt die Philosophie ganz und gar nicht zu tun, sondern allein mit konkreten Gedanken» (Hegel, *Enzyklopädie der philosophischen Wissenschaften im Grundrisse I* [1830], Werke 8, a. a. O., 177 [§ 82]).
4 Beispielsweise: «so ist die Kantische Kritik bloß ein *subjektiver* (platter) *Idealismus*, der sich nicht auf den *Inhalt* einlässt, nur die abstrakten Formen der Subjektivität vor sich hat» (ebd., 123 [§ 46]).

Feuerbach und Marx

1 Georg Wilhelm Friedrich Hegel, «Religion ist eine der wichtigsten Angelegenheiten …» [1793/94], in: ders., *Gesammelte Werke*, Bd. 1 (Hamburg: Meiner 1989), 83–114, hier 84 f.
2 Ludwig Feuerbach, *Grundsätze der Philosophie der Zukunft* [1843], in: ders., *Kleine Schriften* (Frankfurt/Main: Suhrkamp 1966), 145–219, hier 195 [§ 32]. «[…] nur da, wo ich aus einem Ich in ein Du umgewandelt werde, wo ich leide, entsteht die Vorstellung einer *außer mir seienden* Aktivität, d. i. Objektivität» (ebd., 196 [§ 32]). «Der Begriff des Objekts ist ursprünglich gar nichts anderes als der Begriff eines *andern Ich* […] daher ist der Begriff des Objekts überhaupt vermittelt durch den Begriff des Du» (ebd., 195 [§ 32]).
3 «Nur durch die *Sinne* wird ein *Gegenstand im wahren Sinn* gegeben – nicht durch das Denken *für sich selbst*» (ebd., 195 [§ 32]).
4 «Die neue Philosophie stützt sich auf […] die *Wahrheit der Empfindung*» (ebd., 198 [§ 34]).
5 Ludwig Feuerbach, *Vorläufige Thesen zur Reform der Philosophie* [1842], in: ders., *Kleine Schriften*, 124–144, hier 132.

6 Ebd.
7 Karl Marx, «Die Deutsche Ideologie» [1845/46], in: ders., *Die Frühschriften*, hrsg. v. Siegfried Landshut (Stuttgart: Kröner 1964), 339–485, hier 339.
8 Ebd., 342–345.
9 Karl Marx, «Nationalökonomie und Philosophie» [1844], in: *Die Frühschriften*, a. a. O., 225–316, hier 250.
10 Ebd., 245.
11 Marx, «Die Deutsche Ideologie», 340 [5]. Seitennachweise im Folgenden im Text.
12 «Die Produktion der Ideen, Vorstellungen, des Bewusstseins ist […] unmittelbar verflochten in die materielle Tätigkeit und den materiellen Verkehr der Menschen» (ebd., 348).
13 Den gleichen Fehler hält Marx der Feuerbachschen Anthropologie vor: Feuerbach bleibe «bei dem Abstraktum ‹der Mensch› stehen», habe nur «‹den Menschen› statt den ‹wirklichen historischen Menschen›» thematisiert (ebd, 353 bzw. 351).
14 Marx, «Nationalökonomie und Philosophie», 242. Seitennachweise im Folgenden im Text.
15 Übrigens findet sich eine solche Unterscheidung zwischen den «pöbelhaften, rohen» und den «gebildeten» Sinnen schon bei Feuerbach (*Grundsätze der Philosophie der Zukunft*, 203). – Ganz ungeschichtlich hat dieser also doch nicht gedacht. Marx attestiert ihm denn auch, dass sich bei ihm «zuweilen derartige Anschauungen finden» («Die Deutsche Ideologie», 351).
16 Vgl. dazu: Verf., *Wahrnehmung und Welt – Warum unsere Wahrnehmungen weltrichtig sein können* (Berlin: Matthes & Seitz 2018).
17 Und manchmal geht das Hand in Hand. Man denke beispielsweise an den Weinbau: die feine Zunge war dem Weinexperten nicht in die Wiege gelegt, sondern hat sich zusammen mit der Entwicklung des Weinanbaus entwickelt. Oder bei der Musik haben sich neue Kompositionsformen und neue Hörfähigkeiten gegenseitig hochgeschaukelt.

Butler

1 Zitate daraus im Folgenden nach der Ausgabe *The Shrewsbury Edition of the Works of Samuel Butler*, Bd. 20: *The Notebooks of Samuel Butler* (London: Jonathon Cape 1926), 35–40 (Übersetzung W. W.). Die Seitennachweise werden im Text gegeben.
2 Die *Great Eastern* war ein Segeldampfer mit einem kombinierten Schaufelrad-, Schrauben- und Segelantrieb mit sechs Masten (Stapellauf am 3. November 1857). Bis 1901 war dies mit Abstand das größte je gebaute Schiff und seiner Zeit um Jahrzehnte voraus.

3 Wir haben «eine Rasse von Wesen aufgezogen, die zu zerstören nicht in unserer Macht steht, und wir sind nicht nur versklavt, sondern in unserer Knechtschaft absolut gefügig» (39).

4 George Bernard Shaw nannte ihn im Vorwort zu seinem Stück «Major Barbara» [1905] sogar «the greatest English writer of the latter half of the nineteenth century».

Nietzsche

1 Die Erstpublikation erfolgte 1896 durch Nietzsches Schwester Elisabeth Förster-Nietzsche.

2 Friedrich Nietzsche, «Ueber Wahrheit und Lüge im aussermoralischen Sinne» [entst. 1873, publ. 1896], in: ders., *Sämtliche Werke. Kritische Studienausgabe in 15 Bänden*, hrsg. v. Giorgio Colli u. Mazzino Montinari (München: Deutscher Taschenbuch Verlag 1980), Bd. 1, 873–890, hier 875. Seitennachweise im Folgenden im Text.

3 Heute wissen wir, dass Nietzsche sogar stark übertrieben hat: Überträgt man die Zeitspanne seit dem Big Bang in ein 24-Stunden-Schema, so beträgt die Existenzzeit von *Homo* sapiens nicht eine Minute, sondern weniger als eine Sekunde.

4 Michel de Montaigne, *Essais* [1580–1588], übers. v. Hans Stilett (Frankfurt/Main: Eichborn 1998), 222 [II 12].

5 Ebd., 223 [II 12].

6 Ebd., 266 [II 12].

7 Ebd.

8 Montaigne kannte zwar die Lehre des Kopernikus, hielt aber souveränen Abstand zu ihr: «Dreitausend Jahre lang» hatten sich der Himmel und die Sterne um die Erde bewegt. Dann sahen es manche antike Astronomen und neuerdings Kopernikus umgekehrt. «Was können wir dem anderes entnehmen, als dass es uns wenig kümmern sollte, welche dieser beiden Auffassungen richtig ist? Denn wer weiß, ob in tausend Jahren nicht eine dritte die beiden vorhergehenden über den Haufen wirft!» (ebd., 284 [II 12]).

9 Nietzsche versteht ‹Metapher› ganz wörtlich als ‹meta-phora›, als ‹Übertragung›.

10 «Ueber Wahrheit und Lüge im aussermoralischen Sinne», 879.

11 «Was ist also Wahrheit? Ein bewegliches Heer von Metaphern, Metonymien, Anthropomorphismen kurz eine Summe von menschlichen Relationen, die, poetisch und rhetorisch gesteigert, übertragen, geschmückt wurden, und die nach langem Gebrauche einem Volke fest, canonisch und verbindlich dünken: die Wahrheiten sind Illusionen, von denen man vergessen hat, dass sie welche sind, Metaphern, die abgenutzt und sinnlich kraftlos geworden

sind, Münzen, die ihr Bild verloren haben und nun als Metall, nicht mehr als Münzen in Betracht kommen» (ebd., 880 f.).
12 «Jetzt kann die Philosophie nur noch das *Relative* aller Erkenntniß betonen und das *Anthropomorphische*, so wie die überall herrschende Kraft der *Illusion*» (*Nachgelassene Fragmente. Herbst 1869 bis Ende 1874*, in: *Sämtliche Werke*, a. a. O., Bd. 7, 429 [Sommer 1872 – Anfang 1873, 19/37]).
13 Denis Diderot, «Enzyklopädie» [1755], in: ders., *Philosophische Schriften* (Berlin: Aufbau-Verlag 1961), Bd. 1, 149–234, hier 187.
14 Nietzsche, *Menschliches, Allzumenschliches. Ein Buch für freie Geister. Erster Band* [1878], in: ders., *Sämtliche Werke*, a. a. O., Bd. 2, 9–366, hier 29 [9].
15 Nietzsche weist viele Parallelen zu Kant auf. Er ist gleichsam ein artistisch gewendeter Kant. «Wenn Kant Recht hat», dann «ist zu *beweisen*, dass alle Weltconstruktionen Anthropomorphismen sind» (*Nachgelassene Fragmente. Herbst 1869 bis Ende 1874*, a. a. O., 459 [Sommer 1872 – Anfang 1873, 19/125].
16 «Der *Mensch* als Maaß der Dinge ist ebenfalls der Gedanke der Wissenschaft. Jedes Naturgesetz ist zuletzt eine Summe von anthropomorphischen Relationen» (ebd., 494 [Sommer 1872 – Anfang 1873, 19/237]).
17 *Nachgelassene Fragmente. Herbst 1885 bis Anfang Januar 1889*, in: *Sämtliche Werke*, a. a. O., Bd. 12, 127 [Herbst 1885–Herbst 1886, 2/127].
18 Nietzsche, *Zur Genealogie der Moral* [1887], in: ders., *Sämtliche Werke*, a. a. O., Bd. 5, 245–412, hier 404 [III 25].
19 Ebd.
20 Nietzsche, *Unzeitgemäße Betrachtungen. Zweites Stück: Vom Nutzen und Nachtheil der Historie für das Leben* [1874], in: ders., *Sämtliche Werke*, a. a. O., Bd. 1, 243–334, hier 312 [9].
21 Nietzsche, *Die fröhliche Wissenschaft* [1882], in: ders., *Sämtliche Werke*, a. a. O., Bd. 3, 343–651, hier 540 [301].
22 Nietzsche, *Also sprach Zarathustra. Ein Buch für Alle und Keinen* [1883–85], in: ders., *Sämtliche Werke*, a. a. O., Bd. 4, 110 [Auf den glückseligen Inseln].
23 *Nachgelassene Fragmente. Herbst 1869 bis Ende 1874*, a. a. O., 494 [Sommer 1872 – Anfang 1873, 19/237]).
24 Vgl. Verf., «Mein Interesse an Nietzsche», in: *Was mir Nietzsche bedeutet – Prominente aus Kunst, Politik und Philosophie antworten*, hrsg. v. Günter Seubold u. Patrick Baum (Bonn: DenkMal 2001), 137–143, hier 137.
25 *Nachgelassene Fragmente. Anfang 1880 bis Sommer 1882*, in: *Sämtliche Werke*, a. a. O., Bd. 9, 442 f. [Frühjahr – Herbst 1881].
26 Vgl. dazu auch: «Jedes Individuum wirkt am ganzen kosmischen Wesen mit – ob wir es wissen oder nicht – ob wir es wollen oder nicht!» (*Nachgelassene Fragmente. Juli 1882 bis Herbst 1885*, in: *Sämtliche Werke*, a. a. O., Bd. 10, 494 [Sommer – Herbst 1883, 15/55]).

27 Nietzsche, *Morgenröthe. Gedanken über moralische Vorurtheile* [1881], in: ders., *Sämtliche Werke*, a. a. O., Bd. 3, 9–331, hier 244.

Wittgenstein

1 M. O'C. Drury, «Gespräche mit Wittgenstein», in: *Ludwig Wittgenstein: Portraits und Gespräche*, hrsg. v. Rush Rhees (Frankfurt/Main: Suhrkamp 1987), 142–235, hier 217; das Zitat stammt aus: Shakespeare, *König Lear*, 1. Akt, 4. Szene, Kent zu Oswald. – Eine historische Parallele dazu bei Montaigne: «*Ich unterscheide*, dies ist das A und O meiner Logik» (Michel de Montaigne, *Essais* [1572–1592], Frankfurt/Main: Eichborn 1998, 167 [II 1]).

2 Ludwig Wittgenstein, «Philosophische Untersuchungen» [1953], in: ders., *Werkausgabe* (Frankfurt/Main: Suhrkamp 1984), Bd. 1, 225–580, hier 231. – Zitate daraus im Folgenden mit Angabe von Seitenzahl und Nummer im Text.

3 Ders., *Vorlesungen 1930–1935* [1980] (Frankfurt/Main: Suhrkamp 1989), 100.

4 Daher betont Wittgenstein auch, dass «der Umfang des Begriffs *nicht* durch eine Grenze abgeschlossen ist» (*Philosophische Untersuchungen*, 279 [68]).

5 Ludwig Wittgenstein, *Tractatus logico-philosophicus* [1921], in: ders., *Werkausgabe*, a. a. O., Bd. 1, 7–85, hier 85 [7].

6 «Je genauer wir die tatsächliche Sprache betrachten, desto stärker wird der Widerstreit zwischen ihr und unsrer Forderung. (Die Kristallreinheit der Logik hatte sich mir ja nicht *ergeben*; sondern sie war eine Forderung.) Der Widerstreit wird unerträglich; die Forderung droht nun, zu etwas Leerem zu werden. – Wir sind aufs Glatteis geraten, wo die Reibung fehlt, also die Bedingungen in gewissem Sinne ideal sind, aber wir eben deshalb auch nicht gehen können. Wir wollen gehen; dann brauchen wir die *Reibung*. Zurück auf den rauhen Boden!» (*Philosophische Untersuchungen*, 297 [107]).

Heidegger

1 Whitehead beispielsweise meinte, die philosophische Tradition Europas bestehe «aus einer Reihe von Fußnoten zu Platon» (Alfred North Whitehead, *Prozess und Realität. Entwurf einer Kosmologie* [1929], Frankfurt/Main: Suhrkamp 1979, 91).

2 Zitate im Folgenden innerhalb des Textes nach der Ausgabe *Platons Lehre von der Wahrheit. Mit einem Brief über den «Humanismus»* (Bern: Francke 1954).

3 *Die Fragmente der Vorsokratiker*, hrsg. von Hermann Diels und Walter Kranz, 3 Bde., Bd. 1 (Zürich: Weidmann ^{6}1951), 238 [B 8].

4 Ebd., 230 [B 1].

5 Aristoteles, *De anima* III 4, 429 a 15 f.

6 Immanuel Kant, *Kritik der reinen Vernunft* (²1787), B XIII.
7 Vgl. Martin Heidegger, *Nietzsche* (Pfullingen: Neske 1961), Bd. 2, 295 f.
8 Vgl. Verf., *Der Philosoph. Die Gedankenwelt des Aristoteles* (München: Fink 2012, 2. Aufl. 2018), 62 f.
9 Martin Heidegger, *Der Deutsche Idealismus (Fichte, Schelling, Hegel) und die philosophische Problemlage der Gegenwart* [Vorlesung Sommersemester 1929], in: *Gesamtausgabe*, Bd. 28 (Frankfurt/Main: Klostermann 1997), 18.
10 Ebd.
11 Ders., «Die Zeit des Weltbildes» [Vortrag 1938], in: ders., *Holzwege* (Frankfurt/Main: Klostermann 1950), 69–104, hier 86.
12 Ders., *Sein und Zeit* [1927] (Tübingen: Niemeyer ¹²1972), 44.
13 Ders., *Die Frage nach dem Ding* (Tübingen: Niemeyer 1962), 49.
14 Vgl. Putnam: «‹Gegenstände› existieren nicht unabhängig von Begriffsschemata» (Hilary Putnam, «Wie man zugleich interner Realist und transzendentaler Idealist sein kann» [1980], in: ders., *Von einem realistischen Standpunkt. Schriften zu Sprache und Wirklichkeit*, Reinbek: Rowohlt 1993, 156–173, hier 158 f.).
15 Martin Heidegger, *Die Technik und die Kehre* (Pfullingen: Neske 1962), 28.
16 Ders., *Der Satz vom Grund* (Pfullingen: Neske 1957), 199.
17 Max Horkheimer u. Theodor W. Adorno: *Dialektik der Aufklärung* [1947] (Frankfurt/Main: Fischer 1969), 39.
18 Theodor W. Adorno, *Ästhetische Theorie* [1970], in: ders., *Gesammelte Schriften*, Bd. 7 (Frankfurt/Main: Suhrkamp ⁴1984), 410.

Horkheimer und Adorno

1 Max Horkheimer u. Theodor W. Adorno, *Dialektik der Aufklärung. Philosophische Fragmente* [1947] (Frankfurt/Main: Fischer 1977), 7. Seitennachweise im Folgenden im Text.
2 Neil Postman, *Wir amüsieren uns zu Tode: Urteilsbildung im Zeitalter der Unterhaltungsindustrie* (Frankfurt/Main: S. Fischer 1985), 12. Vgl. zu diesem Komplex: Verf., «Angesichts des Verschwindens von Geist, Kultur und Kunst in der Fun-Gesellschaft», in: *Im Spannungsfeld zweier Kulturen. Eine Auseinandersetzung zwischen Geistes- und Naturwissenschaft, Kunst und Technik*, hrsg. von Karen Gloy (Würzburg: Königshausen & Neumann 2002), 117–132.
3 Adorno dazu 1963 in dem Vortrag «Résumé über Kulturindustrie»: «Der Satz, die Welt wolle betrogen sein, ist wahrer geworden, als wohl je damit gemeint war. Nicht nur fallen die Menschen, wie man so sagt, auf Schwindel herein, wenn er ihnen sei's noch so flüchtige Gratifikationen gewährt; sie wollen bereits einen Betrug, den sie selbst durchschauen; sperren krampfhaft die Augen zu und bejahen in einer Art Selbstverachtung, was ihnen widerfährt, und wo-

von sie wissen, warum es fabriziert wird» (Theodor W. Adorno, «Résumé über Kulturindustrie», in: ders., *Ohne Leitbild. Parva Aesthetica*, Frankfurt/Main: Suhrkamp 1981, 60–70, hier 66).

4 Stefan Zweig hatte schon 1925 «Die Monotonisierung der Welt» beklagt.

Kristeva

1 Julia Kristeva, *Fremde sind wir uns selbst* [1988] (Frankfurt/Main: Suhrkamp 2018).
2 Sigmund Freud, «Das Unheimliche» [1919], in: ders., *Studienausgabe* (Frankfurt/Main: Fischer 1969), Bd. 4, 241–282, hier 264 bzw. 263. Schon Schelling, darauf weist Freud hin, hatte das Unheimliche als dasjenige bestimmt, «was im Geheimnis, im Verborgnen, in der Latenz bleiben sollte und hervorgetreten ist» (Friedrich Wilhelm Joseph Schelling, *Philosophie der Mythologie*, Darmstadt: Wissenschaftliche Buchgesellschaft 1976, Bd. 2, 649).
3 «Das Unheimliche», 264.
4 Michel de Montaigne, *Essais* [1572–1594] (Frankfurt/Main: Eichborn 1998), 168.
5 Schon Musil hat diesen Projektions-Mechanismus beschrieben: «Nun sind völkische Abneigungen gewöhnlich nichts anderes als Abneigung gegen sich selbst, tief aus der Dämmerung eigener Widersprüche geholt und an ein geeignetes Opfer geheftet, ein seit den Urzeiten bewährtes Verfahren» (Robert Musil, *Der Mann ohne Eigenschaften* [1930–43], Hamburg: Rowohlt 1952, 424).
6 Freud, *Vorlesungen zur Einführung in die Psychoanalyse*, in: ders., *Studienausgabe*, a.a.O., Bd. 1, 31. Vorlesung, hier 516.

Nietzsche, Scheler, Derrida u.a.

1 Friedrich Nietzsche, *Menschliches, Allzumenschliches I* [1878], in: ders., *Sämtliche Werke. Kritische Studienausgabe in 15 Bänden*, hrsg. von Giorgio Colli u. Mazzino Montinari (München: Deutscher Taschenbuch Verlag 1980), Bd. 2, 9–363, hier 309 [475].
2 Nietzsche, *Jenseits von Gut und Böse* [1886], in: *Sämtliche Werke*, a.a.O., Bd. 5, 9–243, hier 182 [242].
3 Nietzsche, «Nachgelassene Fragmente. Herbst 1885 bis Anfang Januar 1889, 2. Teil: November 1887 bis Anfang Januar 1889», in: *Sämtliche Werke*, a.a.O., Bd. 13, 93 [235].
4 Nietzsche, *Menschliches, Allzumenschliches I*, a.a.O., 309 [475].
5 Ebd., 362 f. [638].
6 Friedrich Nietzsche, *Jenseits von Gut und Böse*, a.a.O., 180 f. [241].

Anmerkungen 219

7 Vgl. Verf., «Nietzsche über die Zukunft Europas: Tyrannen oder Nomaden?», in: *Sichtweisen. Völker und Vaterländer* (Weimar: Edition Weimarer Klassik, 1995), 87–108.
8 Max Scheler, «Der Mensch im Weltalter des Ausgleichs» [1927], in: ders., *Späte Schriften* (Gesammelte Werke, Bd. 9), Bern 1976, 145–170.
9 Man vergleiche dazu im Kontrast Heideggers Behauptung, die «Rettung Europas» hänge in erster Linie von der «Bewahrung der europäischen Völker vor dem Asiatischen» ab (Martin Heidegger, «Europa und die Deutsche Philosophie» [1936], in: *Europa und die Philosophie*, hrsg. v. Hans-Helmuth Gander, Frankfurt/Main: Klostermann 1993, 31–41, hier 31).
10 Edward W. Said, «Kultur und Identität – Europas Selbstfindung aus der Einverleibung der Welt», *Lettre International* 34 (1996), 21–25, hier 24.
11 Jitendra N. Mohanty, «Den anderen verstehen», in: *Philosophische Grundlagen der Interkulturalität*, hrsg. von Ram Adhar Mall u. Dieter Lohmar (Amsterdam: Rodopi 1993), 115–122, hier 118 bzw. 117.
12 Peter Burke, *Cultural Hybridity* (Cambridge: Polity Press 2009).
13 Vgl. Johannes Krause et alia: «Ancient human genomes suggest three ancestral populations for present-day Europeans», *Nature*, doi:10.1038/nature13673 (2014).
14 Rémi Brague, *Europa – Eine exzentrische Identität* (Frankfurt a. M./New York: Campus 1993), Umschlagtext.
15 Ebd., 108.
16 Jacques Derrida, «Das andere Kap», in: ders., *Das andere Kap. Die vertagte Demokratie – Zwei Essays zu Europa* (Frankfurt/Main: Suhrkamp 1992), 9–80, hier 12 f.

Danto

1 Arthur C. Danto, *Die Verklärung des Gewöhnlichen. Eine Philosophie der Kunst* [1981] (Frankfurt/Main: Suhrkamp 1991), 17 f. Seitennachweise im Folgenden im Text.
2 Arthur C. Danto, «Die Würdigung und Interpretation von Kunstwerken», in: ders., *Die philosophische Entmündigung der Kunst* [1986] (München: Fink 1993), 45–69, hier 67.
3 Ebd.
4 Marcel Duchamp, «Hinsichtlich der ‹Readymades›», in: Marcel Duchamp, *Die Schriften*, Bd. 1, hrsg. von Serge Stauffer (Zürich: Regenbogen-Verlag 1981), 242.
5 Vgl. Verf., «Kunst und Wirklichkeit: Opposition oder Konfusion?», in: ders., *Ästhetische Welterfahrung – Zeitgenössische Kunst zwischen Natur und Kultur* (München: Fink 2016), 85–103, hier 101–103.

Philosophie bei C.H.Beck

Sarah Bakewell
Das Café der Existenzialisten
Freiheit, Sein und Aprikosencocktails
mit Jean-Paul Sartre, Simone de Beauvoir, Albert Camus,
Martin Heidegger, Edmund Husserl, Karl Jaspers,
Maurice Merleau-Ponty und anderen
Aus dem Englischen von Rita Seuß
3. Auflage. 2019. 448 Seiten mit 26 Abbildungen. Broschiert
Beck Paperback Band 6303

Volker Gerhardt
Der Sinn des Sinns
Versuch über das Göttliche
4. Auflage. 2017. 357 Seiten. Gebunden

Dieter Henrich
Ins Denken ziehen
Eine philosophische Autobiographie
Herausgegeben von Matthias Bormuth und Ulrich Bülow
2021. 288 Seiten. Gebunden

Vittorio Hösle
Kritik der verstehenden Vernunft
Eine Grundlegung der Geisteswissenschaften
2018. 503 Seiten. Gebunden

Otfried Höffe
Die hohe Kunst des Alterns
Kleine Philosophie des guten Lebens
4. Auflage. 2019. 187 Seiten. Gebunden

Verlag C.H.Beck München

Philosophie bei C.H.Beck

Heinrich Meier
Nietzsches Vermächtnis
Ecce homo und Der Antichrist
Zwei Bücher über Natur und Politik
2019. 351 Seiten. Gebunden

Erhard Scheibe
Die Philosophie der Physiker
2. Auflage. 2012. 364 Seiten. Paperback
Beck›sche Reihe Band 1760

Amartya Sen
Die Identitätsfalle
Warum es keinen Krieg der Kulturen gibt
Aus dem Englischen von Friedrich Griese
4. Auflage. 2020. 208 Seiten. Gebunden

Christoph Türcke
Natur und Gender
Kritik eines Machbarkeitswahns
2021. 240 Seiten. Gebunden

Klaus Vieweg
Hegel
Der Philosoph der Freiheit
Biographie
3., durchgesehene Auflage. 2020. 824 Seiten
mit 59 Abbildungen, darunter 2 in Farbe. Gebunden

Verlag C.H.Beck München